中国政法大学仲裁研究文库

丛书主编◎杜新丽
丛书副主编◎姜丽丽

覃华平◎著

# 国际投资仲裁理论与实践

GUOJI TOUZI ZHONGCAI LILUN YU SHIJIAN

中国政法大学出版社

2024·北京

**图书在版编目（CIP）数据**

国际投资仲裁理论与实践 / 覃华平著. -- 北京：
中国政法大学出版社, 2024.8. -- ISBN 978-7-5764
-1661-9

　Ⅰ. D996.4

中国国家版本馆 CIP 数据核字第 2024YJ3950 号

-------------------------------------------------------------------------------

| 出 版 者 | 中国政法大学出版社 |
| 地　　址 | 北京市海淀区西土城路 25 号 |
| 邮　　箱 | fadapress@163.com |
| 网　　址 | http://www.cuplpress.com（网络实名：中国政法大学出版社） |
| 电　　话 | 010-58908435(第一编辑部) 58908334(邮购部) |
| 承　　印 | 固安华明印业有限公司 |
| 开　　本 | 720mm×960mm　1/16 |
| 印　　张 | 18.25 |
| 字　　数 | 279 千字 |
| 版　　次 | 2024 年 8 月第 1 版 |
| 印　　次 | 2024 年 8 月第 1 次印刷 |
| 定　　价 | 91.00 元 |

# 总　序

　　仲裁，亦称公断，作为解决争议的一种方法，特指由双方当事人约定将其争议交付第三方居中裁断并作出具有拘束力的裁决的制度。通常认为，仲裁的历史较之于诉讼更为古老，仲裁具有保密性、灵活性、合意性及裁决的可强制执行性等多重优势。由于仲裁当中充分尊重当事人意思自治，且仲裁庭享有广泛的裁决权，故而较好地迎合了商人之间增进合作的需要，颇受青睐。特别是，仲裁是一个敏于适应时代变迁的法律领域，有关仲裁的理论研究也具有较强的实践性特征，其往往发端于纠纷解决的实践，并随着实践的需求而不断完善，最后通过学理反哺于理论。故而，仲裁始终走在时代的最前沿。在中国，仲裁最初属于"舶来品"，《中华人民共和国仲裁法》自1994年颁布以来，迄今已历经二十六载。随着时代的变迁，当事人对仲裁的需求也在悄然发生转变，这对制度的完善提出了考验。

　　习近平总书记多次强调，当今世界正处于百年未有之大变局。相应地，对于中国而言，要想妥善应对世界变局，必须致力于打造市场化、法治化、国际化营商环境。2019年12月，最高人民法院发布《关于人民法院进一步为"一带一路"建设提供司法服务和保障的意见》，其中特别指出：大力支持国际仲裁、调解发展，完善新型国际商事争端解决机制，不断满足共建"一带一路"主体的纠纷解决需求。这意味着，在新的时代语境下，中国仲裁的发展正在经历新的挑战，但同时也面临着新的机遇。近年来，中国的立法机关及司法部门十分重视仲裁发展，关于仲裁司法审查的司法解释也日渐完善。2018年9月，第十三届全国人民代表大会常务委员会公布立法规划，将《中华人民共和国仲裁法》修订列入二类立法规划。由此，仲裁法的修改工作再次成为业内热议焦点。2018年12月，中共中央办公厅、国务院办公厅联合印发《关于完善仲裁制度提高仲裁公信力的若干意见》，为中国仲裁制度的发展与完善进一步指明了方向。

随着实践经验的逐渐积累，境外仲裁机构在中国内地仲裁、中国自由贸易试验区内开展临时仲裁、中国仲裁机构拓展管辖投资者与国家间争端、中国运动员参与国际体育仲裁等热点问题引发社会各界的广泛探讨。对此，国内各仲裁机构通过修订仲裁规则的方式不断推陈出新，在仲裁制度设计方面锐意创新，努力与国际总体趋势接轨。中国国际经济贸易仲裁委员会与北京仲裁委员会分别于 2017 年与 2019 年制定关于国际投资争议的仲裁规则，标志着投资者与国家间仲裁正式在中国仲裁的大地上"落地生根"。2020 年 1 月，新冠肺炎疫情的爆发，使境内外仲裁机构开始深入探索并践行网上仲裁的新模式，采取各种技术手段实现"互联网＋仲裁"，开创仲裁的新纪元。2020 年 10 月，国际商事争端预防与解决组织（International Commercial Dispute Prevention and Settlement Organization，以下简称 ICDPASO）在中国北京正式成立，引领了国际仲裁的新潮流。同月，世界知识产权组织（World Intellectual Property Organization，以下简称 WIPO）仲裁与调解上海中心正式落地，并开启实质化运作，这进一步向世界彰显了中国进一步深化改革开放的信心和决心。

基于以上考虑，中国政法大学仲裁研究院推出仲裁研究系列丛书，旨在打造中国仲裁学术研究的新品牌。这套丛书以仲裁为主题，涵盖了商事仲裁、投资仲裁、体育仲裁、家事争议解决等方面，旨在集中呈现中国政法大学仲裁研究院的研究人员在仲裁领域的最新研究成果，引导法学界关注仲裁理论动态，追踪仲裁法治前沿，探索仲裁实务中揭示的现实问题。我们期待，这套丛书的出版，能够进一步繁荣中国仲裁法治的理论研究。同时，我们真诚地希望，这套丛书能够为沟通国内外仲裁理论与实务架接桥梁。在各界人士的共同推动下，中国仲裁制度必将不断焕发出新的活力，中国仲裁事业必将大有作为！

中国政法大学仲裁研究院

2020 年 10 月 31 日于北京

# 序　言

当前国际社会正面临百年未有之大变局，国际政治经济格局面临诸多不确定因素，国际秩序在动荡中变革。在此背景下，国际投资也面临政治、经济以及法律方面的不确定性和风险，导致国际投资争端频发，且呈现复杂性与新颖性特点。随着"一带一路"倡议的纵深推进，中国已经不仅是传统的资本输入大国，同时也是资本输出大国。这种"双重身份"一方面使中国政府有可能作为被申请人或被告被要求承担责任，另一方面中国投资者在境外也可以作为申请人或原告要求外国政府承担赔偿责任。公开资料显示，截至2022年3月31日，以中国政府作为被申请人的国际投资仲裁案件共有8起，均根据中国对外签订的双边投资协定提起。中国投资者作为申请人提起的国际投资仲裁案件共19起。这19起案件中，除了2起案件根据中国香港特别行政区政府对外签订的双边投资协定提起、2起是依据投资合同提起、1起依据《中国－东盟全面经济合作框架投资协议》提起以外，余下14起均依据中国政府对外签订的双边投资协定提起。从案件增长情况来看，中国投资者提起仲裁有明显增长趋势。中国政府作为被申请人被提起仲裁的案件数量虽然增长不明显，但也没有减少的迹象。不过我们应当注意到，这些统计数据是通过公开渠道获得的，这得益于国际投资仲裁的透明度要求，但这并不能全面反映出我国政府或投资者涉投资争议的真实情况，因为有些案件可能通过和解方式或其他争议解决方式得到解决，并由于保密要求未能公布于众。因此可以肯定地说，我国政府或投资者涉投资争议的案件数量应大于公开显示的数据。另外提起上述投资仲裁案件的依据绝大部分是中国政府缔结的双边投资协定，这在一定程度上表明中国政府前期缔结的双边投资协定可能已经无法满足现代国际投资的发展，需要进行修订，使其与时俱进。

不可否认，国际投资仲裁在解决国际投资争端中发挥了巨大作用，维护了国际投资秩序，但也应当看到，国际投资仲裁面临新的挑战，存在诸多问题，国际社会目前正致力于对国际投资争端解决方式予以改革。本书以国际投资仲裁涉及的主要问题为研究对象，结合国际投资仲裁理论与实践，以案说理，据理评案，对有关问题进行较为深入的探讨。

全书共七章，第一章为国际投资仲裁概述，主要对国际投资仲裁的特点、法律渊源以及当前国际投资仲裁面临的问题与挑战做了简要介绍和分析。第二章是投资者与投资，这两个概念看似简单，但在实践中往往是确定仲裁庭是否具有管辖权的关键问题。并且随着国际投资实践的发展，投资条约与仲裁实践对这两个概念的规定与判定也并非一成不变，需要引起重视。第三章是仲裁程序，本章根据实践将仲裁程序分为 ICSID 仲裁程序与非 ICSID 仲裁程序，同时还对仲裁程序中经常遇到的分步仲裁与临时措施做了介绍。第四章是与投资仲裁程序有关的几个特殊问题，包括平行程序问题、投资条约仲裁中的反请求、保护伞条款以及第三方资助仲裁，这些问题虽然不是每个投资仲裁案件必然涉及的问题，但在实践中也时有发生，并由此产生诸多问题。第五章是投资保护条款，主要涉及公平公正待遇（Fair and Equitable Treatment，FET）条款、充分保护与安全（Full Protection and Security，FPS）条款、最惠国待遇条款以及征收，这些条款规定了东道国对投资者承担的保护义务，也是投资者提起投资仲裁的依据。第六章是证据、举证责任和文件出示，证据关乎当事人的主张是否能得到仲裁庭的支持，因此是一个重要问题。不同的证据规则导致国际投资仲裁庭在认定和采纳证据方面做法并不统一，需要引起关注。第七章是仲裁裁决和执行问题，当事人取得胜诉裁决仅仅是维权成功的第一步，裁决的执行才是其权利保护落到实处的保障。本章对裁决的作出、撤销以及承认和执行做了介绍，并对国家主权豁免做了分析。

本书引用了大量的投资条约以及投资仲裁案件，资料较为详实，且在每章后面都附有思考题，以供读者进一步学习研究。但由于作者水平有限，且囿于篇幅，本书并未涵盖投资仲裁的所有问题，且疏漏之处在所难免，望方家包涵指正。

覃华平

2024 年 6 月

| 案例全称 | 案例缩写 |
|---|---|
| A. M. F. Aircraftleasing Meier & Fischer GmbH & Co. KG v. Czech Republic | A. M. F. Aircraftleasing v. Gzech |
| A11Y LTD. v. Czech Republic | A11Y LTD. v. Czech |
| ADC Affiliate Limited and ADC & ADMC Management Limited v. The Republic of Hungary | ADC Affiliate Limited v. Hungary |
| AES Summit Generation Ltd. and AES-Tisza ErönüKft. v Hungary | AES v. Hungary |
| Aguas del Tunari S. A. v. Republic of Bolivia | Aguas del Tunari v. Bolivia |
| AIG Capital Partners, Inc. and CJSC Tema Real Estate Company v. Republic of Kazakhstan | AIG v. Kazakhstan |
| Alex Genin, Eastern Credit Limited, Inc. and A. S Baltoil v. Republic of Estonia | Alex v. Estonia |
| Amco Asia Corporation and others v. Republic of Indonesia | Amco v. Indonesia |
| Ampal v. Arab Republic of Egypt | Ampal v. Egypt |
| Anatolie Stati, Gabriel Stati, Ascom Group SA and Terra Raf Trans Traiding Ltd v. Kazakhstan | Stati v. Kazakhstan |
| Anglia Auto Accessories Ltd v. The Czech Republic | Anglia v. Czech |
| Ansung Housing Co. , Ltd. v. People's Republic of China | Ansung Housing v. China |
| Asian Agricultural Products Ltd. v. Republic of Sri Lanka | AAPL v. Sri Lanka |
| Asian Agricultural Products Ltd. （AAPL） v. Republic of Sri Lanka | AAPL v. Sri Lanka |

| 案例全称 | 案例缩写 |
|---|---|
| AWG Group Ltd. & Suez, Sociedad General de Aguas de Barcelona S. A. , and Vivendi Universal S. A. v. Argentine Republic | AWG v. Argentina |
| Azurix Corp. v. The Argentine Republic | Azurix v. Argentina |
| Bayindir Insaat Turizm Ticaret Ve Sanayi A. S. v. Islamic Republic of Pakistan | Bayindir v. Pakistan |
| Beijing Urban Construction Group Co. Ltd. v. Republic of Yemen | Beijing Urban Construction v. Yemen |
| BG Group v Argentina | BG v. Argentina |
| BIVAC B. V. v. The Republic of Paraguay | BIVAC v. Paraguay |
| BP America Production Company and others v. Argentine Republic | BP v. Argentina |
| Bridgestone Americas, Inc. and Bridgestone Licensing Services, Inc. v. Republic of Panama | Bridgestone v. Panama |
| Burimi SRL and Eagle Games SH. A v. Republic of Albania | Burimi v. Albania |
| Burlington Resources Inc. v. Republic of Ecuador | Burlington v. Ecuador |
| Caratube International Oil Company LLP and Devincci Salah Hourani v. Republic of Kazakhstan | Caratube v. Kazakhstan |
| Ceskoslovenska Obchodini Banka A. S. v. The Slovak Republic | CSOB. v. Slovak Republic |
| Chevron Corporation & Texaco Petroleum Company v. The Republic of Ecuador | Chevron v. Ecuador |
| China Heilongjiang International Economic & Technical Cooperative Corp. , v. Mongolia | China Heilongjiang et al v Mongolia |
| CME Czech Republic B. V. v. The Czech Republic | CME v. Gzech |
| CMS Gas Transmission Company v. The Republic of Argentina | CMS v. Argentina |
| Compañía de Aguas del Aconquija S. A. and Vivendi Universal S. A. v. Argentine Republic | Vivendi v. Argentina |
| Compañia del Desarrollo de Santa Elena S. A. v. Republic of Costa Rica | Santa Elena v. Costa Rica |
| Consortium Groupement L. E. S. I. −DIPENTA v. People's Democratic Republic of Algeria | L. E. S. I. − DIPENTA v. Algeria |

| 案例全称 | 案例缩写 |
| --- | --- |
| Crystallex International Corporation v. Bolivarian Republic of Venezuela | Crystallex v. Venezuela |
| Eastern Sugar B. V. (The Netherlands) v. The Czech Republic | Eastern Sugar Czech v. Czech |
| EDF International S. A. , SAUR International S. A. and León Participaciones Argentinas S. A. v. Argentine Republic | EDF v. Argentina |
| Emilio Agustín Maffezini v. The Kingdom of Spain | Maffezini v. Spain |
| Emmis International Holding, B. V. , Emmis Radio Operating, B. V. , MEM Magyar Electronic Media Kereskedelmi és Szolgáltató Kft. v. Hungary | Emmis v. Hungary |
| Enron Corporation and Ponderosa Assets, L. P. v. The Argentine Republic | Enron v. Argentina |
| Eudoro Armando Olguín v. Republic of Paraguay | Olguín v. Paraguay |
| Eureko B. V. v. Poland | Eureko v Poland |
| Feadx N. V. v. The Republic of Venezuela | Fedax v. Venezuela |
| Franck Charles Arif v. Republic of Moldova | Arif v. Moldova |
| Gas Natural SDG, S. A. v. Argentine Republic | Gas Natural v. Argentina |
| Generation Ukraine Inc. v. Ukraine | Generation Ukraine v. Ukraine |
| Glamis Gold Ltd. v. United States of America | Glamis Gold v. USA |
| Gold Reserve Inc. v. Bolivarian Republic of Venezuela | Gold Reserve v. Venezuela |
| H&H Enterprises Investments, Inc. v. Arab Republic of Egypt | H & H v. Egypt |
| Hilmarton Ltd. v. Omnium de Traitement et de Valorisation S. A. | Hilmarton v. OTV |
| Ioan Micula, Viorel Micula and others v. Romania | Micula v. Romania |
| Joseph Charles Lemire v. Ukraine | Lemire v. Ukraine |
| Joy Mining Machinery Limited v. Arab Republic of Egypt | Joy Mining v. Egypt |
| Kılıç İnşaat İthalat İhracat Sanayi ve Ticaret Anonim Şirketi v. Turkmenistan | Kılıç v. Turkmenistan |
| Klöckner Industrie-Anlagen GmbH and others v. United Republic of Cameroon and Société Camerounaise des Engrais | Klöckner v. Cameroon |

| 案例全称 | 案例缩写 |
|---|---|
| Koch Minerals Sàrl and Koch Nitrogen International Sàrl v. Bolivarian Republic of Venezuela | Koch Minerals v. Venezuela |
| L. F. H. Neer and Pauline Neer (U. S. A.) v. United Mexican States | Neer |
| Liberian Eastern Timber Corporation (LETCO) v. The Government of the Republic of Liberia | LETCO v. Liberia |
| Libyan American Oil Co. (LIAMCO) v. Libya | LIAMCO v. Libya |
| Malaysian Historical Salvors, SDN, BHD v. Malaysia | MHS v. Malaysia |
| Marvin Roy Feldman Karpa v. United Mexican States | Feldman v. Mexico |
| Masdar Solar & Wind Cooperatief U. A. v. Kingdom of Spain | Masdar Solar v. Spain |
| Mesa Power Group LLC v. Government of Canada | Mesa Group v. Canada |
| Metalclad Corporation v. The United Mexican States | Metalclad v. Mexico |
| Methanex Corporation v. United States of America | Methanex v. USA |
| Mondev International Ltd. v. United States | Modev v. United States |
| Muhammet Çap & Bankrupt Sehil İnşaat Endustri ve Ticaret Ltd. Sti. v. Turkmenistan | Muhammet Cap v. Turkmenistan |
| NextEra Energy Global Holdings B. V. and NextEra Energy Spain Holdings B. V. v. Kingdom of Spain | NextEra v. Spain |
| Occidental Exploration and Production Company v. Republic of Ecuador | Occidental v. Ecuador |
| Occidental Petroleum Corporation and Occidental Exploration and Production Company v. The Republic of Ecuador | Occidental Petroleum v. Ecuador |
| Pantechniki S. A. Contractors & Engineers v. The Republic of Albania | Pantechniki v. Albania |
| Petrobart Ltd. v. The Kyrgyz Republic | Petrobart v. Kyrgyz Republic |
| Philip Morris Asia Limited v. The Commonwealth of Australia | Philip Morris v. Australia |
| Philip Morris Brands Sàrl, Philip Morris Products S. A. and Abal Hermanos S. A. v. Oriental Republic of Uruguay | Philip Morris v. Uruguay |

| 案例全称 | 案例缩写 |
|---|---|
| Phoenix Action Ltd v. Czech Republic | Phoenix Action v. Czech Republic |
| Plama Consortium Limited v. Republic of Bulgaria | Plama v. Bulgaria |
| Pope & Talbot Inc. v. The Government of Canada | Pope & Talbot v. Canada |
| PSEG Global, Inc., The North American Coal Corporation, and Konya Ingin Electrik Üretim ve Ticaret Limited Sirketi v. Republic of Turkey | PSEG v. Turkey |
| PT Putrabali Adyamulia v. Rena Holding | Putrabali v. Rena |
| Rachel S. Grynberg, Stephen M. Grynberg, Miriam Z. Grynberg and RSM Production Corporation v. Grenada | RSM and others v. Grenada |
| RSM Production Corporation v. Saint Lucia | RSM v. Saint Lucia |
| Rumeli Telekom A. S. and Telsim Mobil Telekomunikasyon Hizmetleri A. S. v. Republic of Kazakhstan | Rumeli v. Kazakhstan |
| Rusoro Mining Ltd. v. Bolivarian Republic of Venezuela | Rusoro v. Venezuela |
| S. D. Myers, Inc. v. Government of Canada | S. D. Myers v. Canada |
| Saba Fakes v. Republic of Turkey | Saba Fakes v. Turkey |
| Saipem S. p. A. v. The People's Republic of Bangladesh | Saipem v. Bangladesh |
| Salini Costruttori S. p. A. and Italstrade S. p. A. v. Kingdom of Morocco | Salini v. Morocco |
| Salini Costruttori SpA and Italstrade SpA v. Hashemite Kingdom of Jordan | Salini v. Jordan |
| Saluka Investments B. V. v. Czech Republic | Saluka v. Czecho |
| SGS Société Générale de Surveillance S. A. (SGS) v. The Republic of Paraguay | SGS v. Paraguay |
| Simens A. G. V. The Argentine Republic | Siemens v. Argentina |
| Société Générale de Surveillance S. A. v. Pakistan | SGS v. Pakistan |
| Société Générale de Surveillance S. A. v. Republic of the Philippines | SGS v. Philippines |

| 案例全称 | 案例缩写 |
| --- | --- |
| Société Ouest Africaine des Bétons Industriels v. Senegal | SOABI v. Senegal |
| Spyridon Roussalis v. Romania | Spyridon v. Romania |
| Starrett Housing Corp. v. Iran | Starrett v. Iran |
| Suez, Sociedad General de Aguas de Barcelona S. A. , and Inter-Agua Servicios Integrales del Agua S. A. v. The Argentine Republic | Suez v. Argentina |
| Tecnicas Medioambientale TECMED SA v. United Mexican States | Tecmed v. Mexico |
| TECO Guatemala Holdings, LLC v. Republic of Guatemala | TECO v. Guatemala |
| Telenor Mobile Communications AS v. Hungary | Telenor v. Hungary |
| Texaco Overseas Petroleum Co. /California Asiatic Oil Co. v. The Government of the Libyan Arab Republic | Texaco/Calasiatic |
| The Rompetrol Group N. V. v. Romania | Rompetrol v. Romania |
| Tidewater Investment SRL and Tidewater Caribe, C. A. v. Bolivarian Republic of Venezuela | Tidewater v. Venezuela |
| Tokios Tokelés v. Ukraine | Tokios Tokelés v. Ukraine |
| Toto Costruzioni Generali S. p. A. v. The Republic of Lebanon | Toto v. Lebanon |
| United Kingdom of Great Britain and Northern Ireland v. Albania | Corfu Channel |
| Urbaser S. A. and Consorcio de Aguas Bilbao Bizkaia, Bilbao Biskaia Ur Partzuergoa v. The Argentine Republic | Urbaser v. Argentina |
| Venezuela Holdings, B. V. , et al (case formerly known as Mobil Corporation, Venezuela Holdings, B. V. , et al. ) v. Bolivarian Republic of Venezuela | Venezuela Holdings v. Venezuela |
| Víctor Pey Casado and President Allende Foundation v. Republic of Chile | Pey Casado v. Chile |
| Vito G. Gallo v. The Government of Canada | Gallo v. Canada |
| WA Investments-Europa Nova Limited v. The Czech Republic | Europa Nova v. Czechia |
| Wena Hotels v. Egypt | Wena v. Egypt |
| Windstream Energy LLC v. The Government of Canada | Windstream Energy v. Canada |
| Yukos Universal Limited (Isle of Man) v. The Russian Federation | Yukos |

| 文件名称 | 文件简称 |
|---|---|
| 《阿尔巴尼亚共和国与希腊共和国鼓励和相互保护投资协定》 | 《阿尔巴尼亚-希腊 BIT》 |
| 《阿根廷共和国与阿拉伯联合酋长国关于促进和相互保护投资协定》 | 《阿根廷-阿联酋 BIT》 |
| 《阿根廷共和国与西班牙王国关于促进和相互保护投资协定》 | 《西班牙-阿根廷 BIT》 |
| 《阿根廷共和国和智利共和国关于促进和相互保护投资的条约》 | 《阿根廷-智利 BIT》 |
| 《奥地利共和国与墨西哥合众国关于促进和保护投资协定》 | 《奥地利-墨西哥 BIT》 |
| 《保护外国人财产公约（草案）》 | OECD 草案 |
| 《保加利亚与塞浦路斯双边投资条约》 | 《保加利亚-塞浦路斯 BIT》 |
| 《北美自由贸易协定》 | NAFTA |
| 《常设仲裁法院仲裁规则》 | 《PCA 仲裁规则》 |
| 《承认及执行外国仲裁裁决的公约》 | 《纽约公约》 |
| 《大不列颠与北爱尔兰联合王国—斯里兰卡投资促进与保护协定》 | 《英国-斯里兰卡 BIT》 |
| 《大韩民国与印度共和国全面经济伙伴关系协议》 | 《韩印全面经济伙伴关系协定》 |
| 《德意志联邦共和国与巴基斯坦关于促进和保护投资的条约》 | 《德国-巴基斯坦 BIT》 |
| 《德国-捷克双边投资条约》 | 《德国-捷克 BIT》 |
| 《德国-阿根廷双边投资协定》 | 《德国-阿根廷 BIT》 |
| 《多边投资协定》 | MIT |
| 欧洲人权法院 | ECHR |
| 《芬兰共和国政府与保加利亚共和国政府关于促进和保护投资的协定》 | 《芬兰-保加利亚 BIT》 |
| 《关于解决国家与其他国家国民之间投资争端公约》 | 《ICSID 公约》/《华盛顿公约》 |
| 《国际律师协会国际仲裁取证规则》 | 《IBA 证据规则》 |
| 《国际律师协会国际仲裁取证规则修订文本评注》 | 《IBA 证据规则评注》 |
| 《国际商会仲裁规则》 | 《ICC 仲裁规则》 |

续表

| 文件名称 | 文件简称 |
|---|---|
| 《国际投资协定》 | IIA |
| 《国际律师协会国际仲裁利益冲突指引》 | 《IBA 利益冲突指引》 |
| 《荷兰 2019 年双边投资协定范本》 | 《荷兰 2019 年 BIT 范本》 |
| 《荷兰王国和玻利维亚共和国之间关于鼓励和相互保护投资的协定》 | 《荷兰-玻利维亚 BIT》 |
| 《荷兰-委内瑞拉双边投资条约》 | 《荷兰-委内瑞拉 BIT》 |
| 《加拿大 2021 年双边投资协定范本》 | 《加拿大2021年 BIT 范本》/FIPA |
| 《加拿大与欧盟自由贸易协定》 | CETA |
| 《加拿大政府与委内瑞拉共和国政府促进和保护投资协定》 | 《加委 BIT》 |
| 《捷克共和国和塞浦路斯共和国关于促进和相互保护投资的协议》 | 《塞浦路斯-捷克 BIT》 |
| 《捷克共和国政府与以色列国政府关于相互促进和保护投资的协定》 | 《以色列-捷克 BIT》 |
| 《捷克共和国-英国双边投资协定》 | 《捷克-英国 BIT》 |
| 《解决投资争端国际中心附加便利规则》 | 《ICSID 附加便利规则》 |
| 《解决投资争端的国际中心仲裁规则》 | 《ICSID 仲裁规则》 |
| 《跨太平洋伙伴关系协定》 | TPP |
| 《立陶宛共和国政府和乌克兰政府关于促进和相互保护投资的协定》 | 《乌克兰-立陶宛 BIT》 |
| 《联合国国际贸易法委员会仲裁规则》 | 《UNCITRAL 仲裁规则》 |
| 《联合国气候变化框架公约》 | UNFCCC |
| 《伦敦国际仲裁院仲裁规则》 | 《LCIA 仲裁规则》 |
| 《毛里求斯共和国政府与阿拉伯埃及共和国政府关于相互促进和保护投资的协议》 | 《2014 年埃及-毛里求斯 BIT》 |
| 《贸易法委员会国际商事仲裁示范法》 | 《贸易法委员会示范法》 |
| 《贸易法委员会投资人与国家间基于条约仲裁透明度规则》 | 《透明度规则》 |

| 文件名称 | 文件简称 |
|---|---|
| 《美国 2012 年双边投资协定范本》 | 2012 U. S. Model BIT |
| 《美国-墨西哥-加拿大协定》 | USMCA |
| 《美国外国主权豁免法》 | FSIA |
| 《美利坚合众国和阿拉伯埃及共和国关于相互鼓励和保护投资的协定》 | 《美国-埃及 BIT》 |
| 《美利坚合众国和厄瓜多尔共和国关于鼓励和相互保护投资的条约》 | 《美国-厄瓜多尔 BIT》 |
| 《美利坚合众国与爱沙尼亚共和国关于鼓励和相互保护投资的条约》 | 《美国-爱沙尼亚 BIT》 |
| 《美利坚合众国与卢旺达共和国关于鼓励和相互保护投资的条约》 | 《美国-卢旺达 BIT》 |
| 《美利坚合众国与乌拉圭共和国关于鼓励和相互保护投资的条约》 | 《美国-乌拉圭 BIT》 |
| 《秘鲁共和国和巴拉圭共和国关于相互促进和保护投资的协定》 | 《巴拉圭-秘鲁 BIT》 |
| 《摩洛哥 2019 年双边投资协定范本》 | 《摩洛哥 2019 年 BIT 范本》 |
| 《摩洛哥王国政府和刚果共和国政府关于促进和相互保护投资的协定》 | 《刚果-摩洛哥 BIT》 |
| 《能源宪章条约》 | ECT |
| 《欧日经济合作伙伴协定》 | JEEPA |
| Pan American Energy LLC | PAE |
| 《区域全面经济伙伴关系协定》 | RCEP |
| 《全面与进步跨太平洋伙伴关系协定》 | CPTPP |
| 《瑞典王国政府与罗马尼亚政府关于促进和相互保护投资的协定》 | 《瑞典-罗马尼亚 BIT》 |
| 《瑞士联邦与巴基斯坦伊斯兰共和国关于促进和保护投资协定》 | 《瑞士-巴基斯坦 BIT》 |
| 《瑞士联邦与巴拉圭共和国关于促进和保护投资协定》 | 《瑞士-巴拉圭 BIT》 |
| 《瑞士联邦与菲律宾共和国关于促进和保护投资协定》 | 《瑞士-菲律宾 BIT》 |

续表

| 文件名称 | 文件简称 |
|---|---|
| 《世界人权宣言》 | UDHR |
| 《双边投资协定》 | BIT |
| 《斯德哥尔摩商会仲裁院仲裁规则》 | 《SCC 仲裁规则》 |
| 《香港国际仲裁中心机构仲裁规则》 | 《HKIAC 仲裁规则》 |
| 《香港和智利自由贸易协议》 | 《香港-智利 BIT》 |
| 《新加坡国际仲裁中心仲裁规则》 | 《SIAC 仲裁规则》 |
| 《意大利共和国与约旦哈希姆王国关于促进和保护投资协定》 | 《意大利-约旦 BIT》 |
| 《印度 2015 年双边投资协定范本》 | 《印度 2015 年 BIT 范本》 |
| 《印度共和国与新加坡共和国全面经济合作协定》 | 《印度-新加坡全面经济合作协定》 |
| 《印度共和国政府与马来西亚政府全面经济合作协定》 | 《印度-马来西亚全面经济合作协定》 |
| 《印度共和国与东南亚国家联盟全面经济合作框架协议》 | 《印度-东盟全面经济合作》 |
| 《维也纳条约法公约》 | VCLT |
| 《中国国际经济贸易仲裁委员会仲裁规则》 | 《CIETAC 仲裁规则》 |
| 《中华人民共和国和德意志联邦共和国关于促进和相互保护投资的协定》 | 《中国-德国 BIT》 |
| 《中华人民共和国和土耳其共和国关于相互促进和保护投资协定》 | 《中国-土耳其 BIT》 |
| 《中华人民共和国和西班牙王国关于促进和相互保护投资的协定》 | 《中国-西班牙 BIT》 |
| 《中华人民共和国政府和阿曼苏丹国政府关于促进和保护投资协定》 | 《中国-阿曼 BIT》 |
| 《中华人民共和国政府和白俄罗斯共和国政府关于鼓励和相互保护投资协定》 | 《中国-白俄罗斯 BIT》 |
| 《中华人民共和国政府和冰岛共和国政府关于促进和相互保护投资协定》 | 《中国-冰岛 BIT》 |
| 《中华人民共和国政府和大阿拉伯利比亚人民社会主义民众国关于促进和保护投资的协定》 | 《中国-利比亚 BIT》 |

| 文件名称 | 文件简称 |
|---|---|
| 《中华人民共和国政府和大韩民国政府关于促进和保护投资的协定》 | 《中国-韩国 BIT》 |
| 《中华人民共和国政府和大韩民国政府自由贸易协定》 | 《中国-韩国 FTA》 |
| 《中华人民共和国政府和丹麦王国政府关于鼓励和相互保护投资协定》 | 《中国-丹麦 BIT》 |
| 《中华人民共和国政府和俄罗斯联邦政府关于促进和相互保护投资协定》 | 《中国-俄罗斯 BIT》 |
| 《中华人民共和国政府和法兰西共和国政府关于相互促进和保护投资的协定》 | 《中国-法国 BIT》 |
| 《中华人民共和国政府和刚果民主共和国政府关于促进和保护投资的协定》 | 《中国-刚果 BIT》 |
| 《中华人民共和国政府和哥伦比亚共和国政府关于促进和保护投资的双边协定》 | 《中国-哥伦比亚 BIT》 |
| 《中华人民共和国政府和加拿大政府关于促进和相互保护投资的协定》 | 《中国-加拿大 BIT》 |
| 《中华人民共和国政府和加纳共和国政府关于鼓励和相互保护投资协定》 | 《中国-加纳 BIT》 |
| 《中华人民共和国政府和科威特国政府关于促进和保护投资协定》 | 《中国-科威特 BIT》 |
| 《中华人民共和国政府和马来西亚政府关于相互鼓励和保护投资协定》 | 《中国-马来西亚 BIT》 |
| 《中华人民共和国政府和毛里求斯共和国政府自由贸易协定》 | 《中国-毛里求斯 FTA》 |
| 《中华人民共和国政府和蒙古人民共和国政府关于鼓励和相互保护投资协定》 | 《中国-蒙古 BIT》 |
| 《中华人民共和国政府和孟加拉人民共和国政府关于鼓励和相互保护投资协定》 | 《中国-孟加拉 BIT》 |
| 《中华人民共和国政府和瑞典王国政府关于相互保护投资的协定》 | 《中国-瑞典 BIT》 |
| 《中华人民共和国政府和坦桑尼亚联合共和国政府关于促进和相互保护投资协定》 | 《中国-坦桑尼亚 BIT》 |

| 文件名称 | 文件简称 |
| --- | --- |
| 《中华人民共和国政府和土库曼斯坦政府关于鼓励和相互保护投资协定》 | 《中国-土库曼斯坦 BIT》 |
| 《中华人民共和国政府和乌兹别克斯坦共和国政府关于促进和保护投资的协定》 | 《中国-乌兹别克斯坦 BIT》 |
| 《中华人民共和国政府和也门共和国政府关于鼓励和相互保护投资协定》 | 《中国-也门 BIT》 |
| 《中华人民共和国政府和印度尼西亚共和国政府关于促进和保护投资协定》 | 《中国-印度尼西亚 BIT》 |
| 《中华人民共和国政府和印度共和国政府关于促进和保护投资的协定》 | 《中国-印度 BIT》 |
| 《中华人民共和国仲裁法》 | 《仲裁法》 |
| 《中华人民共和国民事诉讼法》 | 《民事诉讼法》 |
| 《中华人民共和国外国国家豁免法》 | 《外国国家豁免法》 |
| 《中美洲自由贸易协定》 | CAFTA-DR |
| 《中欧全面投资协定》 | CAI |
| 《中华人民共和国政府和澳大利亚政府自由贸易协定》 | 《2015 年中澳 FTA》 |
| 《中华人民共和国政府和葡萄牙共和国政府关于鼓励和相互保护投资协定》 | 《中国-葡萄牙 BIT》 |
| 《中华人民共和国政府和比利时-卢森堡经济联盟关于相互促进和保护投资的协定》 | 《中国-比利时 BIT》 |
| 《中华人民共和国和荷兰王国关于相互鼓励和保护投资协定》 | 《中国-荷兰 BIT》 |
| 《中华人民共和国政府和卡塔尔国政府关于鼓励和相互保护投资协定》 | 《中国-卡塔尔 BIT》 |
| 《中华人民共和国政府和伊朗伊斯兰共和国关于相互促进和保护投资协定》 | 《中国-伊朗 BIT》 |
| 《中华人民共和国政府和墨西哥合众国政府关于促进和相互保护投资的协定》 | 《中国-墨西哥 BIT》 |
| 《中华人民共和国政府与捷克和斯洛伐克联邦共和国政府关于促进和相互保护投资协定》 | 《中国-捷克 BIT》 |

| 文件名称 | 文件简称 |
|---|---|
| 《中华人民共和国政府和芬兰共和国政府关于保护投资的协定》 | 《中国-芬兰 BIT》 |
| 《中华人民共和国政府和新西兰政府关于促进和保护投资协定》 | 《中国-新西兰 FTA》 |

# 目 录

C O N T E N T S

# 第一章

# 国际投资仲裁概述

将仲裁制度用于解决投资者与东道国之间因投资产生的争端是国际法上的一个重大发展，它赋予作为投资者的法人或自然人直接针对作为主权国家的东道国提起仲裁的权利，而不再依赖于传统的国家外交保护。投资者享有的该项权利主要规定在其母国与东道国之间签订的 BIT 或共同参加的 MIT 中。这些条约对投资者的实体权利、保护标准以及程序权利或争端解决机制作了相应的规定，投资者一旦认为自己的实体权利遭到东道国的侵犯，就可以根据争端解决机制要求解决争端，其中仲裁是最重要、最常用的一种争端解决方式。此外，投资者还可以根据与东道国签订的投资合同或东道国颁布的有关投资法律对后者提起仲裁。相对国际商事仲裁而言，投资仲裁，即发生在投资者与东道国之间的仲裁的发展历史较短，因此，投资仲裁借鉴了国际商事仲裁的很多制度。尽管国际投资仲裁的发展历史不长，但是由于涉及作为主权国家的东道国的利益，因此受到了更多关注。但近年来，国际投资仲裁也面临诸多批评，国际社会对投资者与东道国争议解决机制的改革投入了大量精力，提出了形式各异、内容丰富的改革措施和建议。本章在介绍国际投资仲裁基本理论的基础上，将对国际投资仲裁面临的问题进行总结，并探讨可能的改革措施和方案。

# 第一节 国际投资仲裁的概念与特点

## 一、概念

国际投资仲裁是指投资者与东道国约定将他们之间已经发生的或将来可能发生的争议提交第三方予以裁决的争议解决方式。作为国际仲裁的一种[1]，它具有仲裁特别是国际商事仲裁的一些基本特征，包括：①当事人合意原则，只是这种合意的表现形式与国际商事仲裁有所区别；②仲裁员具有裁决当事人争议的权力，其作出的裁决一般也是一裁终局并对当事人产生法律拘束力；③投资仲裁一般也根据一定的仲裁规则进行，比如《ICSID 仲裁规则》或者《UNCITRAL 仲裁规则》，而这些规则往往都是从国际商事仲裁实践中发展起来的，或者专门为国际商事仲裁而设计的；④投资仲裁和国际商事仲裁一样，具有在一国法院诉讼所无可比拟的优势，比如中立性、专业性、裁决的可执行性等。

## 二、特点

尽管国际投资仲裁与国际商事仲裁具有很多相似的地方，但因其主体的不同赋予其一些独有的特点，包括：①主体特殊。投资仲裁的申请人一般都是作为投资者的法人或自然人，而被申请人往往都是国家，这与国际商事仲裁相比具有很大的不同，后者的当事人一般都是平等主体的自然人或法人，国家作为一方当事人的情况极为少见。另外，从历史上看，作为申请人的投资者一般都是发达国家或资本输出国的国民，被申请人往往都是作为资本输入国的发展中国家或欠发达国家，但是这种状况近年来有所改变。也就是说来自发展中国家的投资者有时也对发达国家提起仲裁，这种情况在北美、欧洲都有发生；②国际投资仲裁请求与抗辩一般都是根据 BIT、MIT 或者是习惯

---

[1] 根据仲裁当事人主体的不同，可以将仲裁分为国家之间的仲裁、国际商事仲裁以及国际投资仲裁。这三类仲裁的历史发展也有所不同，具体参考 Gary B. Born, *International Commercial Arbitration*, Kluwer Law International, 2014, pp. 6-70.

国际法提出的，而国际商事仲裁的请求与抗辩则一般都是根据合同或作为准据法的内国法提出的，依据条约或习惯国际法的情形很少。由此一来，国际投资仲裁需要诉诸于对条约和国际法的解释，因此，仲裁庭会参考之前就有关条约或国际法作出解释的判决或裁决，使国际投资仲裁具有判例法的色彩。另外，投资仲裁能更直接地反射出一国的国家利益和立法政策，比如在对违法的蚕食式征收（creeping expropriation）或歧视行为进行界定时，往往能暴露出东道国所谓的管理措施背后的目的或利益；③国际投资仲裁往往有自成一体的、自治的、较少依附于内国法院的特殊机制，这主要体现在《华盛顿公约》项下的仲裁。但是对非《华盛顿公约》项下的投资仲裁，其偏向国际商事仲裁的特征就会相对明显，包括裁决的撤销、承认与执行等；④国际投资仲裁有时被认为是"单向"仲裁，也就是说投资者可以对东道国提起仲裁，但是东道国不能对投资者提出反请求。[1]这与国际商事仲裁的请求机制完全不同，在国际商事仲裁程序中，被申请人完全可以提出反请求。国际投资仲裁的这种机制设置主要缘于投资条约的规定，一般而言，投资条约仅仅规定了东道国对投资者的义务，在其违反义务时投资者可以提起仲裁，但并没有相反的规定。[2]而仲裁的基石是双方当事人的合意，在既没有条约规定也没有投资者的同意时，仲裁庭是不享有管辖权的。不过，如果仲裁是根据合同提起的，东道国可能有权提出反请求；⑤国际投资仲裁具有较高的透明度或公开性，包括仲裁程序和裁决结果。《华盛顿公约》项下的投资仲裁更是如此，在双方当事人同意的情况下，解决投资争端国际中心秘书处可以将裁决内容在其网站上公布。[3]不仅如此，在解决投资争端国际中心的网站上还可以观看投资仲裁的庭审录像，当然在涉及东道国国家秘密或有关保密信息时，

---

〔1〕　See, e. g, *Spyridon Roussalis v. Romania*, ICSID Case No. ARB/06/1, 7 December 2011, pp. 859–877. 在该案中，仲裁庭认为根据希腊和罗马尼亚签订的 BIT，它对东道国罗马尼亚提出的反请求缺乏管辖权，因为该 BIT 将仲裁庭的管辖权限定在投资者针对东道国违反条约义务所提起的请求。http://icsidfiles. worldbank. org/icsid/ICSIDBLOBS/OnlineAwards/C70/DC2431_En. pdf，最后访问日期：2019 年 2 月 4 日。

〔2〕　Andrew Newcombe and Lluís Paradell, *Law and Practice of Investment Treaties: Standards of Treatment*, Kluwer Law International, 2009, p. 64.

〔3〕　2022 年《ICSID 仲裁规则》第 64 条第 1 款。

可以对公开的庭审录像作适当的技术处理。国际投资仲裁中的透明度是国际商事仲裁所无法想象的，相较而言，国际商事仲裁更倾向于将保密性作为与诉讼相比的一个主要优势。

# 第二节　国际投资仲裁法律渊源

尽管理论界对法律渊源或国际法渊源并未达成一致的理解，但是从国际投资仲裁实务来看，仲裁庭在裁决案件时基本都参考了《国际法院规约》第38条关于国际法渊源的规定，本文亦认为国际投资仲裁主要包括下述渊源。

## 一、国际条约

国际条约是指国家间通过书面形式达成的受国际法规制的国际协议，不论其是否载于一个或多个相互关联的文件中，亦不论其具体名称为何。[1]由此可见，国际条约的缔结主体为主权国家，表现形式为书面形式，其解释与适用需符合国际法，其名称常用条约或公约，有时也用协定、协议或其他具有相同性质的名称。国际投资仲裁实践中主要援引的国际条约如下：

（一）《华盛顿公约》

《华盛顿公约》是在国际复兴开发银行（世界银行）主持下缔结的、为解决缔约国与其他缔约国国民间的投资争议的多边国际公约。《华盛顿公约》包括一个序言，共10章75条，其目的在于为解决国家和外国私人投资者之间的争议提供便利，促进相互信任，并鼓励私人资本的国际流动。公约决定在华盛顿成立"解决投资争端国际中心"（ICSID），其作为解决缔约国与其他缔约国国民争议和实施公约的常设机构。ICSID成立于1966年，具有独立的法人资格，并享有公约规定的特权和豁免。

《华盛顿公约》规定的争议解决方式包括调解与仲裁，其中对仲裁涉及的管辖权问题、法律适用问题、有关概念的解释问题、仲裁庭的组成、仲裁程

---

〔1〕　1969年VCLT第2条a款。

序的推进、仲裁裁决的效力与执行等问题作了比较详细的规定。从实践来看，该公约基本实现了缔结目的，大大地便利了投资者与东道国之间争端的解决，获得了国际社会的广泛认可。[1]

（二）《纽约公约》

《纽约公约》的目标是在认识到国际仲裁作为解决国际商事纠纷的手段日益重要的前提下，寻求为承认仲裁协议以及法院承认和执行外国仲裁裁决提供共同的立法标准。公约的主要宗旨是，外国仲裁裁决不会受到区别对待，并要求各缔约国确保这类裁决在其法域内同国内裁决一样得到承认并普遍能够强制执行。公约的一个附带宗旨是，要求各缔约国法院为充分执行仲裁协定而拒绝当事人在违反其将有关事项提交仲裁庭处理的约定的情况下诉诸法院。[2]《纽约公约》的实施大大地促进了国际商事仲裁裁决在国际社会的流通，促进了各国国际商事仲裁的繁荣发展，得到了国际社会的广泛认可。[3]

尽管《纽约公约》主要在国际商事仲裁领域发挥作用，但是当国际投资仲裁为非 ICSID 仲裁时，《纽约公约》在承认与执行这类裁决时也可能得到适用。

（三）NAFTA

NAFTA 是美国、加拿大和墨西哥签订的多边自由贸易协定，于 1994 年生效。NAFTA 的第 11 章对投资以及解决因投资产生的争议作了较为详尽的规定，该章共 3 部分 39 条，对投资者实体权利的保护、投资仲裁的程序问题以及该章涉及的有关术语作了规定。[4]根据 ICSID 发布的 2024 年 1 月的受案数据，在 ICSID 管理的案件中，有 15% 是根据 NAFTA 提起的。[5]此外，还有一

---

〔1〕 截至 2024 年 3 月，该公约共有 165 个缔约国，载 https://icsid.worldbank.org/en/Pages/about/Database-of-Member-States.aspx，最后访问日期：2024 年 3 月 4 日。由于 ICSID 在解决投资争议时具有相对自洽的机构设置，本书引用的很多案例也主要源自于 ICSID 的仲裁实践。

〔2〕 参见 https://uncitral.un.org/zh/texts/arbitration/conventions/foreign_arbitral_awards，最后访问日期：2019 年 2 月 6 日。

〔3〕 截至 2024 年 3 月 4 日，《纽约公约》有 172 个缔约国，https://treaties.un.org/Pages/ViewDetails.aspx?src=IND&mtdsg_no=XXII-1&chapter=22&clang=_en，最后访问日期：2024 年 3 月 4 日。

〔4〕 参见 http://sice.oas.org/trade/nafta/chap-111.asp，最后访问日期：2019 年 2 月 6 日。

〔5〕 参见 https://icsid.worldbank.org/sites/default/files/publications/ENG_The_ICSID_Caseload_Statistics_Issue%202024.pdf，最后访问日期：2024 年 3 月 4 日。

些争议是由其他仲裁机构管理或通过临时仲裁程序解决的，由此可以看出NAFTA 在国际投资仲裁实践中属于被经常援引的国际条约，对国际投资仲裁理论的发展做出了积极贡献。尽管如此，NAFTA 也面临诸多批评，尤其是遭到美国当时的特朗普政府的强烈不满，于是美加墨对 NAFTA 作了修订。2018年 10 月 1 日美国前总统特朗普宣布美加墨已经达成一个全新的自由贸易协定以取代 NAFTA。新协议对 NAFTA 关于投资争端解决机制作了修订，这些修订被认为将对该区域的投资争端解决产生名副其实的巨变。[1] USMCA 已于2020 年 7 月 1 日生效，其中对投资争端解决机制的变革引起国际社会广泛讨论，它在一定程度上反映了国际社会对目前国际投资仲裁或者国际投资争议解决机制的批判。

（四）ECT

ECT 作为国际能源领域具有法律约束力的多边条约，对推动和促进能源领域的贸易、投资和运输活动具有重要意义。条约主要分为投资保护、能源贸易和运输保护、能源效率及争端解决等部分。在能源投资方面，ECT 具有与双边投资条约类似的促进和保护外国投资的作用，条约提供的争端解决机制已经成为从事国际能源投资活动的投资者保护其合法权益的有效途径，该条约于 1998 年生效。根据 ICSID 发布的 2024 年案件受理数据，在 ICSID 管理的案件中，有 7% 是根据 ECT 提起的，[2]可见该条约在实践中的重要性。此外，根据该条约提起的投资争议仲裁涉及的标的额也是非常巨大的，尤科斯案就是其中典型代表。[3]

ECT 主要对传统化石能源投资者提供了保护，在全球气候变化与治理大背景下，该条约已无法满足现实需要。在成员国的强烈呼吁之下，2017 年

---

〔1〕 Robert Landicho, Andrea Cohen, "What's in a Name Change? For Investment Claims Under the New USMCA Instead of NAFTA, (Nearly) Everything", *Kluwer Arbitration Blog*, 5 October 2018, http://arbitrationblog. kluwerarbitration. com/2018/10/05/whats-in-a-name-change-for-investment-claims-under-the-new-usmca-instead-of-nafta-nearly-everything/, (accessed 4 March 2024).

〔2〕 参见 https://icsid. worldbank. org/sites/default/files/publications/ENG_ The_ ICSID_ Caseload_ Statistics_ Issue%202024. pdf，最后访问日期：2024 年 3 月 4 日。

〔3〕 See *Yukos Universal Limited* (*Isle of Man*) *v. The Russian Federation*, PCA Case No. 2005-04/AA227, 3 February 2005.

ECT 进行了现代化革新，以使整个条约更符合当下可持续发展的价值目标。经 15 轮讨论后，ECT 于 2022 年 6 月 24 日完成了有关条约现代化的讨论，并形成了最终成果。此次 ECT 现代化的成果可总结为以下三方面：其一，引入"灵活性"机制，允许各成员国根据国内政策与公共利益，将传统化石能源排除在投资保护的范围之外；其二，扩大投资保护的范围，将碳捕获、无水氨、氢、沼气等新能源活动纳入条约的保护范围之内；其三，更新投资实体待遇，通过清单的形式明确 FET 以及间接征收等实体保护条款的内涵，并且强调东道国实现其合法治理目标的规制权。虽然 ECT 进行了力度较大的改革，其未来前景仍不容乐观。截至 2024 年 3 月 16 日，包括英国、法国、德国、意大利在内的 9 个国家已宣布单方面退出 ECT，其他成员国也正考虑退出该条约。

（五）BIT

根据联合国贸易和发展会议（UNCTAD）公布的数据，目前各国签订了大约 2832 个 BIT，其中 2220 个处于生效状态。此外，上述 BIT 有 454 个条约中包含投资条款，已生效的有 376 个。[1]根据 ICSID 公布的数据来看，40% 的案件都根据 BIT 提起的。[2]由此可见，BIT 在国际投资仲裁实践中发挥重要作用。很多仲裁案件的结果都取决于对双边投资条款的解释，因此，BIT 的发展也经历不同阶段，现在有所谓的第二代 BIT 模式。[3]另外国际投资仲裁实践面临的诸多问题也推动了 BIT 内容和解释方法的变革。

一般说来，BIT 对以下问题作出了规定：制定条约的目的、对投资和投资者等概念进行界定、投资者享有的权利（包括 FET、国民待遇原则、最惠国待遇原则、不歧视待遇原则）、东道国需保障投资安全、征收和国有化以及涉及的补偿问题和争议解决机制等。新一代 BIT 规定得更为详细，特别是对有关概念予以明确界定，以避免解释的不一致性，规定"岔路口条款"以解决多重程序问题，以及争议解决机制等。

---

〔1〕 参见 https：//investmentpolicyhub. unctad. org/IIA，最后访问日期：2024 年 3 月 4 日。

〔2〕 参见 https：//icsid. worldbank. org/sites/default/files/publications/ENG_ The_ ICSID_ Caseload_ Statistics_ Issue%202024. pdf，最后访问日期：2024 年 3 月 4 日。

〔3〕 比如 2012 U. S. Model BIT，该范本共 37 条，从条文数量来看多于之前的 BIT，从内容来看规定也更为详尽细致。

（六）新近缔结生效的条约（CPTPP，TPP 等）

TPP，是重要的国际多边经济谈判组织，由亚太经济合作组织成员国中的新西兰、新加坡、智利和文莱四国发起，旨在促进亚太地区的贸易自由化。2016 年，截至 TPP 正式签署，其缔约国有 12 个，对亚太地区的投资和贸易发展发挥了重要作用。但是，美国前总统特朗普在执政后便宣布退出 TPP，寻求与其他国家的双边贸易机会。至此，TPP 的发展转而进入 CPTPP 阶段。CPTPP 于 2018 年 3 月 8 日由 TPP 的 11 个成员国正式签署并于同年 12 月 30 日正式生效。CPTPP 的第 9 章对投资和投资者—国家间争端解决作了较为详尽的规定，该章 2 部分共 30 条规则，包括对投资者实体权利的保护、规则适用范围、投资仲裁程序等重要内容。[1]

## 二、国内投资法

东道国为了吸引外国投资，同时对外国投资行为和投资者进行适当管理，一般都会制定与外国投资有关的法律法规或者政策。东道国的投资法并不一定仅仅表现为一个单行条例或单独的外商投资法，国内的其他部门法也可能涉及对外国投资或投资者的保护和规制，比如公司法、税法、环境法、知识产权法、劳工保护法、外汇管制法等，所以东道国的投资法是一个大的概念，它囊括了与外国投资有关的一切法律法规。根据 ICSID 公布的数据来看，5% 的案件都根据东道国的投资法提起的。[2]东道国的外商投资法一般就以下问题作出了规定：外商投资法的立法目的、外国投资者和外国投资的待遇原则、市场准入、外商投资的治理结构、市场监管、征收、国有化、环境保护、劳工保护、知识产权保护、争议解决机制等问题。事实上，在国际投资仲裁实践中，东道国的法律经常被援引作为解决投资争议的准据法。[3]

---

〔1〕 参见 https://www.iilj.org/wp-content/uploads/2018/03/CPTPP-consolidated.pdf，最后访问日期：2024 年 3 月 13 日。

〔2〕 参见 https://icsid.worldbank.org/sites/default/files/publications/ENG_The_ICSID_Caseload_Statistics_Issue%202024.pdf，最后访问日期：2024 年 3 月 4 日。

〔3〕《华盛顿公约》第 42 条第 1 款。

### 三、仲裁规则

仲裁规则主要是指由仲裁机构制定的用以指导仲裁庭和当事人解决争议的程序性规定，比如《ICSID 仲裁规则》《LCIA 仲裁规则》《PCA 仲裁规则》《SCC 仲裁规则》《ICC 仲裁规则》《SIAC 仲裁规则》《HKIAC 仲裁规则》《CIETAC 仲裁规则》等。上述仲裁机构有的为解决投资仲裁专门制定了不同于国际商事仲裁的投资仲裁规则，有的仲裁规则是既适用于商事仲裁，也适用于投资仲裁。联合国国际贸易法委员会（UNCITRAL）在这方面做了大量工作，它制定的《UNCITRAL 仲裁规则》在实践中得到较为广泛的适用。当然，在投资仲裁领域，《ICSID 仲裁规则》是被最广泛适用的规则，ICSID 也是最主要的投资仲裁案件管理机构。[1]

### 四、小结

需要说明的是，本章对国际投资仲裁法律渊源的梳理并未严格按照《国际法院规约》第38条的规定展开，而是主要介绍了在实践中被经常援引的条约、法律法规或有关规则，并非对国际投资仲裁法律渊源的全面梳理。事实上，由于很多国际投资仲裁案件都涉及对有关国际条约的解释和适用，因此，在实践中仲裁庭经常根据1969年VCLT的规定对条约进行解释，从这个角度讲，VCLT 也是国际投资仲裁的一个重要法律渊源。此外，习惯国际法在投资仲裁案件中也被经常适用，特别是在解释 BIT 中关于最低保护标准原则时，因此，习惯国际法也应属于国际投资仲裁的一个重要渊源。甚至还有学者将投资者与东道国或东道国的代表机构签订的投资合同认为是国际投资仲裁的一个重要渊源，[2]因为很多投资争议都是由投资合同产生的。[3]从这个角度讲，投资合同在解决投资争议时也是一个非常重要的文件。

---

〔1〕　参见 https://investmentpolicyhub. unctad. org/ISDS/FilterByRulesAndInstitution，最后访问日期：2019 年 2 月 7 日。

〔2〕　Alexis Mourre，*Introduction to Investor-State Arbitration*，Kluwer Law International，2018，p. 10.

〔3〕　根据 ICSID 公布的数据，7% 的投资仲裁案件是因投资合同产生的，载 https://icsid. world-bank. org/sites/default/files/publications/ENG_ The_ ICSID_ Caseload_ Statistics_ Issue%202024. pdf，最后访问日期：2024 年 3 月 4 日。

# 第三节 机构仲裁与非机构/临时仲裁

## 一、概述

与商事仲裁一样，投资仲裁根据是否有机构管理仲裁程序可以分为机构仲裁与非机构仲裁，非机构仲裁也叫临时仲裁（*ad hoc* arbitration）。所谓机构仲裁，一般是指当事人约定将其争议提交专门的仲裁机构仲裁，机构本身并非作出裁决的主体，但是仲裁机构为当事人争议解决提供全面服务，包括制定仲裁规则和提供其他与仲裁有关的服务。具体而言，仲裁机构将为当事人和仲裁庭进行仲裁提供程序指引，包括如何提起仲裁、仲裁文书的传递、仲裁庭的组成、仲裁庭审的安排、仲裁费用的收取、提供仲裁场地以及为仲裁庭和当事人提供其他必要的后勤保障服务。在国际商事仲裁中，当事人意思自治是基本原则，当事人在不违反有关强制性规定的情况下可以对仲裁程序与规则进行约定，但是在投资仲裁中，由于一方当事人是国家，意思自治在一定程度上受到了限制，包括对选定的仲裁规则进行变更或减损适用的权利，这种情形主要表现在 ICSID 下提起的仲裁。根据有关统计数据，目前受理投资仲裁的机构主要有 ICSID，瑞典斯德哥尔摩商会仲裁院（以下简称 SCC）、法国巴黎的国际商会（以下简称 ICC）、伦敦国际商会仲裁院（以下简称 LCIA）以及荷兰海牙的国际常设仲裁院（以下简称 PCA）等机构。[1]非机构仲裁一般是指没有专门的仲裁机构提供服务的仲裁制度，仲裁程序的推进完全取决于当事人的约定。在国际投资仲裁中，临时仲裁程序往往适用的是 UNCITRAL 提供的仲裁规则，虽然该规则并非专门为国际投资仲裁而制定的，但是在实践中发挥着重要作用。

---

[1] See Gary Born and Matteo Angelini, *International Arbitration* 2023, Chambers and Partners, https：//practiceguides. chambers. com/practice-guides/international-arbitration - 2023, accessed 4 March 2024.

## 二、ICSID 仲裁

ICSID 是根据 1966 年《华盛顿公约》设立的专门解决投资者与东道国投资争端的机构，属于世界银行的一个分支机构，总部设在美国华盛顿。ICSID 设有行政理事会和秘书处。行政理事会是中心的决策机构，其主席由世界银行行长担任，成员由各缔约国代表组成，通常是各缔约国负责金融事务的官员。行政理事会并不参与个案的具体管理工作，其主要职能包括：通过中心的行政与财政条例；制定仲裁与调解规则；批准与世界银行达成的关于使用其行政设施和服务的协议；选举中心秘书长与副秘书长；通过中心年度报告和预算。[1]秘书处负责中心的日常运营和管理工作，由一名秘书长、两名副秘书长以及 70 名来自不同国家并具有不同专业背景的工作人员组成。秘书处的主要职能是为解决属于中心管辖的投资者与东道国投资争端提供服务，包括：有关程序的登记服务（比如接受、审查和登记仲裁或调解请求）；协助当事人组成调解委员会、仲裁庭以及临时撤销委员会；协助当事人与调解委员会、仲裁庭或临时撤销委员会推进案件程序；组织或协助安排庭审；管理具体案件的财务事宜；以及应调解委员会、仲裁庭以及临时撤销委员会的请求提供其他管理服务。对于不属于中心管辖的案件，包括由其他仲裁机构受理的案件以及临时仲裁庭审理的案件，秘书处应请求也提供管理服务，比如指定仲裁员或就仲裁员回避做出决定等。此外，秘书处通过下列行为为缔约国提供服务、对中心进行宣传、提升公众对投资仲裁的认知，从而促进国际投资法的发展：保管缔约国目录；维护仲裁员和调解员名册；维护中心其他官方文件；发布与秘书处活动有关的信息，比如发布中心年度报告、提供中心案件受理数据；在其网站公布有关争议的决定、命令以及裁决；组织和参与有关活动和培训；在其网站公布有关背景文件、参考文献、条约目录以及其他资料信息；以及出版《ICSID 评论——外国投资法期刊》等文献。[2]

---

〔1〕 参见 https：//icsid. worldbank. org/en/Pages/about/Administrative-Council. aspx，最后访问日期：2024 年 3 月 12 日。

〔2〕 参见 https：//icsid. worldbank. org/en/Pages/about/Secretariat. aspx，最后访问日期：2023 年 3 月 12 日。

中心的宗旨是依据公约的规定为各缔约国与另一缔约国国民之间的投资争端提供调解与仲裁服务，为此中心制定了《调解程序规则》与《仲裁程序规则》，对中心调解和仲裁程序作了详细规定。ICSID 仲裁规则的最新修订版本于 2022 年 7 月 1 日生效。就仲裁而言，中心受理的案件需满足一定的条件，包括投资者的母国与东道国必须是《华盛顿公约》的缔约国、争端必须是因投资直接产生的法律争议以及当事人对中心的管辖权予以书面同意等。实践中投资争议复杂多样，通过 ICSID 解决争议也许并非总是最佳选择，但它确实因具有如下优势而受到当事人的青睐：

第一，其争议解决体系具有中立性与自洽性。在一般商事仲裁中，双方当事人可以就仲裁地做出约定，在没有约定时，仲裁规则一般都会规定如何确定仲裁地。仲裁地的法律决定仲裁程序法，当地法院可以根据仲裁地法律对仲裁程序进行司法干预或监督，包括仲裁庭的组成、临时措施的批准或执行以及仲裁裁决的撤销等。因此，仲裁地是一个法律概念，而非简单的地理概念，也并不必然是仲裁庭开庭的地点，它对整个仲裁程序以及裁决的效力可能产生非常重要的影响。但是在 ICSID 仲裁中，仲裁地将不再具有法律意义。ICSID 的仲裁程序由公约规定，具有完全的自给自足性（self-contained）与去当地化（delocalized）的特征。中心对仲裁程序予以全面监督，包括指定仲裁员、组成仲裁庭、采取临时措施以及组成临时撤销委员会等。ICSID 裁决是终局的，对当事人具有约束力。当事人除了享有公约规定的有限救济措施，即裁决的更正、解释和撤销外，不得向任何内国法院提起上诉，内国法院也无权对裁决进行审查。此外，所有缔约国对 ICSID 裁决中的金钱给付义务裁决都应当予以承认和执行，就像执行其内国法院生效判决一样。该规定使得 ICSID 裁决在执行方面具有其他国际裁决所不具有的优势，比如根据 1958 年《纽约公约》寻求裁决的承认与执行时，被请求国法院可以根据公约的规定对该外国裁决予以审查，从而决定是否承认和执行裁决。而各国法院在审查是否承认与执行外国仲裁裁决时，对《纽约公约》规定的拒绝承认与执行的依据可能具有不同的理解，从而导致外国仲裁裁决的可执行性处于不确定状态。

第二，ICSID 裁决的透明度越来越高。保密性是商事仲裁的一大特点，也是相对诉讼而言的一大优点。2022 年《ICSID 仲裁规则》规定，除非当事人反对，仲裁庭有权允许非争议当事人旁听庭审程序，[1]或在向仲裁庭提出申请后提交书面陈述。[2]此外，秘书处在取得双方当事人同意的情况下，还可以将裁决在其网站上公布，而无论当事人是否同意公开其裁决，秘书处仍应公布裁决摘要。[3]在实践中，秘书处一直积极地寻求当事人的同意从而将裁决在其网站上予以公布。ICSID 裁决中不断增加的透明度对投资者来说是有利的，因为东道国一般都愿意向潜在的投资者展现出对外国投资友好的一面，因此会积极配合仲裁程序的推进。另外，透明度的要求也能使东道国国民或与投资争端解决具有利害关系的其他主体对仲裁程序进行监督，进而对东道国的行政管理行为进行必要监督。

第三，ICSID 仲裁费用标准较为明确合理。像很多仲裁机构一样，ICSID 也制定了明确的收费标准，并且其收费标准相对来说是较低的。与其他很多仲裁机构不同的是，ICSID 对调解员、仲裁员以及临时撤销委员会成员规定了固定的收费标准，即 3000 美元/每天/每人，外加一定的补贴和差旅费用。[4] ICSID 还通过《费用与开支备忘录》（Memorandum on the Fee and Expenses）详细规定了仲裁员的收费情况与差旅补贴标准。[5]从这些规定可以看出，相对一些主要的仲裁机构而言，ICSID 调解员、仲裁员以及临时撤销委员会成员的收费标准是较低的，它不是根据案件标的收费，而是根据实际工作量，比如根据审结案件需要的时间、开庭次数、差旅标准等确定的。

第四，世界银行可能对 ICSID 裁决的执行产生积极影响。目前来看，IC-SID 的裁决一般都得到了东道国的尊重与执行，有分析认为这可能与 ICSID 与世界银行的密切关系有关，也就是说东道国如果不履行与投资者达成的和解协议或执行仲裁裁决，可能会间接地遭致一些不利的政治后果。尽管这种分

---

〔1〕 2022 年《ICSID 仲裁规则》第 65 条第 1 款。

〔2〕 2022 年《ICSID 仲裁规则》第 67 条第 1 款。

〔3〕 2022 年《ICSID 仲裁规则》第 62 条第 4 款。

〔4〕 ICSID《费率表》（Schedule of Fees），2022 年 7 月 1 日生效，该《费率表》会适时调整，需要时可查询 ICSID 网站 https://icsid.worldbank.org/en/Pages/icsiddocs/Schedule-of-Fees.aspx. 最后访问日期：2024 年 3 月 4 日。

〔5〕 参见 https://icsid.worldbank.org/services/cost-of-proceedings/memorandum-fees-expenses/2022，最后访问日期：2024 年 3 月 4 日。

析尚未得到确证，但是在实践中，如果某国政府对 ICSID 裁决完全采取漠视态度，那么很难想象世界银行的律师在项目谈判时会建议将 ICSID 仲裁条款写入与该国的有关谈判文件中。[1]

如前所述，在 ICSID 仲裁需要满足一定的前提条件，为了扩大 ICSID 的影响，同时也为了满足实践需要，世界银行于 1978 年通过《ICSID 附加便利规则》将 ICSID 仲裁延伸到不属于《华盛顿公约》管辖范围的投资者与国家之间的争议。《ICSID 附加便利规则》仍然是在 ICSID 机构下运行的制度，没有独立的机构或实体，秘书处也为同一个秘书处，但它制定有专门的仲裁与调解规则。

就争议主体而言，《ICSID 附加便利规则》适用于投资者母国或投资东道国只有一方是《华盛顿公约》缔约国的争议案件。比如，NAFTA 的缔约国为美国、加拿大和墨西哥，其中只有美国是 ICSID 缔约国。根据《ICSID 附加便利规则》，针对 NAFTA 第 11 章产生的争议，加拿大和墨西哥的投资者可以在 ICSID 针对美国政府提起仲裁，而美国的投资者也可以针对加拿大或墨西哥政府提起投资仲裁，但是由于加拿大和墨西哥均不是《华盛顿公约》缔约国，因此，加拿大投资者与墨西哥政府之间以及墨西哥投资者与加拿大政府之间产生的投资争议则不得根据《ICSID 附加便利规则》进行仲裁。此外，ECT 第 26 条也将《ICSID 附加便利规则》作为争议解决方式之一。[2]

就争议类型而言，《ICSID 附加便利规则》既可以适用于直接因投资而产生的争议，也可以适用于非直接因投资产生的争议，但是后者需满足"产生争议的基础交易应当具有一般商事交易所不具有的特征，从而使其与一般交易区分开来"。[3]

虽然《ICSID 附加便利规则》并不是专门为解决一般商事争议而制定的，但是由于其不属于《华盛顿公约》范围，因此不能享有 ICSID 仲裁的自治性，也就是说，《ICSID 附加便利规则》下的仲裁需要确定仲裁地，仲裁地法院对

---

[1] Lucy Reed, Jan Paulsson and Nigel Blackaby, *Guide to ICSID Arbitration*, Wolters Kluwer Law and Business, 2011, p.17.

[2] ECT, art.26.

[3] 《ICSID 附加便利规则》第 4 条第 3 款。

裁决可能行使司法监督权，在裁决的承认与执行阶段也受制于被请求国的司法审查。从这个角度说，《ICSID 附加便利规则》下的仲裁与在 ICC、LCIA、ICDR 等仲裁机构管理下的机构仲裁以及《UNCITRAL 仲裁规则》下的临时仲裁是一样的。因此，《ICSID 附加便利规则》有关仲裁规则的附件 3 第 19 条明确规定仲裁地应当在 1958 年《纽约公约》缔约国中选择，其目的是尽可能使裁决得到执行。[1]

另外，能否将争议提交《ICSID 附加便利规则》仲裁取决于秘书长的明示同意。[2]因此在实践中，当事人明智的做法是在签订争议解决条款之前将其拟定的适用附加便利仲裁规则的条款提交秘书长事先审查。如果争议不是因投资而直接产生的，秘书长还可以审查产生争议的交易是否具有不同于一般商事交易的特征，从而决定附加便利规则能否得以适用。这种"事先请示"的做法在一定程度上可以避免当事人签订的仲裁条款在随后被确认为无效。

ICSID 附加便利程序在实践中逐步得到当事人的广泛认可，截至 2023 年 12 月 31 日，共有 79 起仲裁案件是根据《ICSID 附加便利规则》仲裁程序部分提起的，占到 ICSID 管理案件的 8.2%。[3]

### 三、其他主要仲裁机构仲裁

#### （一）ICC

ICC 成立于 1919 年，总部位于法国巴黎，其宗旨是通过促进贸易和投资的发展，带来全球经济的包容性增长和繁荣。面对全球性或区域性经贸问题和挑战，ICC 不仅归纳、总结并公布了有关贸易规则以促进国际商贸便利化，而且提供争议解决平台，如其下设立的 ICC 仲裁院。ICC 仲裁院成立于 1923 年，虽然是 ICC 的附属机构，但是完全独立于 ICC。其职能是确保 ICC 仲裁规则的执行，并享有为实现此目的所必要的权力。ICC 仲裁院为和平解决国际金

---

〔1〕《ICSID 附加便利规则》附件 3 第 19 条。

〔2〕《ICSID 附加便利规则》第 4 条。

〔3〕 参见 https://icsid. worldbank. org/sites/default/files/publications/2023. ENG _ The _ ICSID_ Caseload_ Statistics_Issue. 2_ENG. pdf，最后访问日期：2024 年 3 月 4 日。

融、贸易以及投资争端提供了平台，从而使争议当事人不必诉诸于法院系统。ICC 仲裁院受理案件的范围并不限于国际案件，对没有涉外因素的国内争议也可以受理。不过，因 ICC 仲裁院设立于第一次世界大战之后，彼时国际投资争议的解决方式主要是依靠外交途径，因此，在 ICC 仲裁院的案件大部分为商事案件，投资争议案件数量很少，并且基本上是基于投资合同而非投资条约提起的仲裁。[1]尽管如此，经过百余年的发展，ICC 仲裁院在国际商事争议解决领域取得了令人瞩目的成绩，属于世界主要商事仲裁机构，因此，本书认为有必要对其机构设置做简要介绍，以供当事人在选择争议解决机构时参考。

ICC 仲裁院由 1 名主席、若干名副主席和成员，以及可替换成员组成，他们均由 ICC 世界理事会委任，任期 3 年。仲裁院由秘书处负责案件的日常管理工作，在当事人、仲裁员以及仲裁院之间起到沟通桥梁的作用。秘书处还负责发布通知和有关文件，以便当事人和仲裁员知悉有关仲裁程序。ICC 仲裁院在秘书处的协助下对仲裁程序行使基本的监督职能：①应请求指定仲裁员或决定仲裁员是否回避。就仲裁员的指定而言，仲裁院可以获得位于世界各地近 90 个 ICC 国家委员会的协助，这些国家委员会可以推荐仲裁员候选人供仲裁院参考，仲裁院有权决定是否接受推荐，仲裁院也有权不根据之前准备的名单指定仲裁员。②决定仲裁员的费用。在案件审结后仲裁院可以基于事先公布的基准费用确定仲裁员的报酬。为此，仲裁院会考虑案件的标的额、案件复杂程度、仲裁员勤勉程度、仲裁程序耗费的时间以及效率等因素。③对仲裁裁决进行核阅。如果认为裁决形式上有不恰当之处，可以要求仲裁庭修改，而对于实体问题可以提请仲裁庭注意。但是仲裁院的该项职能并不意味着其有干涉仲裁庭作出裁决的自由。④对仲裁庭审理案件提供程序指引，制定仲裁规则。最新修订的仲裁规则于 2021 年 1 月 1 日生效，全文共 43 条。内容包括基本定义条款、仲裁程序的开始、涉及多方当事人或多个合同时的合并程序、仲裁庭的组成、仲裁程序事项、仲裁裁决、仲裁费用以及杂项条

---

〔1〕 根据 ICC 仲裁院发布的 2020 年度争议解决数据，2020 年只有一个当事人根据 BIT 提交了仲裁案件。International Chamber of Commerce（ICC），*ICC Dispute Resolution* 2020 *Statistics*，2021，p. 12.

款。此外，该仲裁规则还包含 6 个附件，涉及的内容为国际仲裁庭规约、国际仲裁庭内部规则、仲裁费用、案件管理技能、紧急仲裁员规则以及快速程序规则。[1] 作为世界主要仲裁机构之一，ICC 仲裁院紧跟国际经贸和商事发展新动向，发现新问题、出台新规则、优化仲裁程序、提高裁决质量，赢得了当事人的信赖。

（二）SCC

SCC 成立于 1917 年，是瑞典最重要的常设仲裁机构。SCC 仲裁院作为一个为争议解决提供管理服务的机构，属于斯德哥尔摩商会的一部分，但其在行使纠纷管理职能时独立于商会。SCC 仲裁院本身并不裁决争议，其职能是根据 SCC 仲裁院规则管理国内和国际争议以及提供与仲裁和调解事务有关的信息。

相比 ICSID，SCC 的构架与 ICC 的构架更为相似。SCC 仲裁院由理事会和秘书处组成。理事会由主席、副主席和理事组成，其人选应当由斯德哥尔摩商会理事会（商会理事会）指定，其中主席 1 人，副主席至多 3 人，理事至多 12 人。[2] 理事会成员应当包括瑞典公民和非瑞典公民。理事会成员任期 3 年，若无特殊情况出现，可在其职位上连任一次。特殊情形下，商会理事会可以撤换理事会成员。如果某一理事会成员在其任职期间辞职或被撤换，商会理事会可指定一新成员接替其剩余任期。理事会根据 SCC 仲裁院规则管理纠纷时应 SCC 仲裁院的要求，作出各项决定，包括决定 SCC 仲裁院管辖权、确定预付费用、指定仲裁员、就当事人对仲裁员的异议作出决定、撤换仲裁员以及确定仲裁费。理事会两名理事意见构成多数意见。如果无法达成多数意见，主席拥有决定权。遇有紧急事项，主席或者副主席有权代表理事会作出决定。理事会下属委员会可以接受指定代理理事会作出决定。理事会可以授权秘书处作出决定，包括决定预付费用、延长裁限、因未缴注册费而撤销案件、解除仲裁员指定以及确定仲裁费。理事会决定为终局决定。秘书长领导秘书处工作，而秘书处则履行 SCC 仲裁院规则所赋予的职责，也可以受理

---

[1] 参见 https://iccwbo.org/dispute-resolution-services/arbitration/rules-of-arbitration/，最后访问日期：2024 年 3 月 4 日。

[2] 《SCC 仲裁规则》附件 1。

事会的委托作出各项决定。由理事会或秘书处全部或部分撤销的案件不具有既判力。

2023 年 1 月 1 日生效的《SCC 仲裁规则》包含 52 项条文和 4 项附件。该规则有土耳其语、波斯语、保加利亚语、汉语、英语、德语、俄语和瑞典语版本，如有冲突，应当以英文文本为准。附件 3 专门讨论了投资条约争端，共有 4 项条文，分别涉及该附件的适用范围、仲裁员人数、第三人提交的文件以及案外缔约方提交的文件。附件 2 补充了应急仲裁员的相关规定，附件 4 则补充了费用的相关明细。与《ICSID 仲裁规则》和《ICC 仲裁规则》相比，《SCC 仲裁规则》更新换代较快，故通常更能反映当前的趋势和实践。例如，《ICC 仲裁规则》第 5 条第 2 款规定了电子邮件的送达方式，这表明其认识到了电子邮件是现代社会一种流行的通信方式。[1]而在 ICSID 仲裁程序中，根据当事人的协议，虽然电子邮件送达在实践中已经发生，但尚未得到规则的认可。

除了常规仲裁规则外，SCC 还制定了一套特殊的速裁程序规则，其最新版本于 2023 年 1 月 1 日生效。速裁程序规则旨在为复杂程度较低、争议金额较小的纠纷提供一套快速且低成本的争议解决程序。在该程序中，仲裁庭由一名独任仲裁员组成，且必须在 3 个月内作出裁决，除非一方当事人要求，否则裁决中无需说明裁决理由。[2]同时，提交书面陈述的时间和范围也是有限的，而开庭只有在当事人提出申请且仲裁员认为理由正当的情况下才会举行。[3]

（三）PCA

PCA 成立于 1899 年，是基于《和平解决国际争端公约》创立的政府间国际组织，也是第一个通过仲裁和其他和平方式解决国际争端的常设政府间组织。截至 2024 年 1 月 25 日，有 122 个国家加入了公约。

PCA 的架构与 ICC 和 SCC 的架构较为相似。PCA 的组织框架由三部分构成，包括监督其政策与预算的行政理事会、由独立潜在的仲裁员构成的小组

---

〔1〕《ICC 仲裁规则》第 5 条第 2 款。
〔2〕《SCC 仲裁规则》第 17 条、第 42 条、第 43 条。
〔3〕《SCC 仲裁规则》第 30 条、第 33 条。

（"仲裁员名单成员"）以及以秘书长为首的书记处（"国际事务局"）。行政理事会由缔约方向荷兰派遣的外交代表组成，由荷兰外交部部长担任主席。行政理事会经与秘书长协商，修订组织政策，负责为 PCA 的工作提供一般性指导，并对其管理、预算和开支进行监督。理事会根据《常设仲裁法院行政理事会程序规则》运行。国际事务局由一支有经验的由多国籍的法律和行政人员组成的队伍构成，由秘书长领导。国际事务局向仲裁庭和委员会提供行政支持，作为交流的官方渠道并保证对文件的安全保管。同时，国际事务局提供诸如财政管理、案件审理的后勤和技术支持、差旅安排以及一般性秘书和语言支持等服务。仲裁员名册由缔约方指定人士组成，每个缔约方有权提名至多 4 名在国际法问题上能力卓越、享有最高道德声誉并愿意接受指定的人士担任仲裁员。仲裁员任期为 6 年且可续任。

2012 年 12 月 17 日生效的《PCA 仲裁规则》包含 43 项条文和 4 项附件，涉及了规则的适用范围、仲裁庭的组成、仲裁程序、仲裁裁决等方面。《PCA 仲裁规则》具有相当的灵活性，允许当事人对仲裁程序进行一定的定制，以满足特殊的仲裁需要。同时，《PCA 仲裁规则》也常常被用于国际环境争端解决和投资争端解决。

（四）中国仲裁机构

1. 中国国际经济贸易仲裁委员会

中国国际经济贸易仲裁委员会（China International Economic And Trade Arbitration Commission，以下简称 CIETAC）成立于 1956 年，是世界上主要的常设商事仲裁机构之一。CIETAC 下设秘书局、仲裁院和专门委员会。秘书局主要负责贸仲委行政管理事务以及贸仲委应参与、组织及协调的公共法律服务事务。仲裁院的职能是管理案件以及履行《CIETAC 仲裁规则》规定的相关职责。专门委员会下设 4 个机构，分别为专家咨询委员会、案例编辑委员会、仲裁员资格审查考核委员会和发展委员会。其中，专家咨询委员会负责仲裁程序和实体上的重大疑难问题的研究和意见提供；案例编辑委员会负责已审理终结案件的编辑；仲裁员资格审查考核委员会负责根据《仲裁法》和《CIETAC 仲裁规则》的规定对仲裁员的资格和表现进行审查考核；发展委员会负责就仲裁事业发展等问题进行研究并提供意见和建议。

《CIETAC 仲裁规则》于 2017 年 10 月 1 日生效，共包含 58 个条文和 2 个附件，规定了受案范围、仲裁启动程序、仲裁庭的组成、仲裁程序、裁决、仲裁费用等事项，基本涵盖了国际投资仲裁中可能出现的程序性问题。其中第四章仲裁程序中，对反请求、第三方资助、合并仲裁、临时措施、程序中止等重要事项作了规定，在形成基本制度的同时，兼顾了实践中出现的新问题。

2. 北京仲裁委员会

北京仲裁委员会（Beijing Arbitration Commission，BAC）成立于 1995 年，是依据《仲裁法》规定设立的，独立、公正、高效地解决平等主体自然人、法人和其他组织之间发生的合同纠纷和其他财产权益纠纷的常设仲裁机构。

BAC 投资仲裁规则于 2019 年 1 月 1 日生效，包含 54 条和 6 个附录，对仲裁启动程序、仲裁庭、仲裁程序、仲裁裁决、仲裁透明度等事项作了规定。从内容上看，BAC 投资仲裁规则学习了《UNCITRAL 仲裁规则》的成熟经验，并在一定程度上吸收了 ICSID 仲裁规则修订的成果，在临时措施、仲裁程序效率、仲裁透明度、第三方资助等方面进行了创新与探索。

## 四、《UNCITRAL 仲裁规则》下的临时仲裁

UNCITRAL 是联合国大会的附属机构，成立于 1996 年 12 月 17 日。该机构通过拟定并促进使用和采纳一些重要商法领域的立法和非立法文书，履行促进国际贸易法逐步统一和现代化的任务，坚持"国际贸易法协调和统一"的目标。根据 UNCITRAL 所述，"协调"可理解为一种修改国内法律以提高跨国界商业交易可预测性的过程，"统一"可理解为各国采用关于国际商业交易特定方面的共同法律标准。截至 2024 年 3 月，UNCITRAL 共有 70 个成员国，代表了不同地域以及世界各大经济体和法律体系。

UNCITRAL 以三个层级开展工作：第一层级是 UNCITRAL 年度全体会议；第二层级是各政府间工作组，各工作组是承担 UNCITRAL 工作方案中各项专题的主力；第三层级是秘书处，秘书处的职能是帮助委员会和各工作组筹备和开展工作。UNCITRAL 主席团由成员国在每届年会开始之时选出，包括 1 名主席、3 名副主席和 1 名报告员，任期至下一届年会开始为止。UNCITRAL 的

决定由委员会成员国作出，非成员国和观察员组织的意见可供成员国考虑，成员国确定对拟决定问题的立场时，可以参考这些意见。工作组一般每年举行一届或两届会议，并向委员会报告工作进展情况。每个工作组也存在秘书处，由 UNCITRAL 秘书处的工作人员组成。UNCITRAL 秘书处的服务由联合国秘书处法律事务厅国际贸易法司提供，具体包括开展法律研究、起草和修订已列入工作方案议题的有关工作文件和立法案文、编写委员会和工作组会议报告等。

《UNCITRAL 仲裁规则》最初于 1976 年通过，一直用于解决多种争议，其中包括没有仲裁机构参与的私营商业当事方之间的争议、投资人与国家之间的争议、国家与国家之间的争议以及由仲裁机构管理的商事争议，因其内容完整、适用广泛而成为各机构制定仲裁规则的典范。2006年，为适应仲裁实务在过去三十年间的变化，UNCITRAL 对仲裁规则作了修订，以提高仲裁程序的效率。修订保持了规则原有的结构、精神和文体，出于进一步提高程序效率的考量，UNCITRAL 于 2010 年对仲裁规则作了第二次修订，增加了多方当事人仲裁、并入程序、赔偿责任及仲裁庭指定的专家提出反对程序等条文，修改了仲裁员更换程序、费用合理性要求以及仲裁费用审查机制，并对临时措施作了较为详细的规定。2013 年通过《透明度规则》之后，UNCITRAL 在 2010 年仲裁规则案文的基础上新增第 1 条第 4 款，以便将根据 2014 年 4 月 1 日或此后订立的投资条约启动的仲裁纳入《透明度规则》。该条款对根据《UNCITRAL 仲裁规则》启动的投资人与国家间仲裁适用《透明度规则》事宜作出了明确的规定。随着 2021 年《UNCITRAL 快速仲裁规则》的通过，原 UNCITRAL 仲裁规则的文本中新增了第 1 条第 5 款，并将《UNCITRAL 快速仲裁规则》作为附件纳入其中。该条款中的"各方当事人同意"一语强调了当事人必须明确同意，才能适用《UNCITRAL 快速仲裁规则》。

《UNCITRAL 仲裁规则》是国际上临时仲裁中最普遍适用的仲裁规则。该规则最初旨在用于因商业争端提起的仲裁，现已用于解决包括国际投资在内的其他形式的争端，并被许多与投资相关的 BIT 和 MIT 纳入，如 NAFTA、ECT 等。事实上，最新修订的规则在一定程度上对投资者—国家投资仲裁的特殊性及实践需要做了考量。

# 第四节　国际投资仲裁面临的问题

伴随着德国和巴基斯坦于 1959 年签订的双边投资条约，国际投资法开始发展为现在的模样，[1] 而 ICSID 1965 年才成立，直到 20 世纪 90 年代冷战结束后才有了一定规模的受案量。这些都说明国际投资仲裁是一个相对新兴的学科，很多规则尚处于变革与完善过程中。国际社会对国际投资仲裁在给予基本肯定的前提下，也提出了它面临的一些问题，本节将对这些问题予以归纳总结。[2]

## 一、仲裁裁决缺乏一致性

一致性是在指某个法律体系下判决结果具有内在的连贯性和协调性，这种一致性能使法律适用具有可预见性，从而保障法律体系的合法性与公信力。相反，如果在相同的法律体系下判决结果互相矛盾，就会损害法律适用的可预见性，从而导致对该法律合法性的怀疑。在国际投资仲裁领域，仲裁裁决的不一致性已经受到广泛关注，很多学者试图通过对有关裁决进行分析找出导致这种不一致性的原因，并试图提出解决方案。[3]

---

〔1〕　Rudolf Dolzer and Christoph Schreuer, *Principles of International Investment Law*, Oxford University Press, 2012, p. 6.

〔2〕　对国际投资仲裁面临的问题论述丰富，有来自国家和国际组织的，也有来自实务界和学术界的，本文主要以国际律师协会通过调查方式获取信息后所提供的报告作为主要依据。See IBA Arbitration Subcommittee on Investment Treaty Arbitration, *IBA, Consistency, efficiency and transparency in investment treaty arbitration report* 2018, 2018.

〔3〕　See eg, Gabrielle Kaufmann-Kohler, "Is Consistency a Myth?", in Emmanuel Gaillard and Yas Banifatemi ed., *Precedent in International Arbitration*, Juris Publishing, 2008, pp. 137 ~ 148; Susan D Franck, "The Legitimacy Crisis in Investment Treaty Arbitration: Privatizing Public International Law Through Inconsistent Decisions", 73 *Fordham L Rev* 2005, p. 1521; Charles N Brower, Charles H Brower II and Jeremy K Sharpe, "The Coming Crisis in the Global Adjudication System", 19 *Arb Intl* 2003, p. 415; ICSID Secretariat, *Possible Improvements of the Framework for ICSID Arbitration*, Annex, 2004, https://icsid. worldbank. org/en/Documents/resources/Possible%20 Improvements%20of%20the%20Framework%20of%20ICSID%20Arbitration. pdf, accessed 8 October 2018.

　　大致看来，导致国际投资仲裁裁决不一致的原因有以下几个：①有关法律概念外延较宽。比如 FET、FPS、透明度原则（Transparency）、武断与歧视（Arbitrary and Discrimination）等。这些法律概念外延丰富，往往需要结合案件的具体情况进行解释。其实缔约国在缔结有关条约时可能清楚这些概念在实践中会导致不同的解释，但是为了尽可能涵盖实践中可能发生的情形，于是缔约国都有意选择这些较为宽泛甚至模糊的法律概念。这种立法技巧一方面反映了国际投资实践发展的需要，但另一方面也招致了广泛批评。②仲裁程序的分散性。在国际投资仲裁中，当事人对仲裁庭的组成和仲裁规则的选择具有高度自主性。当事人可以选择他们认为适当的仲裁员，而不论这些仲裁员是否对相同的争议具有完全不同的理解，也可以选择不同的仲裁规则，而这些仲裁规则可能规定了不同的程序要求或证据开示制度。这些因素都可能导致裁决结果的不一致。③国际投资仲裁发展历史较短，很多问题和规则尚处于变革与完善中，这也可能导致裁决结果的不一致。

　　此外，国际投资自身的特点也进一步放大了裁决不一致的问题。比如，东道国的某一项措施可能影响来自不同国家的投资者，这些投资者可能根据其母国与东道国签署的 BIT 提起仲裁，并组成不同的仲裁庭。这些仲裁庭可能对同样的措施以及类似的事实问题作出不同的解释，从而作出不同的裁决。这种情形招致了对投资仲裁裁决结果不一致的批判。另外，由于国际投资仲裁涉及东道国的国际形象和社会公共利益，甚至还可能涉及东道国官员的政治廉洁问题，因此一旦发生争议，往往受到较高关注，公众要求对投资仲裁程序以及裁决结果予以公布，提高透明度。很多 ICSID 仲裁裁决在 ICSID 网站上都能找到详细信息，包括仲裁案件的立案时间、仲裁庭的组成、有关仲裁程序令以及裁决结果等信息。这些公开的信息一方面满足东道国国民对政府行为的知情权，但是另一方面也使仲裁裁决置于广泛监督之下，尤其是很多学者和实务人士对裁决作出了批判性研究，进而加剧了公众对国际投资仲裁裁决不一致的不满。

　　尽管对于国际投资仲裁裁决不一致的批评之声强烈，但有学者提出不一致性正是国际投资仲裁所固有的特点。他们认为消除这种不一致性会损及仲裁庭以更精确、更诚实和更透明的方式对案件作出裁决的职责。〔1〕不过大部分观点认为对国际投资规则采取一致性的解释是一种理想状态，国际社会应当采取相应的措施达成此目标。在 *Saipem v. Bangladesh* 案中，虽然仲裁庭不认为之前其他仲裁庭的裁决对其具有约束力，但认为应当适当参考（due consideration）之前的裁决，并明确表示确保裁决的一致性是仲裁庭的职责，是实现国际社会（包括国家和投资者）对法治确定性正当期望的必然要求。〔2〕但是这种观点也远未获得一致认可，在 *Burlington v. Ecuador* 案中，该仲裁庭和 *Saipem v. Bangladesh* 案的首席仲裁员均为 Gabrielle Kaufmann-Kohler 教授，但是该仲裁庭就裁决一致性问题并未能达成一致，作为边裁之一的 Brigitte Stern 教授明确表示她的职责是根据案件自身的情况作出裁决，而不受制于任何明显的判例法发展趋势的影响。〔3〕

综上所述，对国际投资仲裁裁决不一致的正当性问题的讨论远未结束，并可以预见该讨论在很长一段时间内还将继续。本书认为消除这种不一致性是不可能的，也不符合仲裁的基本理念，我们只能在适当的范围内控制不合理的不一致性。事实上，导致国际投资仲裁裁决不一致的另一个重要原因是国际投资法的"碎片化"现象，目前国际社会没有一部统一的国际投资法，各国签订的 BIT 各不相同，同一个国家与不同国家或在不同时期签订的投资条约也具有或多或少的差异，这种不同或差异性，即所谓的"碎片化"，使得仲裁庭有可能对有关规定作出不同的解释进而作出不同的裁决。从某种程度上来说，国际投资法这种"碎片化"现象如果得不到有效解决，投资仲裁裁决的不一致性问题就无法从根本上得以解决。但是"碎片化"现象也是国际投资法固有的特点，它体现了各国对外投资和吸引外资政策的差异性，因而具有合理性。

〔1〕 Thomas Schultz, "Against Consistency in Investment Arbitration", in Zachary Douglas, Joost Pauwelyn, and Jorge E Vinuales ed., *The Foundations of International Investment Law: Bringing Theory into Practice*, Oxford University Press, 2014.

〔2〕 *Saipem SpA v. The People's Republic of Bangladesh*, ICSID Case No ARB/05/07, 21 March 2007, p. 67.

〔3〕 *Burlington Resources v. Ecuador*, ICSID Case No. ARB/08/5, 14 December 2012, p. 187.

## 二、仲裁程序缺乏效率

高效快捷、费用低廉历来是仲裁相对诉讼的一个根本性优势，因为仲裁往往遵循"一裁终局"的原则，避免了诉讼中的上诉程序甚至再审程序，简化了程序，节省了时间，也节约了法律费用。但是这种优势在国际投资仲裁中越来越不明显，甚至丧失殆尽。有统计数据显示，ICSID 仲裁程序平均需要3.6 年才能审结案件，而根据《UNCITRAL 仲裁规则》提起的仲裁时间更长，平均需要3.9 年。[1] 在 ICSID 仲裁需要支付 25 000 美元的申请费，之后需要大约 4 到 6 个月才能组成仲裁庭。[2] 这种状况引起了投资仲裁当事人的严重不满，为此 ICSID 正积极寻求各方意见以修改其仲裁规则。从仲裁实践来看，程序迟延可能发生在下列几个环节：仲裁庭成立之前（包括和解程序和其他可替代性程序），可能因为指定仲裁员、确定仲裁庭人数、被指定的仲裁员无法参与案件审理、提出请求或问题的多寡及难易程度，以及和解程序的进行等方面的原因导致程序的迟延。

以 ICSID 仲裁为例，有调查显示，在 ICSID 仲裁中，自案件登记之日起，大概需要 5 到 9 个月才能组成仲裁庭。[3] 根据《华盛顿公约》，除非当事人另有约定，仲裁庭一般由 3 名仲裁员组成。[4] 如果当事人就仲裁员人数或指定方式无法达成一致意见，他们任何一方可以自案件登记后 60 日内通知 ICSID 秘书长拟适用公约第 37 条第 2 款 b 项规定的"缺省程序"。如此一来，即便双方就仲裁庭人数或指定方式无法达成一致意见的情形是显而易见的，当事人可能仍需等待 60 日才能援引公约规定的上述缺省程序。根据公约规定的该缺省程序，当事人可以各自指定 1 名仲裁员，并共同指定第 3 名仲裁员作为

---

〔1〕　Jeffrey Commission, "The duration costs of ICSID and UNCITRAL investment treaty arbitrations", *Vannin Capital Funding in Focus*, 2016, p. 9.

〔2〕　Lars A Markert, "Improving Efficiency in Investment Arbitration", *4 Contemp Asia AJ 2011*, pp. 215-224.

〔3〕　Stephen Jagusch and Jeffrey Sullivan, "A Comparison of ICSID and UNCITRAL Arbitration: Areas of Divergence and Concern", in Michael Waibel, Asha Kaushal, Kyo-Hwa Chung and Claire Balchin ed., *The Backlash Against Investment Arbitration: Perceptions and Reality*, Wolters Kluwer, 2010, p. 82.

〔4〕　《华盛顿公约》第 37 条第 2 款 b 项。

首席仲裁员。这种指定程序有可能导致延迟的发生，首先，当事人需要一定时间才能指定己方仲裁员，在共同指定第 3 名仲裁员时可能花费更多的时间。其次，若当事人对另一方指定的仲裁员提出反对意见，那么程序就愈加迟延了，并且当事人反对另一方当事人指定仲裁员的情形似乎还有增多的趋势。[1]当然，这种挑战仲裁员的方式有很多，有的当事人通过申请仲裁员回避达到拖延仲裁程序的目的。一旦发生申请仲裁员回避的情形，又需要数月时间确定该仲裁员是否应当回避，如果回避，那么当事人需要重新指定仲裁员。在《华盛顿公约》和《UNCITRAL 仲裁规则》下，重新指定仲裁员不仅限于被回避的仲裁员，还包括之前被指定的未被申请回避的仲裁员。[2]在这种情况下，可以想象仲裁庭的组成将是旷日持久的事。尽管根据《华盛顿公约》第 38 条之规定，秘书长在案件登记之日起 90 日内可以完成仲裁庭的组成。但是该 90 日可能因当事人的约定而被修改，因此，组庭时间还是可能被迟延。

### 三、其他方面的问题

国际投资仲裁还在其他一些方面遭到批评，比如对仲裁裁决缺乏纠错机制、仲裁程序缺乏透明度、仲裁员队伍单一化、固定化，缺乏多元性等。针对这些问题，UNCITRAL 成立的第三工作组，专门就投资者与国家争端解决机制进行研究，梳理分析问题并探讨可能的改革措施，目前这项工作已取得一定成果。[3]

## 第五节　国际投资法治发展对国际投资争议解决的影响

如前述，BIT 是国际投资仲裁的主要法律渊源。自 1959 年德国和巴基斯

---

〔1〕 Jason Gottlieb and Michael Mix, "Arbitrator Challenges: Balancing Flexibility, Confidentiality and Efficiency", *New York Law Journal*, 2015, www. law. com/newyorklawjournal/almID/1202721577764/? slreturn=20180821155836, accessed 4 March 2024.

〔2〕 《华盛顿公约》第 56 条；《UNCITRAL 仲裁规则》第 14 条。

〔3〕 Working Group Ⅲ: Investor-State Dispute Settlement Reform, https://uncitral. un. org/en/working_groups/3/investor-state, accessed 4 March 2024.

坦签署第一个 BIT 后，很多国家相继签订了类似的条约，条约数量在 20 世纪
90 年代中期迅猛增长。这个时期签订的 BIT 除了在争议解决机制上有所不同
外，其他内容都非常类似，主要着眼于对外国投资以及投资者的保护。但随
着国际投资实践的不断发展，出现了投资者与东道国争议数量增加以及争议
多样化的趋势，表明第一代 BIT 已经不能满足国际投资法治的需要，为此国
际社会对国际投资法治不断改革和完善，以促进国际投资便利与自由化。国
际社会新近谈判和签订的 BIT 和包含投资保护条款的自由贸易协定在内容上
对之前签订的 BIT 作了很多修改，这些修改一方面体现了实践中投资者与东
道国之间投资争议的特点以及面临的问题，另一方面也将对未来投资争议解
决机制产生影响。归纳起来，影响主要体现在以下几个方面：

## 一、对投资的界定更加精确

一般说来，投资者如果打算根据某项投资条约对东道国提起仲裁，那么
必须证明拟提交的争议是因条约规定的"投资"产生的。过去二十多年的国
际投资仲裁实践表明，仲裁庭存在将"投资"扩大化解释的现象，这引起了
很多国家的担忧。比如在 *Pope & Talbot v. Canada* 案中，[1]仲裁庭认为通过贸
易取得的市场份额也可以视为投资的一部分；在 *S. D. Myers v. Canada* 案中，[2]
仲裁庭认为设立销售办公室并承诺一定的营销时间就足以构成投资。对投资
作出如此宽泛的解释也并非仲裁庭别出心裁，因为投资在实践中本来就形态
多样，同时很多投资条约使用以资产为基础的传统方式对投资进行界定，这
种界定方式本身就可能导致投资涵盖的内容非常广泛，即很可能将缔约国在
签订条约时并未打算纳入投资保护领域的经济行为也包含进去，国际投资仲
裁的实践已经证明存在这种风险。为避免对投资作出过于宽泛的解释，可以
参考以下几种方式：

第一，使用穷尽式列举方式，也就是说对列举范围内的投资予以保护，
否则不属于条约保护的范围。这种对投资进行界定的方式最初源于 USMCA 中

---

〔1〕　*Pope&Talbot*, *Inc. v. The Government of Canada*, Preliminary Tribunal Awards, 1 January 2000,
pp. 23-26.

〔2〕　*S. D. Myers Inc. v. Canada*, Partial Award, 13 November 2000, pp. 231-232.

以企业为基础的投资界定方式，后来经过演变出现在 NAFTA 第 1139 条中，随后有几个亚太经济合作组织（APEC）成员在其缔结的投资条约中采用了这种界定方式。[1]但是这种界定方式在投资条约中并非普遍做法。诚然，通过穷尽式列举的方式能使受条约保护的投资范围清晰明了，极大地限缩仲裁庭在该问题上的自由裁量权，但是也要认识到实践中投资形式千变万化，并且随着实践的多样化发展，采取这种界定方式很可能无法涵盖已有的投资形式，更无法预见可能出现的新型投资，这不利于对投资者的保护，也会阻碍投资的自由与便利化发展。

第二，对投资采取宽泛的界定，但同时附加额外条件。也就是说，对投资原则上从经济学上界定，包括投资者所有的或控制的一切资产，但同时要求这些资产必须具备投资的特征。为了进一步说明什么是具有投资的特征，很多条约参考了 ICSID 的争议解决实践，认为投资特征包括投入资本或其他资源、获得回报或利润的期望、承担可能的风险等。自 21 世纪初以来很多投资条约采用了这种界定方式。[2]这种方式属于对传统的宽泛的界定方式与穷尽式列举方式的一种折中的办法，它既考虑到了实践中投资形式的多样性与变化性，对投资作了较为详细的列举，同时又通过对投资基本特征的界定限制了仲裁庭的自由裁量权，因此具有较强的可行性与合理性。

## 二、澄清东道国承担的关键义务

国际投资仲裁实践表明，很多争议都源于投资者认为东道国违反了其承担的条约实体义务，但是仲裁庭在实践中对这些实体义务的认定却并不一致，这既引起了投资者的不满，更引起了东道国的不满。为此，很多国家在签订或修改投资条约时都尽力澄清东道国承担的实体义务的含义，特别是东道国对投资者承担的保护标准，具体而言，涉及以下内容：

第一，投资待遇国际最低标准。新一代 BIT 和 MIT 都试图根据习惯国际

---

〔1〕 比如日本和墨西哥签订的自由贸易协定就采用了这种方式对投资进行界定。

〔2〕 比如 21 世纪初以来美国谈判的投资保护条约都采取了这种界定方式，加拿大与欧盟缔结的 CETA 也采用了这种界定方式，见 CETA 第 8.1 条。

法就东道国对外国投资承担的国际最低标准做出明确约定，[1]包括对 FET、FPS 原则等进行界定。以《美国-澳大利亚自由贸易协定》为例，该协定第 11.5 条就最低待遇标准作了规定："1. 各缔约国应当根据习惯国际法赋予受保护的投资以外国人最低待遇标准，包括提供公平公正待遇以及充分保护与安全。2. 为进一步明确之目的，所谓'公平公正'和'充分保护与安全'并不要求提供超越国际最低标准之应有待遇，也不创设额外的权利。第 1 款规定的义务是：（a）'公平公正待遇'是指应当根据世界主要法律体制所体现的正当程序原则提供刑事、民事或行政的司法救济程序；以及（b）'充分保护与安全'是要求缔约国提供符合习惯国际法的警察保护水平。3. 对本协定其他条款的违反，或者对其他某个国际协定的违反，并不构成对本条款的违反。"考虑到各国可能对习惯国际法有不同的理解，同时也为仲裁庭适用该条款提供指引，该协定通过附件的方式对习惯国际法作了补充和澄清：缔约国确认本协定第 11.5 条和附件 11.B 所提到的"习惯国际法"产生于各国一般的和一致的实践，该实践被各国视为法律义务得以遵守。就该协定 11.5 条而言，习惯国际法外国人最低保护标准是指保护外国人经济权利和利益的所有习惯国际法原则。[2]该协定之所以采用上述语言，部分源于 NAFTA 第 1105 条的实践，该条款在实践中经常被投资者援引作为指控东道国违反投资协定的依据，并且屡获成功。[3]采用国际最低待遇标准后，一些仲裁庭认为在判断东道国是否违反 FET 时，不再要求东道国的行为具有恶意或极端过分，认为这是根据习惯国际法所应提供的最低保护标准。不过，习惯国际法是否已经发展至如此程度，似乎仍无法定论。

　　CETA 与《美国-澳大利亚自由贸易协定》的规定有所不同，它一方面原

---

〔1〕　比如新西兰和澳大利亚 2013 年签订的《新澳更紧密经济、贸易和投资协定》第 12 条第 1 款，《中国和秘鲁自由贸易协定》第 132 条第 2 款，以及《东盟-澳大利亚-新西兰自由贸易协定》第 6 条第 2 款等。

〔2〕　《美国-澳大利亚自由贸易协定》（2004）附件 11-A。

〔3〕　UNCTAD, *Fair and Equitable Treatment：A Sequel*1, 2012, https：//unctad. org/system/files/official-document/unctaddiaeia2011d5_ en. pdf, accessed 4 March 2024. See also Catherine Yannaca-Small, *Fair and Equitable Treatment Standard*, *in Arbitration under International Investment Agreements：A Guide to the Key Issues*, Oxford University Press, 2018, p. 20.

则性地规定了缔约国对投资和投资者应当提供 FET 和 FPS 的义务，另一方面通过列举的方式说明哪些情形构成对这些义务的违反。比如，如果缔约国有下列行为的，即构成对 FET 义务的违反：①拒绝提供刑事、民事或行政司法救济程序的；②对司法和行政程序正当性原则，包括透明度原则的根本性违反；③明显武断的措施；④基于性别、种族或宗教信仰等明显错误的理由实施的有针对性的歧视措施；⑤通过强迫、胁迫或恐吓等手段对待投资者；或者⑥违反缔约国今后可能通过的有关 FET 的规定。[1]从字面来看，CETA 的规定相对更加明确，对仲裁庭可能提供更多的指引。但是对于有些概念，比如明显地（manifestly）、武断的（arbitrary），依然需要由仲裁庭根据案件情况予以判断，这就可能导致仲裁庭作出或宽或窄的解释。

第二，征收。简单地讲，征收是指主权国家对原属于私人或外国政府的财产采取收归国有的强制性措施。近几十年来，由于全球化的影响，国际投资局势开始出现许多重要变化，资本的流向开始出现双向性，发达国家和发展中国家都互有投资，都需要为投资者提供较为稳定的投资环境，因此，在国际上大规模的直接征收已经十分少见了。但是对于主权国家通过立法或行政措施干涉外国投资者使用、占有或处置财产的行为是否构成征收，不论在理论上还是在实践中都没有形成定论。从学理上看，有学者认为某些合法行使政府权力的措施可能相当大地影响外国投资者的利益，但并非等同于征收。外国财产及其使用可能受制于税收、有关许可证和配额的贸易限制或贬值措施，这些措施若合法实施，则不构成征收。另外，有关反托拉斯、消费者保护、证券管理、环境保护、土地规划等非歧视性措施，是不予补偿的征收，因为它们被看作是有效行使国家职能所必要的措施。国家因行使管理职能而对外国人的财产权进行的干涉，在国际法上是无权要求补偿或外交保护的。[2]从国际投资仲裁实践来看，仲裁庭对间接征收与非补偿的政府管理措施之间的界限也未能作出明确的划分。[3]虽然仲裁庭仅在少数案件中确认存在间接

---

〔1〕 CETA 第 8 条第 10 款。

〔2〕 余劲松：《国际投资法》，法律出版社 2018 年版，第 292 页。

〔3〕 UNCTAD, Investor-State Dispute Settlement and Impact on Investment Rulemaking, 2007, p. 58, https://unctad.org/system/files/official-document/iteiia20073_en.pdf, accessed 4 March 2024.

征收，但这种可能面临赔偿责任的忧虑使一些国家放弃了必要的规制措施。在这种背景下，新一代投资条约试图从两个方面对间接征收予以澄清：一是条约明确规定缔约国就征收而言承担的义务应当反映习惯国际法对投资者提供的保护水平；二是条约就特定情况下是否存在间接征收提供了判断指南和标准。这就表明，某些对投资的经济价值产生负面影响的行为本身并不必然构成间接征收。同时这些条约还规定，除极少数特殊情况外，缔约国采取的旨在保护诸如公共健康、安全以及环境等公共福祉所采取的非歧视性措施不构成间接征收。[1]这样的规定在一定程度上减少了东道国对行使主权规制权的担忧。不仅如此，根据 2012 U. S. Model BIT 签订的 CETA 进一步对间接征收的问题做了澄清。CETA 也将征收分为直接征收和间接征收，并作了相应的界定，同时对确定是否构成间接征收规定了判断标准：在判断缔约国的某项措施或系列措施在特定情况下是否构成间接征收时，应根据个案的实际情况，并考虑以下因素做出判断：该项措施或系列措施产生的经济影响，但是仅凭该项措施或系列措施对投资的经济价值产生了不利影响并不能认定发生了间接征收；该项措施或系列措施实施的期限；该项措施或系列措施对明显的、合理的基于投资的期望产生干预的程度；该项措施或系列措施的性质，主要考察其目标、范围以及意图。此外，CETA 接着指出，为进一步明确之目的，除在极少数情况下缔约国的某项措施或系列措施严格到明显超越其目的外，缔约国采取的旨在保护诸如健康、安全和环境等合法的公共福祉的非歧视性措施都不构成间接征收。[2]

事实上，主权国家为了公共利益在情势需要时，对外国人的财产权利加以必要的限制、对其域内的外国投资进行管理和监督，是国家行使主权的表现，也是世界各国的一般做法。近年来一些投资仲裁庭将间接征收的范围不合理的扩大化，表面上看是保护投资者的利益，但事实上限制了东道国的主权权力，致使东道国惮于对涉及其社会公共福利的事项采取必要的规制权，这种做法不可能得到国际社会的普遍认可。事实上，国家在决定是否吸引外

---

〔1〕 比如《美国-智利自由贸易协定》附件 10-D 就将征收分为直接征收与间接征收，并对判断是否发生间接征收提供了判断标准。

〔2〕 CETA, Annex 8-A.

资时也会综合考量各种因素，包括劳工保护、国家安全以及环境保护等，只是说这些因素的优先性可能在不同时期处于不同地位，但是主权国家有权根据情况的变化适时调整，只要这些措施适当、合理并且不存在歧视性。

第三，国民待遇原则。所谓国民待遇，是指在相同情况下东道国给予外国投资者或外国投资不低于其给予本国国民或投资的待遇。但在实践中对于何为相同情况（like circumstances）却存在不同理解，为了避免争议，有些投资条约试图对国民待遇的具体内容进行界定。比如，TPP 就规定，为了进一步明确之目的，对"相同情况"的理解应当根据整个情况作出判断，包括对投资者或投资进行区分的有关待遇是否具有合法的公共福祉目标。[1]这就意味着只有故意的歧视措施是违背国民待遇原则的，而基于合法的公共福祉目标给予的待遇则不构成对国民待遇的违背。

第四，投资保护与其他公共政策目标。如前述，东道国为了保护其公共利益，包括健康、安全以及环境等，可以行使规制权而不构成间接征收或违背国民待遇原则。有些新的投资条约甚至还明确规定追求促进投资与投资自由化的目标不应当以牺牲其他关键的公共政策目标为代价，比如对健康、安全、文化特性、环境以及劳工权利等的保护。《加拿大 2021 年 BIT 范本》列举了一系列例外条款以确保公共秩序目标具有广泛性，包括保护人类、动物或者植物安全与健康，维护金融体系、文化产业以及核心安全利益的完整性与稳定性等。同时该范本还就健康、安全和环境措施作了进一步规定：各缔约国承认通过放松对国内健康、安全或环境保护的措施来鼓励投资是不恰当的，因此，缔约国不得放弃或减损，或提出放弃或减损这类保护措施，以便鼓励投资者在其领域内建立、获取、扩展或保持某项投资。如果一缔约国认为另一缔约国做出这样的鼓励，它可以要求后者进行磋商，而双方应当为避免任何这样的鼓励措施进行磋商。[2]美国在与澳大利亚、智利、中美洲、哥

---

〔1〕 TPP，art. 9.4（National Treatment）Footnote 14：For greater certainty，whether treatment is accorded in 'like circumstances' under Article 9.4（National Treatment）or Article 9.5（Most-Favoured-Nation Treatment）depends on the totality of the circumstances，including whether the relevant treatment distinguishes between investors or investments on the basis of legitimate public welfare objectives.

〔2〕 《加拿大 2021 年 BIT 范本》第 3 条。

伦比亚、新加坡和秘鲁等国家签订自由贸易协定时，在关于投资的章节里就环境措施作了类似规定：缔约国可以采取、保持或执行其认为恰当的、与本章其他规定相符的措施，以确保在其境内开展的投资活动反映了对环境的关切，本章的规定不得解释为禁止该缔约国采取上述措施。近来签订的条约也经常包含这样的条款，比如 CETA 第 28.3 条就是关于例外条款的规定：本协定不得解释为禁止缔约国采取下列必要措施，只要该措施的执行在情况相同的缔约国之间不构成武断的或不正当的歧视，或者导致对贸易的变相限制：①保护公共安全或公序良俗，或维持公共秩序；②保护人类、动物、植物或健康；③确保与下列事项有关的法律或法规的执行，这些法律法规不得违反本协定：（i）禁止虚假行为和欺诈行为，或者处理违约合同的效力；（ii）保护与处理和传播个人数据有关的个人隐私，保护个人记录与账户的私密性；或者（iii）安全。尽管根据例外条款作出裁决的投资争议案件数量较少，但是 CETA 还是进一步阐释了例外条款的具体含义。比如保护人类、动物、植物和健康的必要措施就包括环境措施，保护可用竭的自然资源的措施适用于有生命的和无生命的自然资源的保护。

追求投资保护与自由化的目标不得以牺牲其他关键公共利益为代价的规定在过去投资争议解决中有所体现，但这并非这些争议解决实践的直接结果。这些规定更多地反映了劳工组织和非政府间环境保护组织的关切和诉求，它们希望通过这样的条款使得政府在采取保护关键公共利益措施时免于承担责任。

第五，进一步提高透明度。在国际投资中，东道国作为主权国家有权行使规制权，对其境内的投资、投资者和投资活动通过立法予以规制，但它根据条约或习惯国际法需对这些投资活动承担一定的保护义务。为了确保东道国在行使规制权的同时也履行其保护义务，新一代投资协定都要求东道国在行使立法规制权的时候保持较高的透明度，也就是说东道国不仅应当公布其法律，而且对于法律制定过程也应保持一定的透明度，并让国内国际投资者有机会发表意见，参与立法过程，从而确保程序公正。比如 CETA 第 27 条就透明度问题作了专门规定，它要求欧盟和加拿大将属于协定管辖事项的法律、规章、程序以及行政程序等提前予以公布，并确保有关利益方能够获得这些信息，它还就信息分享与国际合作作了规定。此外，有些 BIT 还规定投资者对提高透明度也承担一定的义务，比如投资者有义务将其投资活动或信息提供给东道国，以供后者在制定法律法规时考虑，但是该等信息仅具有统计数据之功能，并且东道国应当采取保密措施，不得使有关投资者处于不利的竞争地位。[1]

虽然提高透明度、确保程序公正的机制会给一些国家造成一定的财政负担，并可能要求其进行法律改革，但该机制不仅有利于投资者，使其对投资活动具有更强的可预见性，而且从长远来看有利于东道国法治的完善与健全，使其行政行为更加符合法律与规则，减少专断随意。

### 三、投资争议解决机制的创新

国际投资争议解决机制包括诉讼、仲裁和调解等，而其中以投资仲裁为主要的争议解决方式。近年来国际投资仲裁案件大幅增长，一方面说明国际社会对该机制的认可，另一方面也说明投资条约存在一些问题，导致争议频发。另外国际投资仲裁实践也暴露出国际投资仲裁机制本身存在的一些问题，影响了东道国和投资者对该机制的信心。在这样的背景下，新一代投资条约对投资者与东道国争议解决机制也作了相应的改革，主要体现在以下几个方面：

第一，加强缔约国对仲裁程序的控制。新一代投资条约的创新之一就是加强缔约国对投资仲裁程序的控制，削弱仲裁庭对仲裁程序的自由裁量权，从而增强仲裁程序的可预见性。比如，有的投资条约对仲裁程序作了较为详细的规定，包括避免多重程序的机制、仲裁员的指定程序、采取临时措施的程序、仲裁地的约定、早期驳回程序、裁决的执行等涉及仲裁程序的一切事项，如此一来，仲裁庭可以行使自由裁量权的空间就大大缩小了，从而确保了程序的可预见性。在实践中，有些仲裁庭的管辖权是根据条约获得的，那它是否有权审理完全基于投资合同提起的仲裁呢？为了避免实践中的不一致做法，有些条约也作了专门规定。[2]另外，当事人在实践中就哪些争议事项可以提交仲裁庭裁决也存在争议，仲裁庭的做法也不一致。为了减少仲裁庭

---

〔1〕 比如《美国-乌拉圭 BIT》第 15.2 条规定在一定情况下，东道国可以要求投资者就其投资活动向东道国提供信息。

〔2〕 比如《美国-新加坡自由贸易协定》第 15.15 条。

的自由裁量权，有些条约对可以提交仲裁的争议事项作了更加明确的规定，经常采用的词语包括"与本协议有关的"（in connection with）、"因本协议发生的"（arising out of）等，不过这些用语在实践中仍可能会产生不同理解。目前实践中更倾向于采用一种更具操作性的规定，其中要求投资争议诉求必须满足三个要素：一是违反投资条约规定的义务；二是投资者存在损失或损害；三是前两者之间存在因果关系。[1]这种规定事实上强调了仲裁庭的义务主要是审理与财产权利有关的争议。还有的投资条约将某些特定事项的解释权赋予缔约国有关机关，该解释对仲裁庭具有约束力。比如《韩国-智利自由贸易协定》第10.36条规定，如果被申请人援引附件里规定的"违反措施"（non-conforming measure）[2]作为抗辩时，对该违反措施的解释权原则上应当由缔约双方部长组成的委员会享有，而不属于仲裁庭，但是如果委员会在规定的时限内没有向仲裁庭作出书面解释报告，则仲裁庭有权就该问题进行解释。《加拿大2021年BIT范本》就金融服务的解释权也作了类似规定。[3]这种将投资协定中关键规定的解释权保留给缔约国共同享有的做法充分表明了缔约国对仲裁程序的控制，缔约国认为对这些关键问题，比如金融服务、违反措施的认定以及税收措施等的解释而言，它们比仲裁庭更合适。

第二，降低司法成本。实践表明投资者与东道国争议解决程序可能耗费大量时间成本和金钱成本，因此，很多国家在其新近订立的投资协定中采取一些措施以降低争议解决成本，实现司法经济之目的。这些措施大致包括：防止投资者提起"轻浮之诉"（frivolous claims）；对具有相同法律或事实的、产生于相同事件或情形的多个请求合并审理；防止同一个争议在不同争议解决机构同时提起，即避免并行程序。事实上，除了避免"轻浮之诉"外，其他两项措施在之前的投资协定中也出现过，只是现在已经常态化，属于投资协定中的基本条款。

第三，避免"轻浮之诉"的机制。过去十年不断增加的投资争议数量使人们担心投资者滥用投资争议解决机制。在国内投资诉讼中，投资者总是尽

---

〔1〕 比如 TPP 就采纳了这种方式。
〔2〕 所谓"违反措施"是指缔约国对投资条约做出的保留或投资条约规定的例外情形。
〔3〕 该示范文本第45条。

可能多的列举东道国对投资协议的违反情形，以增加其胜诉的机会。在国际投资仲裁中，这些情况也时有发生。但有些诉求明显缺乏法律依据，这种涉嫌滥用争议解决机制的行为将耗费大量的时间、人力、物力和财力，不利于争议解决机制的可持续发展。为此一些新一代投资协定引入了"早期驳回"程序规定，[1]根据该规定，如果被申请人反对申请人提出的仲裁请求，认为根据法律该请求是不可能获得支持的，那么仲裁庭应当将被申请人提出的反对意见作为先决问题作出裁断。仲裁庭在作出裁断的时候，应当假定申请人提供的支持其请求的事实依据都是真实的，然后根据法律以快速程序对被申请人的反对意见作出决定或裁决。也就是说，如果申请人的请求虽然在事实上没有问题，但若该请求不存在法律依据，或者根本无法得到法律支持，那么仲裁庭就可以认为该请求不具有可受理性，因此也就没有必要继续仲裁程序了。可以看出，这种做法能够节省大量的时间成本和经济成本，有利于实现司法经济之目的。如果确实存在"轻浮之诉"，仲裁庭可以在裁决中就仲裁费用的分担作出不利于投资者的决定。不过也要注意，并非所有没有法律依据的请求都是"轻浮之诉"，不排除投资者在提起仲裁请求时对法律有不同的理解，因此，仲裁庭在实践中应当审慎裁决。

第四，合并程序。在实践中，投资者为了获得最大的胜算概率，可能对具有相同事实和法律、产生于相同事件或情形的争议同时提交不同的争议解决机构解决，比如在东道国法院提起诉讼的同时，又提起国际仲裁，或者同时在不同的仲裁庭提起仲裁请求等。这种做法既浪费了司法成本，还可能产

---

〔1〕 See TPP, art. 9.23（Conduct of the Arbitration）, 4. Without prejudice to a tribunal's authority to address other objections as a preliminary question, such as an objection that a dispute is not within the competence of the tribunal, including an objection to the tribunal's jurisdiction, a tribunal shall address and decide as a preliminary question any objection by the respondent that, as a matter of law, a claim submitted is not a claim for which an award in favour of the claimant may be made under Article 9.29（Awards）or that a claim is manifestly without legal merit. （c）In deciding an objection under this paragraph that a claim submitted is not a claim for which an award in favour of the claimant may be made under Article 9.29（Awards）, the tribunal shall assume to be true the claimant's factual allegations in support of any claim in the notice of arbitration（or any amendment thereof）and, in disputes brought under the UNCITRAL Arbitration Rules, the statement of claim referred to in the relevant article of the UNCITRAL Arbitration Rules. The tribunal may also consider any relevant facts not in dispute.

生各争议解决机构作出的决定不一致的情形。新一代投资协定对该问题高度重视，并对该问题作了相应的规制。CPTPP 规定，若申请人分别提交仲裁的两个或多个请求中包含共同法律或事实问题且产生自相同事件或情况，则任何争端方可依照所有争端方达成的一致意见或根据相关条款规定的条件申请合并审理。[1]

**思考题：**

1. 国际投资仲裁与商事仲裁的区别。

2. 国际投资仲裁的法律渊源。

3. 国际投资仲裁面临的问题与挑战，以及可能的解决方案和措施。

4. ICSID 仲裁与非 ICSID 仲裁的区别。

5. 国际投资争议解决的新发展。

---

〔1〕 CPTPP，art. 9.28（Consolidation）.

# 第二章

# 投资者与投资

在国际投资仲裁中，仲裁庭行使管辖权一般应满足属人、属事和属时的要求，也就是说参与仲裁的主体需要适格、提交仲裁的事项属于仲裁范围以及仲裁庭行使管辖权的时机成熟。投资者提起仲裁程序的依据主要有投资合同、投资协定以及东道国国内法，但是这些文件对投资者以及投资的界定可能存在差异，不甚清晰，这给仲裁庭在判断适格投资者以及受保护的投资时带来了困扰，导致仲裁实践的不一致。而确定投资者是否适格以及投资是否受保护是仲裁庭行使管辖权的关键前提，需要厘清。

## 第一节　对投资者的界定

### 一、概述

国际投资协定的重要作用在于其给予"投资者"以特殊保护，因此，国际投资协定通常首先对"投资者"加以界定以明确其适用范围。只有明晰"投资者"的定义，国际投资协定才能进一步确定给予这些"投资者"何种保护、权利和待遇。比如 BIT 中的国民待遇条款要求东道国提供给另一缔约国投资者的待遇不低于提供给本国投资者的待遇。此外，BIT 还赋予了投资者提交仲裁申请的权利，故"投资者"定义是国际投资协定的重要组成部分，亦是国际投资仲裁中仲裁庭需要最先解决的问题。

　　一般来说，"投资者"被认为是在一缔约国境内开展投资的来自另一缔约国的自然人和法人实体，因此对"投资者"定义的探讨通常从自然人与法人两个维度出发。在自然人维度上，投资者用语经历了从"国民"到"自然人"的转变。传统 BIT 将自然人投资者表述为国民，即根据缔约国的国内法认定为本国国民的人。值得注意的是，是否为某一缔约国的国民由该国国内法决定，BIT 一般不会限制对投资者国籍的确定。当然，也有 BIT 对其保护的投资者提出除国籍之外的要求，比如要求该投资者经常居住或定居于其国籍国。相反地，一些 BIT 适当地扩大了国民的范围，将一国的永久居民也视为合格投资者，尽管这些人并不属于该国国内法规定的国民。

　　在法人实体维度上，最典型的投资者为公司，但 BIT 一般不会明确对投资者的实体组织类型加以限制。除公司外，其他的"经济实体"也被包含在投资者之内，BIT 常常会以"……等其他类似组织""其他实体组织"或者"法律认可的实体组织"等词汇表明其列举是非穷尽式的。因此，投资者法人实体不仅包括公司，还包括合伙企业、社团等非法人组织。

　　第一个使用"国民"与"公司"这一表达方式来定义投资者的是 1959 年德国与巴基斯坦缔结的 BIT。[1] 该 BIT 规定个人国籍应根据其主张的国籍国法律予以判定，其对"公司"的范围作了较为宽泛的界定。就德国而言，"公司"指"在德意志联邦共和国境内注册并根据其法律合法设立的任何法人、商事公司、其他公司或者组织，而不论其是否具有法人资格，不论其合伙人、经营伙伴或者成员承担的法律责任是有限的还是无限的，亦不论其活动是否以获取金钱为目的"。[2] 这表明在开始使用"公司"一词时就没有将其限定于"营利性法人"这一概念，而是以"公司"一词囊括了所有的营利性与非营利性、有限责任与无限责任等实体组织。

---

〔1〕　殷楠：《中美 BIT 投资者定义之探析》，载《苏州大学学报（哲学社会科学版）》2017 年第 3 期。

〔2〕　1959 年《德国-巴基斯坦 BIT》第 8 条第 4 款。

## 二、国际投资协定中投资者的定义

（一）投资者定义方式的不同类型

1. 行政许可型定义

行政许可型定义蕴含着强烈的政府干预色彩，其常出现于对国际投资进行严格管控的国家中，我国的国际投资制度在过去很长一段时间内也采取此种定义类型。投资者被定义为经政府主管部门批准，在国家工商行政管理部门登记注册，且具有一定的资格和能力的经济实体。[1]行政许可型定义的实质为国家依据本国的对外投资政策划定有资格从事国际投资的经济实体类型，实行严格的个案审查制度。这一定义方式有着浓烈的时代意味，一般只存在于国家总体经济实力较弱从而需要限制对外经贸活动的时期，现如今该定义方式已经被淘汰。

2. 法律本体型定义

在法律本体型定义下，某国国际投资制度中的投资者与该国法律中的民商事主体范围保持一致。此种定义首先为德国所采用，德国投资协议范本中投资者的定义为在德国拥有法律上"本体"（Seat）的公司，该"本体"指依据德国法律设立、运营，且其主营业地位于德国境内的公司。[2]此种定义建立在一国民商法的基础上，克服了行政许可型定义方式随意性与不确定性的缺陷，与此同时普遍许可本国国民从事对外投资的资格，有助于促进本国海外投资的发展。

3. 法律行为型定义

法律行为型定义与前两类定义相比跳出了对投资者设限的思维方式，将目光转移到投资行为本身，通过对投资行为进行分类，为实施不同投资行为的投资者提供不同的投资政策措施。这一定义不再拘泥于国内的民商事主体制度，而直接对国际投资行为的特征进行归纳分析，最终形成有关国际投资行为的法律描述，从而以此为依据对国际投资者进行定义。该定义方式激励

---

〔1〕 姚梅镇：《国际投资法》，武汉大学出版社 1985 年版，第 15 页。

〔2〕 Joachim Karl, "The Promotion and Protection of German Foreign Investment Abroad", 1 *ICSID Review* 1996, p. 8.

扶持了中小型投资者，改变其在大型投资者中夹缝生存的状态，使各种类型的投资主体更加活跃。

4. 条约型定义

国际投资协定涉及投资者母国与东道国两个国家，因此，一国在定义投资者时需要考虑该定义能否为另一国所接受，故投资者母国与东道国为确保投资协定的顺利履行，在缔结投资协定时便会共同确定受该协定保护的投资者，这就是所谓的条约型定义。

多数投资协定对"投资者"的定义如下：与任一缔约国有关的"投资者"是指：①根据缔约国的有关法律被认定为本国公民的自然人；②根据缔约国法律组建或组织、在该缔约国有办公场所并从事实际经济活动的法人实体，其中包括有限公司、股份公司、商业协会以及其他组织等；③根据一国法律组建，并直接或间接由缔约国公民或者在该缔约国有办公场所并从事实际经济活动的法人实体控制的实体。[1]由此可知，投资者定义一方面囊括了自然人与法人实体两种类型；另一方面通过对投资者投资的来源或者从事的主要活动加以限制，保证投资者与投资者母国的实际联系，确保投资者不被非缔约国有关主体所控制，从而避免非缔约国投资者通过"方便国籍"（na-tionality of convenience）享有缔约国相互给予的投资者待遇。

条约型定义方式反映了缔约各国对投资者的共同认识，具体条约中的定义可根据条约所约定的不同而不同，有较广的包容性和较强的灵活性。[2]以条约型定义为基础的投资协议因其优点被当今各国普遍接受并广泛适用，成为现代各国国际投资法体系中的重要组成部分。

（二）投资者的内涵

1. 自然人投资者

自然人投资者是指直接投资成立私人企业或者在东道国募集投资资本的个人。如上所述，国际投资协定涵盖的自然人投资者一般为缔约国的国民，

---

〔1〕 詹晓宁、葛顺奇：《国际投资协定："投资"和"投资者"的范围与定义》，载《国际经济合作》2003 年第 1 期。

〔2〕 谢舟：《未来中国"海外投资者"法律定义之考量》，载《绍兴文理学院院报（哲学社会科学）》2005 年第 3 期。

而有些投资协定还进一步囊括了在有关缔约国具有永久居住权的个人。例如，1992 年中国-哈萨克斯坦 BIT 中投资者定义就包括"根据缔约国一方的法律和法规永久居住其领土内为其公民的自然人"，但这种规定并不普遍。[1]

大多数 BIT 并不涉及具有双重国籍的自然人在 BIT 项下的国籍归属问题。在发生争端时，该自然人的国籍归属问题往往交由国际投资仲裁庭解决。但少数 BIT 确实会对此问题加以规定，如 2018 年《刚果-摩洛哥 BIT》规定："一个具有双重国籍的自然人，其国籍应当以其具有有效国籍的国家为准"[2]；2012 U. S. Model BIT 规定："具有双重国籍的自然人应被视为与他/她有最密切联系国家的国民"。[3]此外，还有国际投资协定明确将拥有双重国籍的自然人排除在"投资者"范围之外，如《2014 年埃及-毛里求斯 BIT》规定："具有缔约一方国籍的自然人不得同时具有接收投资的另一缔约方的国籍，亦不得向接收投资的缔约国提出仲裁请求"。[4]

2. 法人投资者

国际投资协定中的"法人实体"指的是法人或其他法定实体。法人实体若要获得东道国承认，基本条件是该法人的国籍属于东道国之外的缔约国。对于国际投资协定中法人国籍这一问题，其认定标准主要有以下几类：其一，以法定注册地或设立地作为法人的国籍国；其二，以法人的主营业地作为国籍国；其三，从投资者与东道国之间联系的紧密程度出发，以法人实际从事经济活动的地点为标准认定其国籍；其四，以法人设立人的国籍作为国籍国；其五，以法人的主要利益中心所在地作为国籍的认定依据。[5]

随着"空壳公司"或"邮箱公司"数量的增加，新一代投资协定认为：投资者若想拥有东道国之外缔约国的国籍，仅在该缔约国注册是不够的，还必须在该国开展实质性商业活动或者经济活动，这无疑将国籍的认定标准从形式维度拓展到了实质维度。例如，2018《欧盟-新加坡投资保护协定》规

---

〔1〕《中国-哈萨克斯坦 BIT》第 1 条第 2 款。

〔2〕《刚果-摩洛哥 BIT》第 1 条第 2 款 a 项。

〔3〕 2012 U. S. Model BIT 第 1 条。

〔4〕《印度-毛里求斯 BIT》第 1 条第 3 款 a 项。

〔5〕 张建：《国际投资仲裁管辖权研究》，中国政法大学出版社 2019 年版，第 51 页。

定：“法人实体应根据某一缔约国的法律组建或以其他方式正式成立，且在该缔约国领土内拥有实体并开展实质性的商业活动。”[1]

国有企业作为一类特殊的法人，只有少部分国际投资协定有所涉及，例如，2012《中国-加拿大 BIT》中“投资者”定义明确包含“公共机构、公司”（public institutions, corporations）一词。[2]另有一部分 BIT 中只有一方缔约国的“投资者”定义包括“国有企业”，而另一缔约国相应的定义中则没有包括“国有企业”。以 1989《中国-加纳 BIT》为例，该 BIT 第 1 条规定“投资者”一词“在中国方面，系指依照中国法律设立，住所在中华人民共和国领土内的经济组织。[3]在加纳方面，系指国家公司和代理机构以及依照加纳法律登记从事对外投资或贸易的公司”。[4]该 BIT 中，加纳一方“投资者”定义明确包含“国家公司”，但中方定义则缺失类似规定。此外，大部分 BIT 对国有企业的规定都处于空白状态，仅以“经济或社会组织”等词进行笼统规定，故国有企业是否构成适格投资者还需在个案中予以判断。

### 三、国际投资仲裁实践对投资者的认定

国际投资仲裁实践对投资者定义的影响体现为仲裁庭有权认定申请人能否作为适格投资者提起仲裁。例如，对于申请人根据 BIT 提起的 ICSID 仲裁，仲裁庭在判断适格投资者时采取“双管测试法”标准，即必须同时满足 BIT 项下和《华盛顿公约》中对“投资者”的定义。对于前者，各国 BIT 对投资者的定义不一致，故是否符合 BIT 项下的投资者标准要依据案涉 BIT 进行具体分析。对于后者，《华盛顿公约》第 25 条规定 ICSID 对一缔约国与另一缔约国国民之间的争端享有管辖权，这无疑对提起仲裁的投资者形成了约束。[5]按照公约“另一缔约国国民”通常指具有东道国以外其他缔约国国籍的任何自然人或法人实体，但亦存在例外情况：有些法人虽具有东道国的国籍，但

---

[1]　2018《欧盟-新加坡投资保护协定》第 1 条第 2 款第 5 项。
[2]　2012《中国-加拿大 BIT》第 1 条第 10 款。
[3]　1989《中国-加纳 BIT》第 1 条第 2 款。
[4]　1989《中国-加纳 BIT》第 1 条第 2 款。
[5]　《华盛顿公约》第 25 条第 1 款。

事实上却由外国投资者控制，如果争端双方同意此控制，该法人也可视为另一缔约国国民，享受外国投资者的待遇。[1]因此，投资者若打算提起 ICSID 仲裁，其既要满足 BIT 的定义，还必须满足《华盛顿公约》对"另一缔约国国民"的规定。

由于国际投资实践复杂多变，仲裁庭需要对不同情形下的投资者作出认定，这对仲裁庭形成巨大的挑战。

（一）国籍冲突

1. 自然人之双重国籍

就自然人而言，在国籍的认定关系中判断当事人是否属于受保护的投资者，当事人必须向仲裁庭证实其拥有根据某项 BIT 提出仲裁请求的国籍。在阐明自然人双重国籍的解决方法之前，首先应明确国籍问题是国内法与国际法的交叉领域，对于某一自然人是否拥有一国的国籍，理应由该国依据自己的国内法进行认定，但国际投资仲裁庭有权对投资者的国籍作出独立于国内机关的认定。《华盛顿公约》在起草过程中曾作出规定，自然人国籍"由被主张拥有该国国籍的国家的外务部长出具一份书面确认加以证明"，但由于担心产生"方便国籍"的问题，这一规定被删除，最终把国籍的确认权留给仲裁庭。[2]

仲裁庭在处理自然人的国籍冲突时，主要采取有效国籍原则（principle of effective nationality）。该原则要求个人与其国籍国之间具有真实的、密切的和有效的联系，若无这种联系，该国籍则不被承认。然而，在自然人同时具有两个有效国籍的情况下，该原则的运用则受到很大限制，此时自然人适用的国籍需根据案件的具体情况进行认定。其一，如果自然人的两个有效国籍分别为被诉东道国国籍与母国国籍，《华盛顿公约》第 25 条第 2 款 a 项对这种情况作出了明确规定："一国国民不包括同时具有争端当事国国籍的自然人"，据此该规定排除了仲裁庭对该自然人提起的仲裁行使管辖的权力。[3]其二，

---

〔1〕《华盛顿公约》第 25 条第 2 款。

〔2〕李万强：《ICSID 管辖权行使的法律实践与中国的对策》，载《国际经济法论丛》2000 年第 00 期。

〔3〕《华盛顿公约》第 25 条第 2 款 a 项

如果自然人的两个有效国籍都是被诉东道国之外的国籍，*Olguín v. Paraguay* 案中仲裁庭的意见为处理这种情况提供了一定的参考。[1]该案中 Olguín 同时具有秘鲁国籍和美国国籍，且二者都为有效国籍，对此仲裁庭表示"本案中，若要确定申请人是否有权根据 1994《巴拉圭-秘鲁 BIT》提起仲裁，仅需要考虑其是否具有秘鲁国籍且该国籍是否有效"，因案涉 BIT 并未涉及美国，故是否具有有效的美国国籍与本案无关。因此，如果自然人存在两个有效国籍，仲裁庭只需认定该自然人是否拥有案涉 BIT 缔约方的国籍即可，无需考虑非 BIT 缔约方的国籍。

2. 法人之多重国籍

法人投资者国籍冲突的问题要比自然人国籍冲突更加复杂，特别是跨国法人可能涉及多个国家，如何解决其国籍的积极冲突问题是仲裁庭面临的一个难题。对于具有多重国籍的法人，仲裁庭需要对法人提起仲裁所依据的国籍进行审查，对此一般根据案涉 BIT 对投资者的定义进行个案判断。例如，在 *Europa Nova v. Czechia* 案中，仲裁庭认为投资者不能被认定为是塞浦路斯的法人，因为《塞浦路斯-捷克 BIT》对法人投资者的定义采取注册地与永久住所（permanent seat）的双重标准，然而 Europa Nova 仅在塞浦路斯进行注册但并未实质上开展商业活动，故没有满足《塞浦路斯-捷克 BIT》关于永久住所的要件，不能被认定为该 BIT 项下的适格投资者。[2]需要注意的是，投资者为了利用对其有利的双边投资条约，可能采取不同的公司治理结构，导致法人多重国籍在实践中也呈现出多样化趋势，这给国际投资仲裁实践带来了一定的挑战，仲裁庭在实践中也往往采取不同的判断方法。

（二）外国控制

如果设立在东道国的某一法律实体受到另一缔约国投资者的控制，该法律实体究竟属于东道国国民还是另一缔约国国民，这一问题决定了该法律实体是否有资格作为"投资者"提起仲裁。对此，《华盛顿公约》第 25 条第 2 款 b 项规定，任何法人在争端各方同意将其争端提交 ICSID 调解或仲裁之日具有争端

---

〔1〕 *Eudoro Armando Olguín v. Republic of Paraguay*，ICSID Case No. ARB/98/5，27 October 1997.

〔2〕 UNCTAD，Review of ISDS Decisions in 2019：Selected IIA Reform Issues，pp. 7－8，https：//unctad. org/system/files/official-document/diaepcbinf2021d1_ en. pdf，accessed 4 March 2024.

一方缔约国国籍，并且争端各方同意将受到外国控制的该法人视为另一缔约国国民，则该法人属于公约第 25 条所述的"另一缔约国国民"。[1]

1. 直接控制

直接控制是指外国投资者通过拥有东道国法律实体的股份、表决权等方式，直接对该东道国法律实体进行控制。也就是说，如果某一法律实体的控股股东拥有另一缔约国国籍，则该控股股东就是这一法律实体的外国控制者。在 *LET-CO v. Liberia* 案中，Liberian E. Timber 是一家根据利比里亚法律设立的公司，其认为利比里亚政府违反了与其签订的林业开发特许权协议，故向 ICSID 提出仲裁请求。[2]对于该公司是否受到外国控制这一问题，仲裁庭认为，由于该公司的全部股份由法国国民持有，并且公司中的大部分重要职位，如董事、总经理，也由法国国民担任，法国国民一直主导着公司决策，因此，Liberian E. Timber 公司存在着受"外国控制"的情形，只要在其提起仲裁时利比里亚政府对其受外国控制的情形知情，其便可以作为法国的投资者向仲裁庭提起仲裁。由此可知，ICSID 仲裁庭对"外国控制"的认定建立在对决策权、股权、高级管理人员或其他任何合理因素的综合考量之上，如果这样的因素导致外国人对东道国的法律实体具有绝对控制权或者相对控制权，该法律实体就可以视为被"外国控制"，属于《华盛顿公约》项下可以提起投资仲裁的"另一缔约国国民"。

2. 间接控制

外国投资者往往出于政策限制、上市融资或减少纳税等各种原因设计相应的交易架构，从而以间接方式控制东道国法律实体。与直接控制相比，间接控制中的外国控制者以第三国法人为载体对东道国的法律实体进行控制，从而导致东道国法律实体的国籍问题更加复杂化。在这种情况下，该外国控制者能否以投资者的身份提起仲裁，仲裁庭的意见并不一致。在 *SOABI v. Senegal* 案中，申请人 SOABI 是在塞内加尔注册成立的公司，其直接控制者是巴拿马公司，而该巴拿马公司又受到比利时投资者的控制。[3]该案的争议

---

〔1〕《华盛顿公约》第 25 条第 2 款 b 项。

〔2〕 *Liberian E. Timber Corp. v. Republic of Liberia*，ICSID Case No. ARB/83/2，31 March 1986.

〔3〕 *Société Ouest Africaine des Bétons Industriels v. Senegal*，ICSID Case No. ARB/82/1，1 August 1984.

焦点是如果外国控制仅指直接控制，那么 SOABI 只能被认定为具有巴拿马国籍的法律实体，因为其直接控制者为巴拿马公司。由于巴拿马并非《华盛顿公约》的缔约国，所以 SOABI 无法向 ICSID 提起仲裁。但如果外国控制包括间接控制，则比利时投资者具有投资者的身份，比利时是《华盛顿公约》的缔约国，那么 SOABI 就可以根据其间接控制者的身份，即作为具有比利时国籍的投资者提起仲裁请求。对于该争议，仲裁庭认为申请人受到比利时投资者的间接控制，这种控制使申请人实质上满足了 ICSID 仲裁中对投资者资格的要求。仲裁庭特别强调：《华盛顿公约》第 25 条第 2 款 b 项并未明确表明受公约保护的外国投资者必须对法律实体进行直接控制，间接控制也可能使其获得公约保护。

然而有些仲裁庭却对间接控制观点持否定态度。在 *Amco v. Indonesia* 案中，印度尼西亚政府对申请人 Amco 公司的投资者地位提出质疑，认为 Amco 公司的真正控制人不是美国 Amco Asia 公司，因为该美国公司由荷兰人注册的香港公司所控制，故 Amco 公司不具有美国国籍，不能以美国投资者身份提起仲裁。[1]但仲裁庭则认为，在对东道国法律实体的控制者进行分析时，只需要考虑该法律实体的第一层控制者，而不必考虑隐藏在之后的第二层、第三层或更深层级的间接控制者，故该法律实体的国籍应为美国国籍。由此看来，ICSID 仲裁庭对"间接控制"观点尚未形成统一看法，但为了维护 ICSID 在国际投资仲裁中的主导地位、扩大管辖权，仲裁庭在界定申请人国籍时往往对公约中"外国控制"的含义作出较为宽泛的解释。

（三）返程投资

国际投资中的返程投资是指东道国境内的自然人或法人通过在境外设立公司作为"外壳"，然后以外商投资者的名义返回东道国境内进行投资的形式。返程投资之所以会产生投资者识别问题，是因为作为被申请人的东道国一般基于投资来自东道国境内的事实，主张投资者实际上不具有另一缔约国国籍，从而提出管辖权异议。

---

〔1〕 *Amco Asia Corporation and others v. Republic of Indonesia*，ICSID Case No. ARB/81/1, 25 September 1983.

    *Tokios Tokelés v. Ukraine* 一案是返程投资的典型案例。申请人 Tokios 是一家立陶宛公司，但其 99% 的股份由乌克兰国民持有，且乌克兰国民占据了该公司管理层 2/3 的席位。乌克兰政府认为本案申请人实际上是由乌克兰国民控制的企业，应视其为乌克兰公司，因此该争端产生于乌克兰法人与其本国政府之间，不应由 ICSID 进行管辖。[1]本案仲裁庭的多数成员驳回了乌克兰政府提出的异议，指出对适格投资者的认定应严格按照 1994 年《乌克兰-立陶宛 BIT》中关于投资者的定义进行文义解释，对投资者国籍的认定应当仅采取设立地标准。本案仲裁庭关于返程投资的观点对后来的仲裁实践产生了一定影响。在国际仲裁中，仲裁庭一般不支持东道国提出的有关投资者系东道国国民的异议，而是倾向于认定投资者属于《华盛顿公约》项下"另一缔约国国民"的范围，这也表明仲裁庭通常采取设立地主义对返程投资的国籍加以确定。[2]

    （四）公司国籍变更

    实践中，有些投资者并不具有《华盛顿公约》成员国国籍，但为了获得在 ICSID 提起投资仲裁的资格，往往会通过改变国籍以满足《华盛顿公约》对投资者的定义。国际投资仲裁并不否定投资筹划阶段合理的"国籍规划"（nationality planning）或"条约选购"（treaty shopping）行为，这是投资者在逐利本能下追求自身利益最大化的一种方式。然而，恶意的"条约选购"会损害东道国的利益，并有违"善意诉讼"的习惯国际法，构成对国际投资仲裁机制的滥用，这导致 ICSID 仲裁庭对公司国籍变更是否使得申请人获得适格投资者地位的问题采取较为审慎的审查态度。

    目前 ICSID 仲裁庭普遍认为如果申请人在争端产生之前善意且有效地改变公司国籍，则该行为一般不会影响申请人投资者地位的适格性。在 *Aguas del Tunari v. Bolivia* 案中，仲裁庭即表明了此种态度。[3]Augas del Tunari S. A. 为一家玻利维亚公司，截至 1999 年 9 月，开曼公司（IW Ltd）持有该公司

〔1〕 *Tokios Tokelés v. Ukraine*，ICSID Case No. ARB/02/18，29 April 2004.

〔2〕 孙南申：《国际投资仲裁中对人管辖的投资者国籍认定问题》，载《国际商务研究》2021 年第 6 期。

〔3〕 *Augas del Tunari S. A. v. Republic of Bolivia*，ICSID Case No. ARB/02/3，27 Sept 2001.

55%的股权。1999 年 12 月 21 日，开曼公司（IW Ltd）从开曼群岛迁移至卢森堡，变更为 IW S. a. r. l. 公司，后 IW S. a. r. l. 公司于 1999 年 12 月 22 日变更为由荷兰公司（IWT B. V.）全资控股的子公司。也就是说，荷兰公司（IWT B. V.）能够通过 IW S. a. r. l. 公司行使 Augas 公司 55%的股权，对 Augas 公司形成控制。2000 年 4 月，Augas 公司的特许权被玻利维亚政府撤销，其随后根据荷兰与玻利维亚签订的 BIT 对玻利维亚提起仲裁。仲裁庭是否具有管辖权的关键问题是对 Augas 公司国籍的认定，即该公司能否被认定为具有荷兰国籍的投资者，若不能，则仲裁庭无权根据《荷兰-玻利维亚 BIT》行使管辖权。仲裁庭认为，衡量公司国籍变更是否使得申请人获得适格投资者地位的关键在于国籍变动的时间，本案中 Augas 公司股权重整变更时间是 1999 年 12 月，而提起仲裁的行为发生在 2000 年 4 月，现有证据不能证明 Augas 公司可以在 1999 年 12 月预见到 2000 年纠纷的发生。仲裁庭承认投资者在选择公司国籍时，其考量的重要因素之一就是能否适用该国的 BIT，因此，仲裁庭认为 Augas 公司国籍的变更是善意的，其有权根据比利时-玻利维亚 BIT 提起仲裁。但是如果申请人在预见到争端可能发生或争端已经实际发生之后进行国籍变更的行为则有可能被认为具有主观恶意，从而否定其以投资者身份提起仲裁的权利。在 *Phoenix Action v. Czech Republic* 案中，两家捷克公司与捷克政府发生了投资纠纷，为了适用《以色列-捷克 BIT》，两家捷克公司请求以色列的 Phoenix Action 公司对其进行收购，从而使其转变为具有以色列国籍的投资者，进而依据色列-捷克 BIT 向 ICSID 仲裁庭提出仲裁。[1]仲裁庭认为，Phoenix Action 公司通过收购行为将已经发生在捷克公司与其政府之间的国内争端转变为请求 ICSID 仲裁的国际争端，该行为不能使仲裁庭对于 Phoenix Action 公司收购捷克公司之前已经发生的争议行使管辖权。

（五）国有企业

国有企业因其可能具有的政治性导致其投资者适格性在投资仲裁实践中经常被挑战。在判断国有企业是否为投资者时，最具指导意义的是 Aron Broches 提出的"Broches 标准"：在 Broches 标准下，混合资本公司及全资国有企

---

[1] *Phoenix Action Ltd v. Czech Republic*，ICSID Case No. ARB/06/5，15 April 2009.

业应被视为公约缔约国的国民，除非该公司系政府之代理或履行政府职能。也就是说，如果国有企业在投资过程中为政府进行代理或履行了政府职能，则其不会被认定为《华盛顿公约》第25条中的"另一缔约国国民"。在 *Beijing Urban Construction v. Yemen* 一案中，也门政府认为由于北京城建属于北京市人民政府批准、经营、管理的国有资产，同时必须接受北京国有资产监督管理局的"监管"，故该公司是中国政府的代理人，且其在商业活动中履行了政府职能。[1]也门政府还指出，北京城建公司的涉外商业活动受对外经济贸易部门的调控，并据此主张中国政府是北京城建重大经营管理问题的决策者。对此，仲裁庭认为也门政府提供的证据与其主张的事实不具有相关性，北京城建既不是中国政府的代理人，也未履行中国政府职能。

同样在 *China Heilongjiang et al v Mongolia* 案中，蒙古政府认为申请人没有从中国政府中完全独立出来，事实上是中国政府的准工具（quasi-instrumentality）且受中国政府的直接控制，仲裁庭否定了蒙古政府的上述理由。[2]在仲裁庭看来，中国-蒙古BIT中没有基于投资者的成立、经营目的、所有权或控制权等考量因素从而对投资者施加限制的内容，蒙古提出的证据与本案投资者资格的认定无关。以上两个案件在一定程度上说明证明国有企业在投资过程中系政府的代理者或者履行了政府职能是有一定难度的，证明标准较高。

## 四、投资者定义的发展趋势

### （一）条约选购引发投资者范围扩大

国际投资者在利益的驱动下，不免对东道国签署的所有国际投资协定进行比较，试图获得更优惠的投资待遇。实践中投资者在国际投资争端发生前或发生后，通过一系列商业设计或条款设计使其具有第三国国籍或享有第三国投资待遇，从而适用东道国与第三国之间更优惠国际投资协定的行为，就是一种典型的条约选购行为。

---

〔1〕 *Beijing Urban Construction Group Co. Ltd. v. Republic of Yemen*, ICSID Case No. ARB/14/30, 31 May 2017.

〔2〕 *Beijing Shougang Mining Investment Company Ltd.*, *China Heilongjiang International Economic & Technical Cooperative Corp.*, *and Qinhuangdaoshi Qinlong International Industrial Co. Ltd. v. Mongolia*, PCA Case No. 2010-20, 30 June 2017.

在国际投资实践中，条约选购的表现形式多种多样，包括但不限于下列情形：

第一，投资者在第三国成立中间公司进行转投资以达到选购条约的目的，前述公司国籍变更行为即是典型表现。具体而言，当投资者母国与东道国之间未签署 BIT，投资者可选择在与东道国签署 BIT 的第三国成立中间公司，转而以中间公司的身份对东道国进行投资。由此一来，投资者可以依据东道国-第三国 BIT 享受投资者待遇，在发生投资争端时亦可作为第三国投资者向国际投资仲裁庭提起仲裁。例如，虽然投资者母国与东道国间已签署 BIT，但投资者认为该 BIT 对投资者保护程度较低，也可通过在第三国成立中间公司的方式将公司国籍变更为第三国国籍以获得更高程度的保护。

第二，返程投资也是条约选购的一种表现形式。拥有东道国国籍的投资者通过拥有或控制另一缔约国的公司达到规避东道国国内管辖的目的。

第三，重组投资或股权转让也可以达到条约选购的目的。投资者无需改变公司的注册地、经营地，只需改变投资来源地，将公司的部分或全部股权转移至第三国，就可以作为拥有第三国国籍的投资者适用东道国与第三国的国际投资协定。由此可知，条约选购行为无形中扩大了"投资者"的范围，使非缔约方的投资者也被囊括进国际投资协定的保护范围。

需要注意的是，对于恶意的条约选购行为仲裁庭一般都不予认可，主要理由如下：首先，恶意的条约选购破坏了国际法中缔约意思自治的原则。在东道国没有与某国缔约的意愿时，条约选购行为使该国投资者得以享受到东道国的特殊待遇，这将极大地挫败有关国家缔结国际条约的积极性。其次，恶意的条约选购行为使国内争端转化为国际争端，不仅浪费了国际法资源，而且使东道国过多地被国际诉讼缠身，进一步招致有关国家对国际投资争端解决机制的不满。最后，投资者除了在国家维度上选购条约，还喜欢在时间维度上选购与当下情形不相符的"旧约"。若投资者持续选购这些本应淘汰的"旧约"，则可能在法律适用上引起"旧约凌驾新约"的倒退现象，也会使国际投资仲裁庭在解释条约和裁决争端时无所适从。[1]因此，近年来各国纷纷

---

〔1〕 王燕：《欧盟新一代投资协定"反条约挑选"机制的改革——以 CETA 和 JEEPA 为分析对象》，载《现代法学》2018 年第 3 期。

通过改革投资者定义以达到禁止条约选购的目的，改革的主要方式是在投资协定中加入"利益拒绝条款"。

（二）利益拒绝条款的运用

1. 利益拒绝条款的内涵

设立利益拒绝条款的目的在于确保投资协定不被第三国投资者控制的"空壳公司"或"邮箱公司"所利用。例如，2012 U.S. Model BIT 规定："在满足以下两个条件时，一缔约国有权拒绝将条约利益给予另一缔约国法人：其一，若另一缔约国法人被非缔约国投资者拥有或控制，而该非缔约国与东道国没有外交关系，或者将本条约的利益给予该法人将会违反东道国正在对该非缔约国进行的经济制裁；其二，由非缔约国或东道国投资者拥有或控制的另一缔约国法人在另一缔约国境内未从事实质性的商业活动。"[1]再如，《2015 年中澳 FTA》规定："缔约一方可拒绝给予任何投资或投资者本协定项下的利益，包括有关争端解决的规定，如果：a）投资或投资者由非缔约国或拒绝方（即东道国）的主体拥有或控制，并且在另一缔约方领土内没有实质性的业务活动；b）投资或投资者由非缔约方拥有或控制，而拒绝方（东道国）尚未与非缔约国建立外交关系，或对非缔约国、非缔约国中的个人采取、维持相应的措施以禁止与该人进行交易，或给予非缔约国本协议项下利益将被视为对该措施的违反或规避。"[2]从上述两个条约文本可以看出，虽然国际上对"利益拒绝条款"没有明确界定，但援引该条款一般需满足两个条件：一是没有真实的经济活动或实质性商业活动；二是由第三国国民控制。

实践中对实质性商业活动没有统一的判断标准。在 *BP v. Argentina* 案中，仲裁庭肯定了申请人 PAE 在美国有实质性商业活动，理由为 PAE 由两家美国公司"BP 阿根廷"和"BP 美国"直接或间接控制，而这两家公司在美国确实有大量的业务活动。[3]在 *Petrobart v. Kyrgyz Republic* 一案中仲裁庭也认定

---

〔1〕 2012 U.S. Model BIT, art. 17.

〔2〕 《2015 年中澳 FTA》第九章"投资"的第 6 条。

〔3〕 *BP America Production Company and others v. Argentine Republic*，ICSID Case No. ARB/04/8, 27 July 2006.

Petrobart 在英国有实质性商业活动，因为 Petrobart 由注册地为英国且主要办事处在伦敦的 Pemed 公司运营，由 Pemed 公司负责 Petrobart 的决策与行政事务。[1]但这些案件中的仲裁庭只是笼统地说明了申请人在缔约国境内开展了实质性商业活动，而并未提供判断"实质商业活动"的考量因素，故其借鉴意义不大，对该问题还需要在实践中不断地探索，总结归纳出相应的考察因素。

同样地，"由第三国国民控制"这一要素也存在诸多亟待明确的问题，特别是跨国公司复杂的交易构架对该要素的认定具有不确定性。如果一家公司被多层控制，而不同层级的控制者来自不同的国家，东道国是否对每一层控制者都可以使用"利益拒绝"条款，亦或只能针对第一层或最后一层的控制者适用？总体来看，利益拒绝条款的适用需根据每个投资协定的具体用语，并结合上下文，根据条约的宗旨和目的进行个案解释。

2. 利益拒绝条款在国际仲裁中的运用

由于几乎所有国际投资协定对东道国援引利益拒绝条款的时间都未作出明确规定，这给国际投资仲裁实践带来了不确定性。在 *NextEra v. Spain* 一案中，西班牙政府认为根据案涉 ECT 的规定，NextEra 并未在其主张的母国境内开展实质性商业活动，因此主张适用利益拒绝条款。[2]对此仲裁庭认为，西班牙政府在意识到可以行使利益拒绝权 3 年后才主张该权利为时已晚，违背了诚信原则，其主张不能得到支持。有些仲裁庭认为在投资者提出正式仲裁请求后东道国就不得援引该条款，如在 *Masdar Solar v. Spain* 一案中，仲裁庭认为在仲裁程序开始后，被申请人就不得援引利益拒绝条款。[3]

目前利益拒绝条款已被国际投资协定广泛吸纳，援引这一条款的时间截点成为改革的重点。UNCTAD 于 2020 年公布的《国际投资协定改革加速器》指出：考虑到互相矛盾的仲裁实践，为了确保利益拒绝条款的有效实施，该条款应当具有回溯的效力，即在仲裁程序开始后这一条款也可以被援引。[4]

---

〔1〕 *Petrobart Ltd. v. The Kyrgyz Republic*，SCC Case No. 126/2003，29 March 2005.

〔2〕 UNCTAD，Review of ISDS Decisions in 2019：Selected IIA Reform Issues，2020.

〔3〕 UNCTAD，Review of ISDS Decisions in 2018：Selected IIA Reform Issues，2019.

〔4〕 UNCTAD，International Investment Agreements Reform Accelerator，2020.

目前已有部分投资协议明确规定利益拒绝条款的可回溯性，如东盟与中国香港于2017年签订的投资协议规定："为更加明确之目的，拒绝给予本协议项下利益的权力可以在任何时间行使，包括在根据相关规定提起仲裁程序之后。"[1]此外，《印度2015年BIT范本》和《摩洛哥2019年BIT范本》亦赋予了利益拒绝条款可回溯的效力。[2]

## 五、案例研究

在众多参与国际投资的主体中，国有企业由于其架构和运营模式的特殊性而一直饱受争议，其作为申请人参与投资仲裁的资格经常受到作为被申请人的东道国的挑战。为行使对案件的管辖权，仲裁庭需要先判断国有企业申请人是否为公约项下适格的投资者。实践中总结出了以Broches标准和《国家责任草案》归因原则为代表的商业判断规则，而*Beijing Urban Construction v. Yemen*是其中较有代表性的案例。在该案中，被申请人也门政府主张申请人北京城建是中国国有企业，其代表中国政府利益，不属于"另一缔约国国民"，因而不具有申请人资格。但仲裁庭根据Broches标准作出判断，认为本案证据既不能证明北京城建系中国政府的代理人，也无法据此判断其履行了中国政府职能，因而不能否认北京城建的投资者身份，驳回了被申请人的属人管辖权异议。本案是ICSID仲裁庭对Broches标准的又一次运用，并援引国家责任归因原则对其进行了细化，是国际投资仲裁领域对投资者问题的回应，同时为我国"引进来"和"走出去"两个方面提供了借鉴。

（一）案情概要

本案申请人北京城建（Beijing Urban Construction Group Co. Ltd.，"BUCG"）是一家中国国有企业，本案被申请人也门（Republic of Yemen）是一个位于阿拉伯半岛的共和国。在也门萨那国际机场（Sana'a International Air-

---

〔1〕 2017年东盟-香港《投资协定》第19条第5款。

〔2〕 2015 India Model BIT, art. 35: "A Party may at any time, including after the institution of arbitration proceedings in accordance with Chapter IV of this Treaty, deny the benefits of this Treaty to…"; 2019 Morocco Model BIT, art. 25: "The benefit of this Agreement shall be denied at any time, including the initiation of arbitration proceedings in accordance with Section VI, if…"

port）建设新航站楼的施工招标中，本案申请人北京城建成功中标，并于2006年与也门民航与气象局（Yemen Civil Aviation and Meteorology Authority，"CAMA"）签订了高达上亿美金的合同。另外，总部位于海牙的荷兰机场咨询公司（Netherlands Airport Consultants B. V.，"NACO"）也作为外部顾问参与到项目中，负责管理合同项下的工程质量和进度等争议。

申请人北京城建称，被申请人也门于2009年7月向项目工地非法派驻军队，攻击并拘禁了申请人的工人，致使申请人不能依约施工。持续数周的骚扰与恐吓后，被申请人以申请人无法继续履行合同义务为由，向申请人发出了意图终止合同的通知。而在申请人看来，恰恰是CAMA和被申请人阻止了其履行义务；若非受到被申请人的阻碍，申请人本可以按期完工并获得利润。被申请人则辩称，申请人未经授权即从工地撤出材料、未经海关批准即进口设备、关键人员长期旷工和与分包商的一系列纠纷证明申请人在诸多方面都没能妥善履行合同义务。

争议发生后，申请人北京城建于2014年11月将本案提交ICSID申请仲裁。而基于"申请人不属于另一缔约国国民"和"申请人的投资未按照也门法注册"的理由，被申请人也门认为ICSID仲裁庭不具有属人管辖权（ratione personae）。

（二）争议焦点

本案与投资者相关的争议焦点主要是申请人北京城建是否为"另一缔约国国民"（National of another Contracting State）。

（三）仲裁庭意见及裁决

本案中，被申请人认为申请人北京城建不满足《华盛顿公约》第25条第1款所规定的"另一缔约国国民"的标准，仲裁庭因此缺乏对案件的属人管辖权。对此仲裁庭承认《华盛顿公约》并非解决国家与国家间争端的公约，ICSID仲裁庭也因此对作为国家代理人或行使行政权能的国有企业缺乏管辖权。仲裁庭认可申请人北京城建是完全国有的由中国政府设立的企业，但国有企业并不当然丧失投资者身份。按照争议双方均认可的Broches标准，判断投资者是否适格不应仅凭其资本来源，而应更多地关注其目的和功能：除非作为政府代理人或行使政府职权，否则一个国有企业不应当被否认其"另一缔约国国民"身份。[1]本案仲裁庭采纳了 *CSOB. v. Slovak Republi* 案[2]中仲裁庭所作的特定语境分析（context-specific analysis），认为应当关注投资行为的本质而非投资行为的目的。至于 Broches 标准在本案中的具体适用，仲裁庭从以下三个方面作了论证：

第一，北京城建是否作为中国政府的代理人参与项目。被申请人基于一系列中国政府官方文件试图证明申请人北京城建受到国家部门的监管和控制，其成立的目的就是为了拓展和延伸中国的国家利益。但仲裁庭认为，问题的关键不在于企业的架构，而在于具体案件中该企业是否作为国家代理人行使职能。本案的证据无法证明北京城建通过建设机场航站楼而在任何意义上成为了中国的国家代理人。恰恰相反，本案证据充分表明，北京城建中标是因其标书的商业价值，并非因其代表中国政府；案涉合同的终止也是由于北京城建所谓的"未能依约履行合同"，并非是因中国政府的相关政策。因此，仲裁庭认定北京城建在本案的航站楼建设工程中的角色是商业性的承包商而不是中国政府的代理人。

第二，北京城建建设机场航站楼的履约行为在本质上是否属于履行政府职能的行为。仲裁庭认为，被申请人将申请人归于中国国有制经济的主张与本案并无关系，正确的关注点应当是申请人北京城建在特定项目（萨那国际机场航站楼项目）中的职能（functions）。没有证据表明北京城建以这种身份履行的是中国政府的职能而非商业职能。为支持其"政府职能"的主张，被申请人援引了中国商务部的一项声明，其中要求北京城建的涉外业务必须由该部管理、协调和规范。[3]由此，被申请人认为国家才是北京城建重大决策的最后决定者。但在仲裁庭看来，这一主张与本案并不相关：如前所述，北京城建显然不可能在建设航站楼的过程中行使中国政府的职能；本案中据称的"也门军事行动"也仅是针对北京城建这一工程承包商而不可能是针对中

〔1〕 *Beijing Urban Construction Group Co. Ltd. v. Republic of Yemen*，ICSID Case No. ARB/14/30，Decision on Jurisdiction，31 May 2017，para. 33.

〔2〕 *Ceskoslovenska Obchodini Banka A. S. v. The Slovak Republic*，ICSID Case No. ARB/97/4，Decision on Objections to Jurisdiction，24 May 1999.

〔3〕 *Beijing Urban Construction Group Co. Ltd. v. Republic of Yemen*，ICSID Case No. ARB/14/30，Decision on Jurisdiction，31 May 2017，para. 43.

华人民共和国（否则后果将严重得多）。因此，仲裁庭认定北京城建并非在也门共和国的领土内行使中国政府的职能。

第三，北京城建是否应在也门注册其投资。被申请人主张申请人北京城建未能依据也门投资法注册其投资，因而不具备适格投资者的身份。对此，仲裁庭认为在《中国-也门 BIT》[1]中并没有条款明确规定注册是一项投资得到 BIT 保护的前提条件。尽管其他一些投资协定中确有这样的要求且满足该要求已成为条约保护的先决条件，但若 BIT 中无明文规定，就不能推断出对注册的强制性要求。也门投资法中规定的注册要求是获得该法下特权与保护的条件，但并非获得《中国-也门 BIT》下特权与保护的必经程序。因此，仲裁庭认定即使北京城建没有依据也门投资法注册投资也并不使其丧失基于《中国-也门 BIT》申请 ICSID 仲裁的权利。

综上所述，仲裁庭驳回了被申请人对属人管辖权的异议，确认了北京城建适格投资者的地位。

（四）案例评析

由于争端双方均认可，本案中仲裁庭在判断申请人适格投资者（"另一缔约国国民"）身份时采用了 1972 年由 ICSID 首任秘书长阿朗·布罗切斯（Aron Broches）提出的 Broches 标准，即混合资本公司及全资国有企业应被视为公约缔约国的国民，除非该企业系政府之代理或履行政府职能。[2]仲裁庭认为，Broches 标准是对《国家责任草案》第 5 条和第 8 条的充分反映，明确了行为归因于或不归因于国家的标准。同时，仲裁庭也赞同 *CSOB. v. Slovak Republi* 案的裁决理由，即判定国有企业是否为适格投资者应当重点考察投资者的行为性质而非行为目的，尤其是要对投资的商业功能进行情境性分析。[3]

---

〔1〕 Agreement on the Encouragement and Reciprocal Protection of Investments Between the Government of the People's Republic of China and the Government of the Republic of Yemen, 10 April 2002 （CL-001 （Revised））.

〔2〕 Beijing Urban Construction Group Co. Ltd. v. Republic of Yemen, ICSID Case No. ARB/14/30, Decision on Jurisdiction, 31 May 2017, paras. 33. "[A] mixed economy company or government-owned corporation should not be disqualified as a 'national of another Contracting State' unless it is acting as an agent for the government or is discharging an essentially governmental function."

〔3〕 张晓通、宋铮铮：《国有企业在投资仲裁中适格投资者身份认定及对中国国企的启示》，载《中国商论》2021 年第 3 期。

仲裁庭的说理思路分为三个层次，分别针对 Broches 标准中的两项否定性条件和也门国内法的规定：

第一，仲裁庭检验了申请人是否为政府之代理。要否定国有企业的投资者身份，最重要的并非考察企业内部架构的国有化，而是结合具体案件事实考察企业是否作为国家代理人而运作。从本案证据来看，无论是招投标的过程还是申请人中标的原因，亦或是案涉合同的内容和合同终止的事由，都无一例外地体现着纯粹的商业性，申请人在该建设工程中不可能作为中国政府的代理人行事。因此，Broches 标准的第一个条件不成立。

第二，仲裁庭检验了申请人是否履行了政府职能。这一检验与上一步类似，也就是说不能仅考察企业内部的决策流程和监管措施，而是要结合具体案件事实考察企业是否行使了本质上属于国家政府的权能。显然，申请人为也门萨那国际机场建设新航站楼的行为无法被解释为行使政府职权。仲裁庭更是巧妙地指出，据称本案中发生了也门方面针对建设项目工地的"军事行动"，而该行动不可能是针对中国这一主权国家，否则将造成更加严重的后果（如被视为挑起战争的行为），因此只可能是针对商业主体，从反面证实了即使从被申请人的角度来看，申请人也不可能在履行国家职能。

第三，鉴于被申请人主张，申请人需要依据也门投资法在也门注册其投资方可获得保护，注册投资是否具有强制性也成为本案中判断适格投资者的要件。仲裁庭认为也门投资法作为国内法，无法约束 BIT 项下的投资行为；既然《中国-也门 BIT》并未将注册作为一项投资获得保护所必须的前提条件，那么未经注册并不妨碍申请人的投资依照 BIT 得到救济，即提交 ICSID 仲裁，因此，申请人是本案的适格投资者。

# 第二节　对投资的界定

## 一、概述

投资是一种资本流动的行为，在 19 世纪中叶之前，跨境资本流动的形式通常是欧洲投资者向其他欧洲国家的借款人提供贷款。由于交通条件的限制和通信的困难，到他国进行直接投资存在着巨大的阻碍。传统上，将公司的投资划分为直接投资和证券投资。当投资者拥有的所有权份额足以控制公司时，一般被认为是直接投资；而投资者为谋取利益，购入部分公司股份，但股份不足以控制公司的投资时，一般被认为是证券投资。

19世纪初期，由于在国外运营公司存在困难，因此对外国投资的主要形式是证券投资，直接投资主要存在于特定行业，比如公用事业和自然资源等领域。到了19世纪中期，随着运输技术和通信技术的发展运用，外国直接投资的存量超过了外国证券投资的总量，对股权形式的外国投资的保护成为外国投资法越来越关注的问题。20世纪末，外国投资的形式逐渐多样化。随着创新的科学技术在世界各地的传播，不断变化的环境正在创造新的外国投资模式。所以，有经济价值的外资资产范围越来越大，可以被视为外国投资的经济活动也越来越多。

根据习惯国际法，一国有义务保护外国国民在其境内拥有的一切财产，但是随着殖民地国家在政治上取得独立，其在经济方面对外资往往采取国有化或征收的方式，以实现经济上的独立，由此产生了如何保护外国投资这一问题。但实践中要厘清"投资"的内涵和外延却并非易事，主要原因有：其一，投资的形式呈现出多样化的趋势，投资者并不一定在东道国设立实体或拥有有形财产，为了吸引外资，东道国国内法或有关国际条约对投资都采取宽泛的定义，从而导致对投资界定的不确定性。其二，国家在签订双边投资条约或多边条约时往往根据签约对象确定条约内容、条约目的和条约宗旨，这种情况使国际投资条约呈现个性化特征，导致国际投资法的"碎片化"现象产生，也给"投资"的界定带来困难。其三，投资条约在对"投资"进行列举时，往往采取的是非穷尽式列举方式。在对投资进行界定时，经常采取的是循环定义方式，比如规定"所列资产只有在符合投资特征时才属于本协议所列投资"。因此，即便投资仲裁案件数量呈现上升趋势，但是国际社会对投资并未形成统一的理解。既尚未形成普遍接受的关于投资的判断标准，也没有一个统一的概念。这种情况下仲裁庭在实践中只得根据个案情况和自身理解对投资作出判断，在一定程度上导致了仲裁裁决不一致的后果。

## 二、国际投资条约对投资的界定

（一）《华盛顿公约》对投资的规定及相关问题

ICSID 是提供国际投资仲裁服务的主要机构，其设立依据是《华盛顿公约》，但该公约并未对投资作出明确规定。《华盛顿公约》第 25 条第 1 款规定："中心的管辖适用于缔约国（或缔约国向中心指定的该国的任何组成部分或机构）和另一缔约国国民之间直接因投资而产生并经双方书面同意提交给中心的任何法律争端……"[1]该条是关于 ICSID 管辖范围的规定，其中一个关键因素为法律争端是因投资而产生，但对于投资的界定，此公约却选择了沉默，没有作出进一步规定。《华盛顿公约》之所以如此规定，主要考虑了以下几个因素：其一，由于投资形式多种多样，各国关于投资的界定也可能存在这样或那样的差异，无法达成一致意见，为了使《华盛顿公约》尽可能获得更多国家的批准，因此《华盛顿公约》起草者们有意避免对投资进行定义。[2]其二，由于投资形式不断推陈出新，为了使《华盛顿公约》能够涵盖新型投资模式，比如服务合同或技术转让合同，《华盛顿公约》将对投资的解释权留给了仲裁庭，以便《华盛顿公约》有机会得以适用。[3]其三，《华盛顿公约》的目的不仅是提供一种争议解决手段，它还试图成为促进经济发展的国际政策工具。同样，国家加入《华盛顿公约》的一个主要目的是为私人国际投资提供额外的诱因，并刺激更多的投资流入其领土。事实上，《华盛顿公约》在序言中明确提及"为经济发展进行国际合作的需要和私人国际投资在这方面的作用"。[4]基于这些原因，起草者们经过综合权衡，最终选择在《华盛顿公约》的正式文本中不对投资作出具体的定义。

《华盛顿公约》的这种做法为仲裁庭在判定"投资"时留下了广泛的解释空间。仲裁庭一般需要根据案涉 BIT 或 MIT 对投资进行判定，但由于很多

---

〔1〕《华盛顿公约》第 25 条第 1 款。

〔2〕 See Schreuer, Christoph, Malintoppi, Loretta, Reinisch, August and Sinclair, Anthony, *The ICSID Convention: A Commentary*, Cambridge University Press, 2009, pp. 114–117.

〔3〕 See Delaume and Georges R, "Le centre international pour le règlement des différends relatifs aux investissements（CIRDI）", 109 *Journal du Droit International* 1982, p. 795.

〔4〕《华盛顿公约》序言。

条约本身对投资的界定也不甚清楚,这就给仲裁实践带来了不确定性。从仲裁实践来看,仲裁庭对投资的界定趋于宽泛化,以回应目前复杂多样的投资类型,同时也扩大了仲裁庭的管辖权。

(二) 多边投资协定对投资的界定

1. RCEP 和 CPTPP 对投资的界定

RECP 第十章是关于投资的规定,该章第 1 条第 3 款对投资规定如下:投资指一个投资者直接或间接,拥有或控制的,具有投资特征的各种资产,此类特征包括承诺资本或其他资源的投入、收益或利润的期待或风险的承担。[1]投资可以采取的形式包括:①法人中的股份、股票和其他形式的参股,包括由此派生的权利;②法人的债券、无担保债券、贷款及其他债务工具以及由此派生的权利;③合同项下的权利,包括交钥匙、建设、管理、生产或收入分享合同;④东道国法律和法规所认可的知识产权和商誉;⑤与业务相关且具有财务价值的金钱请求权或任何合同行为的给付请求权;⑥根据东道国法律法规或依合同授予的权利,如特许经营权、许可证、授权和许可,包括勘探和开采自然资源的权利;⑦动产、不动产及其他财产权利,如租赁、抵押、留臵或质押。"投资"不包括司法、行政行为或仲裁程序中的命令或裁决。

CPTPP 第九章是关于投资的规定,该章 A 节第 9.1 条对投资规定如下:投资指一投资者直接或间接拥有或控制的具有投资特征的各种资产,此类特征包括资本或其他资源的投入、获得收入或利润的预期或风险的承担等。[2]投资可采取的形式包括:①一企业;②一企业中的股份、股票和其他形式的参股;③债券、无担保债券、其他债务工具和贷款;④期货、期权和其他衍生品;⑤交钥匙、建设、管理、生产、特许权、收入分成及其他类似合同;⑥知识产权;⑦根据该缔约方法律授予的批准、授权、许可和其他类似权利;⑧其他有形或无形财产、动产或不动产及相关财产权利,例如,租赁、抵押、留置和质押。但投资不包括司法或行政诉讼中的指令或判决。

CPTPP 除了采用以企业为中心的投资定义方式外,其他规定基本与 RCEP

---

〔1〕　RCEP, art. 10. 1 (3).

〔2〕　CPTPP, art. 9. 1.

一致，对投资采取的都是开放式定义辅以重点列举的形式。

RCEP 和 CPTPP 作为目前世界上最大的两个区域经济合作协定，其影响范围很大。就投资的定义而言，它们在一定程度上代表了目前 MIT 的发展趋势，也就是对投资采取开放式定义辅以重点列举的形式。这种规定模式一方面对实践中主要的投资形式作了列举，体现了法律的可预见性；另一方面也因投资的复杂多变性而给仲裁庭和当事人在界定投资时留有一定的空间，体现了法律的灵活性。值得注意的是，RCEP 和 CPTPP 都将司法、行政诉讼中的指令与判决排除在投资范围之外。

2. NAFTA 和 USMCA 中对投资的界定

NAFTA 第五部分第十一章 C 节第 1139 条款对投资作出了规定：投资是指①一家企业；②一家企业的股权证券；③一家企业的债务证券：（i）该企业是投资者的附属机构，或（ii）债务证券的原始期限至少为 3 年，但不包括国有企业的债务证券，无论原始期限如何；④对企业的贷款：（i）该企业是投资者的附属机构，或（ii）贷款的原始期限至少为 3 年，但不包括对国有企业的贷款，无论原始期限如何；⑤一家企业的权益，使所有者有权分享该企业的收入或利润；⑥使所有者有权在企业解散时分享该企业资产的企业权益，但不包括③或④项所排除的债务证券或贷款；⑦为预期或用于经济利益或其他商业目的而获得的房地产或其他有形或无形的财产；以及⑧因一缔约方在其境内的资本或其他资源投入到其境内的经济活动中而产生的利益。例如，根据（i）涉及投资者的财产在该缔约方境内存在的合同，包括统包合同或建筑合同，或特许权，或（ii）报酬主要取决于企业的生产、收入或利润的合同。但投资并不意味着（i）仅因以下原因而产生的对金钱的要求：（a）一方境内的国民或企业向另一方境内的企业销售商品或服务的商业合同，或（b）与商业交易有关的信贷发放，如贸易融资，但④项所涵盖的贷款除外；或⑨对金钱的任何其他要求，但不涉及①至⑧项所列的各种利益。[1]

NAFTA 签订于 1992 年，其对投资从正反两方面予以比较详细的列举，没有采取开放式定义辅以重点式列举的方式。这体现了该条约的时代特征和成

---

〔1〕 NAFTA, art. 1139.

员的特殊性。

作为对 NAFTA 条约的更新，USMCA 对投资的定义规定在第 14.1 条：投资是指投资者直接或间接拥有或控制的、具有投资特征的每一项资产，包括资本或其他资源的投入、收益或利润的预期或风险的承担等特征。一项投资可能包括①一家企业；②一家企业的股份、股票和其他形式的股权参与；③债券，债权，其他债务工具和贷款；④期货、期权和其他衍生品；⑤交钥匙工程、建设、管理、生产、特许权、收入分享以及其他类似的合同；⑥知识产权；⑦根据缔约方法律授予的许可证、授权、许可和类似权利；以及⑧其他有形或无形、动产或不动产，以及相关的财产权，如留置权、抵押权、质押权和租赁权。但投资并不意味着（i）在司法或行政诉讼中作出的命令或判决；⑨仅因以下原因而产生的对金钱的要求：（i）一方境内的自然人或企业向另一方境内的企业销售货物或服务的商业合同，或（ii）与⑨（i）项所述的商业合同有关的信贷发放。[1]

可以看出 USMCA 对投资的定义吸收了投资仲裁实践对投资的界定，体现了投资具备的客观特征，即投入资金、期待利润以及承担风险。定义方式与目前区域贸易协定的定义方式类似，即采取概括式定义辅以正反两方面重点列举的形式，这点与其前身 NAFTA 具有明显区别。

### 三、关于投资定义的仲裁实践

（一）Salini 标准确立之前的仲裁实践

最初 ICSID 仲裁庭认为，如果当事双方已经达成了合意将争议提交给 IC-SID 仲裁庭进行裁判，应当默认为双方已经同意其争端事项是由投资引起的，符合《华盛顿公约》第 25 条的规定，仲裁庭因此获得管辖权。这一解释方法也得到了公约主要起草人 Broches 教授以及 ICSID 前高级法律顾问 Delaume 的支持，并在执行董事会关于公约的报告中得到反映。[2]这一观点类似于应诉管辖，然而这种观点的缺陷很快显现。仲裁庭发现，很多案件中东道国并非因为认同所涉争议是因投资产生的才同意进行仲裁，正好相反，东道国因为

---

〔1〕　USMCA，art. 14.1.

〔2〕　季烨：《国际投资条约中投资定义的扩张及其限度》，载《北大法律评论》2011 年第 1 期。

对争议是否因投资产生存在异议，所以才通过参加仲裁程序对仲裁庭的管辖权提出异议。

在面对关于投资界定的相关争议时，大多数仲裁庭认为，仲裁庭在解释投资条约中的"投资"一词时应当遵循条约双方本身规定的"投资"的定义。这种方法即主观主义方法，仲裁庭凭借自己的意志仅仅依照 BIT 对投资是否适格进行判断，缺乏更加客观的、有指导价值的规则进行引导。

面对数量繁多的涉及《华盛顿公约》第 25 条第 1 款的争议，由于审理上的诸多不便，ICSID 逐渐认识到，对于投资仲裁庭需要采取客观的、具有可操作性的标准来判断一项经济活动是否具有投资属性。

*FEDAX v. Venezuela* 案是仲裁庭根据客观标准对投资进行界定的案件，也是 ICSID 收到的第一个东道国以基础交易不符合《华盛顿公约》规定的投资定义为由反对中心具有管辖权的案件。[1] 1988 年，委内瑞拉政府与委内瑞拉境内一家"Van Dam C. A. 冶金工业公司"（以下简称委内瑞拉工业公司）签订服务合同，据此前者签发了一些可转让票据给后者。此后，委内瑞拉工业公司将其中 6 张票据背书转让给荷兰公司，即本案的仲裁申请人 FEDAX 公司。6 张票据的面额为 99 825 美元，其中一张在 1993 年 11 月 7 日到期，两张在 1994 年 11 月 7 日到期，其余三张在 1995 年 5 月 7 日到期。委内瑞拉政府在 1994 年 5 月 7 日之前支付了定期利息，但在票据到期后，委内瑞拉政府拒绝支付与本金相应的利息。对此，FEDAX 公司主张："委内瑞拉拒绝收购票据的行为违反了 1991 年《荷兰王国与委内瑞拉共和国关于相互促进和保护投资的协定》。"仲裁申请人 FEDAX 公司请求委内瑞拉政府支付 6 张到期票据，每张票据的本金为 99 825 美元，加上根据票据面额计算的固定利息、罚息。申请人指出，截至 1996 年 5 月 7 日，6 张票据未付本金为 598 950 美元，未付利息为 80 071.63 美元。

仲裁庭面临的主要管辖权问题是 FEDAX 公司持有的票据是否符合《华盛顿公约》第 25 条第 1 款所指的"投资"。

---

〔1〕 *Fedax N. V. v. The Republic of Venezuela*，ICSID Case No. ARB/96/3（1），Decision on Jurisdiction，11 July 1997.

仲裁庭经过论证认定其具有审理该争端的管辖权，理由如下：其一，《华盛顿公约》并没有对"投资"作出定义，而是将定义留给当事方自行决定。其二，在《华盛顿公约》关于"投资"定义较为宽泛的框架下，贷款、供应商信贷、未偿付款和股份所有权等一些交易在特定情况下被认定为"投资"。其三，贷款是 ICSID 管辖范围的"投资"，本票是贷款的证据，也是一种相当典型的金融信贷工具。其四，《荷兰-委内瑞拉 BIT》中"投资"定义包括"各种资产"，包括"对金钱、其他资产或任何具有经济价值的业绩的所有权"。其五，本票作为一种信用工具，是对已发放贷款的书面承认，委内瑞拉因此负有支付利息的义务。

本案仲裁庭在裁决中写道："根据公共信贷法，本票的地位也很重要，因为它可以证明所涉及的投资类型不仅仅是短期的、偶然的金融安排，如可能发生在可以快速获利，然后取回资本的投资中——即'波动性资本'。投资的基本特征被描述为需持续一定的时间、具有特定的获利规律、投资者承担风险、当事人作出重大承诺以及对东道国发展具有重要性［……］。"[1] 由此可见，仲裁庭的论述对投资的特征从客观角度作了分析，体现了投资的客观性，对后来的投资仲裁实践产生了较大影响。

（二）Salini 标准的确定

继 *FEDAX v. Venezuela* 案后，在 *Salini v. Morocco* 案中仲裁庭也赞成采用客观测试的方法来确定某项交易是否属于《华盛顿公约》第 25 条第 1 款规定的投资。

国家高速公路公司（The Societe Nationale des Autoroutes du Maroc，以下简称 ADM）成立于 1989 年，是由摩洛哥基础建设部和铁道部根据特许协议，共同出资组建的一家有限责任公司，其主要业务为建设、维护和运营公路和各种道路工程。

1994 年 8 月，在该协议的范围内，ADM 发出了一份国际招标书，用于修建连接 Rabat 和 Fes 的公路。Salini Costruttori S. p. A. 和 Italstrade S. p. A.

---

[1]　See *Fedax N. V. v. The Republic of Venezuela*, ICSID Case No. ARB/96/3 (1), Decision on Jurisdiction, 11 July 1997. para. 43.

两家意大利公司提交了 Khemiset Meknes-Ouest（West Meknes）第 2 标段的联合投标，该标段约 50 公里长。最终两家意大利公司组成的联合体中标，承包了该路段的施工工程，工程价格为 280 702 166.84 马来西亚第纳尔和 312 286 949.50 日元。

投标结束后，双方于 1995 年 10 月 17 日签署了第 53/95 号合同。两个意大利公司组成了 "Salini-Italstrade" 联合体（Salini）以履行中标合同。但该联合体并非法律实体，不具有相应的权利能力和行为能力，因此，两家意大利公司作为共同申请人提起本次仲裁。

1998 年 7 月 31 日，工程被摩洛哥当局临时接管。工程于 1998 年 10 月 14 日完成，总耗时 36 个月，超出合同规定的时间（32 个月）4 个月。最终于 1999 年 10 月 26 日移交给摩洛哥当局。最终账目草案由 ADM 公司发送给 Salini。Salini 于 1999 年 3 月 26 日有保留的签署了该草案。1999 年 4 月 29 日，Salini 向 ADM 的总工程师发送了一份备忘录，列出了提出保留的原因：技术保留、异常恶劣的天气、项目动荡、工程规模的修改、合同期限的延长、财务负担、日元价值的不可预见性波动。1999 年 9 月 14 日，在 ADM 总工程师驳回所有索赔后，Salini 根据《一般行政条款手册》第 51 条向 ADM 公司和基础设施建设部部长发送了一份有关工程款项结算的备忘录，但并没有收到基础设施建设部部长或 ADM 的任何答复。于是两家意大利公司向 ICSID 提出仲裁请求。

两家意大利公司认为，所涉合同是《意大利-摩洛哥 BIT》第 1 条 c 项和第 1 条 e 项含义范围内的一项投资，涉及 "具有经济价值的任何合同利益的权利" 和 "法律或合同赋予的任何经济性质的权利"。争议源于上述合同未被履行，因此合同赋予申请人要求损害赔偿的权利。

摩洛哥称，如果将第 1 条 c 项和 e 项单独考虑，那么投资概念会被淡化为更广泛的经济权利概念，因此应与《意大利-摩洛哥 BIT》第 1 条第 1 款一并解读。该条款提及投资所在国的法律和法规，因此，投资的概念应当根据摩洛哥法律解释。而根据摩洛哥法律，相关交易应被定性为服务合同，而非投资合同。

两名申请人则将上述合同定性为根据 BIT 进行的投资。他们认为，提及的东道国法律法规仅涉及实现投资的手段，而非投资的定义。因此，投资的概念不应限于《意大利-摩洛哥 BIT》第 1 条第 1 款所述的法律和条例，而应遵照第 1 条 g 项。这项规定要求，第 1 条 c 项和第 1 条 e 项特别提及的权利应当是主管当局批准的合同标的。在本案中，这一条件得到了满足。摩洛哥对此不予认可。

申请人和被申请人都认可本案适用《华盛顿公约》，但摩洛哥称，根据公约，案涉合同不构成投资。面对被申请人的管辖权异议，仲裁庭相较 *FEDAX* 案更进一步，首次明确承认投资的定义存在客观标准，如果某项资产要被视为《华盛顿公约》中的"投资"，就必须满足这些标准。仲裁庭在认定是否存在符合《华盛顿公约》第 25 条第 1 款中所说的"投资"时，发表了如下意见：

仲裁庭注意到，《华盛顿公约》没有对投资进行界定，在本案之前也几乎没有案件就《华盛顿公约》第 25 条所指的投资概念提出异议。然而，如果就此认为争端"与投资直接相关"的要求被缔约方的同意所淡化，则是不准确的。相反，ICSID 仲裁实践与学者们都认为，适格投资的要求作为中心管辖权的客观条件必须得到尊重。仲裁庭引用了 E. Gaillard 的评论，即投资应当具备的客观条件有：投入、持续时间和交易风险。考虑到《华盛顿公约》的序言，应当增加投资对东道国经济发展的贡献作为附加条件。仲裁庭认为，这些不同的要素是相互依存的，比如交易的风险可能取决于投入额和持续期限。[1]

仲裁庭于是根据本案的事实，从申请人投入的资产、投资持续的时间、承担的风险以及对东道国经济发展的贡献这四个方面进行了分析。

关于申请人投入的资产，仲裁庭认为，申请人运用自身专业知识，为工程提供了必要的设备和合格的人员，并在建筑工地上安装了生产工具。申请人获得了一定贷款，从而具备实施工程和支付劳动力工资所需的资金。同时，申请人同意以临时保函的形式出具银行保函，保函金额为投标总价的 1.5%。在投标结束后，再以争议合同价值 3% 为保函金额出具正式保函。因此，可以认定申请人在上述各个方面都投入了资产。

---

〔1〕　See *Salini Construtorri S. p. A. and Italstrade S. p. A. v. Morocco*，ICSID Case No. ARB/00/4，Decision on Jurisdiction，23 July 2001. para. 52.

关于投资持续的时间，仲裁庭认为虽然合同履行的总期限固定为 32 个月，但实际工时延长至 36 个月。因此，该交易符合该理论所支持的最短期限，即 2 年至 5 年。

关于承担的风险，仲裁庭认为申请人所承担的风险源于争议合同的性质。正如申请人在关于管辖权的答辩状中列举的在履行上述合同过程中所承担的风险，其中包括：修改后的摩洛哥法律可能使劳动力成本增加；工程实施期间对财产造成减损的任何事故；可能因同时执行其他项目而产生的协调风险；不能被视为不可抗力的，因此不会产生赔偿权的任何不可预见事件。除此之外，仲裁庭还认为，一项长达数年的施工，其总成本无法事先确定，也给承包商造成了明显的风险。

关于对东道国经济发展的贡献，仲裁庭认为该合同对摩洛哥国家经济发展的贡献不容质疑。在大多数国家，基础设施建设属于国家或其他公共当局的职责范围，申请人对公路的建设以及为东道国后续工作提供的专业知识足以证明其对东道国经济发展和公众利益的促进作用。

综上，仲裁庭最终判定，根据 1990 年摩洛哥-意大利 BIT 第 1 条和第 8 条以及《华盛顿公约》第 25 条，ADM 与意大利公司之间签订的合同构成投资。[1]

与之前的裁决不同，仲裁庭并没有简单的将管辖权重点放在论述双方当事人同意将争议提交仲裁庭的合意上，而是在对有关合同是否符合上述总体客观标准进行测试之后才得出这一结论。可以说 *Salini v. Morocco* 案代表了 ICSID 对于投资概念的一个重大发展。

之后在 *Joy Mining v. Egypt* 案[2]中，仲裁庭运用了 *Salini v. Morocco* 案中确立的标准对投资进行分析，最终得出结论认定申请人在东道国的经济活动不满足投资应当具有的客观属性，因此裁定 ICSID 对案件缺乏管辖权。这是 ICSID 仲裁庭认定其缺乏管辖权的第一个案件。至此，ICSID 关于投资的客观标准——Salini 标准正式被 ICSID 所承认。也就是说，一项经济活动要被认定

---

〔1〕 *Salini Construtorri S. p. A. and Italstrade S. p. A. v. Morocco*, ICSID Case No. ARB/00/4, Decision on Jurisdiction, 23 July 2001. para. 53-58.

〔2〕 *Joy Mining Machinery Limited v. Arab Republic of Egypt*, ICSID Case No. ARB/03/11, 6 July 2004.

为《华盛顿公约》第 25 条第 1 款下的"投资",须满足以下四个条件:申请人投入的资产、承担的风险、投资持续的时间以及对东道国经济发展的贡献。

这种对投资进行解释的方法被称为客观主义解释方法。按照客观主义解释方法,ICSID 仲裁庭在判断投资是否存在时,不仅要考虑该项投资是否满足当事双方国家间签订的 BIT 或 MIT 的规定,还要考虑《华盛顿公约》对投资概念的外部限制——争议中的"投资"是否属于第 25 条规定项下的投资。[1]这一客观主义解释方法也被称为双管测试法。

Salini 标准出台后,ICSID 投资仲裁实践对国际投资协定的谈判和内容产生了重大影响。很多国家参照 Salini 标准在 BIT 中对投资作出了界定。如中国-坦桑尼亚 BIT 中就规定:"投资特征系指资本或其他资源的投入、对收益或利润的期待或者对风险的承担",约定了投资需要承担风险和投入。[2]因此,以 *Salini v. Morocco* 案为代表的 ICSID 投资仲裁实践在一定程度上推动了世界各国 BIT 对投资定义的逐渐统一。

(三) Salini 标准之后的仲裁实践

自 *Salini v. Morocco* 案后,国际投资仲裁实践围绕投资的界定表达了不同观点,有遵循该案所确立的客观标准的,也有观点认为该标准仅具有参考价值,不具有先例性质,对投资的判定仍应个案分析。

1. 关于 Salini 标准的争议

通过 *Salini v. Morocco* 一案,Salini 标准正式登上舞台,在很大程度上影响了 ICSID 仲裁庭在审理涉及投资定义案件管辖权时的裁判。不过,从法律性质上看,ICSID 仲裁庭所作的裁决仅对本案有约束力,不具有先例的地位,另外《华盛顿公约》也没有通过法定形式将该标准纳入公约,因此,所谓的 Salini 标准对后案没有约束力。这种情形在一定程度上导致了仲裁实践的不一致性,也就是说有些仲裁庭遵循了 Salini 标准,而也有仲裁庭对该标准表示出

---

〔1〕　David AR Williams and Simon Foote,"Recent developments in the approach to identifying an ' investment' pursuant to Article 25 (1) of the ICSID Convention", in Chester Brown and Kate Miles ed., *Evolution in Investment Treaty Law and Arbitration*, Cambridge University Press, 2011, p. 42; Chester Brown and Kate Miles, *Evolution in Investment Treaty Law and Arbitration*, Cambridge University, 2011, p. 43.

〔2〕　《中国-坦桑尼亚 BIT》第 1 条第 1 款。

不同意见。

事实上所谓的 Salini 标准自产生就饱受争议，其中争论最多的问题是"对东道国经济发展的贡献"是否应当成为判断争议所涉投资是否符合《华盛顿公约》第 25 条项下所指投资的要素。

在 2006 年 *L. E. S. I. -DIPENTA v. Algeria* 一案中，仲裁庭认为"投资应对东道国经济发展的贡献"这一要素的构成要件太多，且难以证明。[1]该观点得到了很多专家学者的认同。原因显而易见，一项成功的投资自然能为东道国的经济发展做出贡献，但并非所有的投资都能取得成功。投资一旦失败，它可能最终没有对东道国的经济发展做出任何贡献。如果一项投资符合其他所有 Salini 标准的要求，仅因为投资失败就否认其投资属性，这样做必然会严重打击国际投资者的投资热情。因此，越来越多的仲裁员和学者开始倾向于认定《华盛顿公约》第 25 条中投资的特征不应当要求投资必须给东道国的经济做出贡献，只需要满足 Salini 标准的前三项即可。很多仲裁庭在仲裁实践中也采取了这一观点，例如，在 *Saba Fakes v. Turkey* 案中，仲裁庭认为，投资需对东道国经济发展做出贡献的说法并不令人信服。[2]Salini 仲裁庭根据《华盛顿公约》的序言认为这一因素可以作为投资定义的单独要求，然而，尽管公约的序言指出需要加强国际合作以促进经济发展，却不能赋予这一序言明显超出其文意之外的意义和功能。仲裁庭认为，尽管促进东道国经济发展是公约宣示的目标之一，但该目标本身并不是判定一项投资的独立标准。促进和保护在东道国的投资通常有助于东道国的经济发展，但该经济发展是由众多投资者开展投资项目的预期结果，而不是投资的单独要求。况且有些投资项目可能对东道国和投资者是有利的，有些则不一定。有些投资项目具有良好的预期，结果却颗粒无收，但不能仅因其未能取得预计的收益将其排除在投资范围外。

2009 年 *MHS v. Malaysia* 案更是直接对 Salini 标准发起了挑战。该案的撤销委员会认为 Salini 标准只是构成投资的显著特征，有助于仲裁庭对投资进行判

---

〔1〕 *LESI, S. p. A. and Astaldi, S. p. A. v. People's Democratic Republic of Algeria*, ICSID Case No. ARB/05/3, 10 January 2005.

〔2〕 *Saba Fakes v. Republic of Turkey*, ICSID Case No. ARB/07/20, 14 June 2010, para. 111.

断，但并不能作为确定仲裁庭管辖权的最终依据。因此，撤销委员会认为不应该严格适用 Salini 标准来判断投资是否符合《华盛顿公约》第 25 条的规定。[1]

ICSID 仲裁庭对 Salini 标准态度的转变一方面说明该标准确实存在过于严苛之嫌，特别是要求对东道国经济发展做出贡献，该要求显然不符合投资的特性，且在实践中难以准确判断，但另一方面也体现了仲裁机构或投资争端解决机构对投资案件管辖权的扩张趋势。也就是说，如果严格按照所谓的 Salini 标准判断是否构成投资从而确定仲裁庭的管辖权，那么很多案件可能会因为不能完全符合该标准的各项要素而使得仲裁庭丧失管辖权，这种结果并非仲裁机构或仲裁庭所追求的，因此对 Salini 标准进行怀疑并提出挑战也就变得顺理成章。可以预见 Salini 标准在仲裁实践中的作用和地位会逐渐降低，但是完全放弃 Salini 标准也并非明智之举。毕竟该标准为判断是否存在投资提供了较为客观可行的依据，是对较为混乱的仲裁实践的一种梳理和总结，因此具有合理性和可行性。该标准在一定程度上体现了对东道国利益的关切，体现了平衡投资者利益与东道国利益之愿望，缓解了对投资仲裁实践偏袒投资者的批评之矛盾。因此，仲裁庭在判断案涉争议是否构成适格投资时仍应当对该标准予以充分的考量，而不应完全抛弃。

2. 仲裁庭对新兴投资类型的态度

近年来，越来越多的 BIT 在关于投资的定义中，都会将诸如商誉、合同权利、特许权等列为投资的类型。针对这些与传统投资不同的新兴投资形式，ICSID 仲裁庭也通过仲裁判决表明了对其是否构成公约项下适格投资的态度。

在 2017 年 *Bridgestone v. Panama* 案中，本案的申请人是 Bridgestone Licensing Services，Inc.（"BSLS"）和 Bridgestone Americas，Inc.（"BSAM"），均为在美国特拉华州注册的公司。[2] 申请人 BSLS 和 BSAM 是日本公司 Bridgestone Corporation（"BSJ"）在美国的子公司。BSJ 的主要业务是生产和销售轮胎，其商标为 FIRESTONE 和 BRIDGESTONE。这些商标已在巴拿马注册。

---

〔1〕 *Malaysian Historical Salvors*，*SDN*，*BHD v. Malaysia*，ICSID Case No. ARB/05/10，16 April 2009.

〔2〕 See *Bridgestone Americas*，*Inc. and Bridgestone Licensing Services*，*Inc. v. Republic of Panama*，ICSID Case No. ARB/16/34，14 August 2020.

BSLS 是在美国境外注册的 FIRESTONE 商标的所有者；BSLS 已向 BSAM 授予使用这些商标的许可。因此，BSAM 拥有在巴拿马使用 BSLS 所有的 FIR-ESTONE 商标的许可。在 2001 年前后，Luque 集团公司开始在巴拿马和其他地方销售中国生产的带有 RIVERSTONE 标志的轮胎。2002 年 5 月 6 日，Luque 集团成员 Muresa Intertrade S. A. 申请在巴拿马注册 RIVERSTONE 轮胎商标。这项申请直到大约 3 年后才在公报上公布，BSJ 和 BSLS 作为在巴拿马注册的 FIRESTONE 和 BRIDGESTONE 商标的所有人提起诉讼，反对 RIVER-STONE 商标的注册，理由是对立商标之间的相似性会造成严重的混淆风险。

商标异议程序未获成功。BSJ 和 BSLS 提起上诉，但随后于 2006 年 9 月 5 日撤回上诉。一年多之后，2007 年 9 月 12 日，Muresa Intertrade S. A. 和 RIV-ERSTONE 轮胎的经销商 Tire Group of Factories Ltd. Inc. 在巴拿马对 BSJ 和 BSLS 提起民事侵权诉讼，索赔 500 万美元，据称这是由于商标异议程序而不得不停止销售 RIVERSTONE 轮胎造成的损失。最高法院在 2014 年 5 月 28 日的多数判决中推翻了有利于 BSJ 和 BSLS 的判决。

申请人因此提出指控，称他们的投资没有得到"公正和公平的待遇"，认为最高法院的判决构成了民事诉讼中的司法不公。

ICSID 仲裁庭考虑了商标是否符合 2007 年签订的《巴拿马-美国贸易促进协定》规定的投资条件，其中列出了所涵盖资产中的知识产权，并要求此类资产具有投资的特征，例如，资本或其他资源的承诺、收益或利润的预期、风险的承担。

考虑到投资的特点是一项"压倒一切"而不是"不灵活"的要求，仲裁庭对"仅仅注册商标"作出了区分，其结论是"显然 [……] 不等于或不具有投资的特点"，以及"如果商标被利用"的情况。仲裁庭认为，利用商标可以采取多种形式，包括"制造、推广和销售带有商标的商品"，或根据特许经营协议授予使用商标的许可证。对仲裁庭而言，关键是确定商标是否"被商标所有人通过与商标本身一起具有正常投资特征的活动加以利用"。仲裁庭认定，其中一名申请人 BSLS 开展了涉及利用这两个有争议的商标的活动，这些商标构成申请人在巴拿马拥有或控制的投资。

同年还有 *Koch Minerals v. Venezuela* 一案，本案的申请人有两位，第一位是 Koch Minerals Sàrl（"KOMSA"），第二位申请人是 Koch Nitrogen International Sàrl（"KNI"），它们都是根据瑞士法律注册成立的公司。[1]申请人称，1998 年 3 月，为了落实在委内瑞拉的投资，申请人成立了一系列合资公司，这些合资公司统称为"FertiNitro 公司"。被申请人为委内瑞拉政府。

FertiNitro 公司是由三个私人股东（包括 KOMSA）和委内瑞拉国有石化公司 Pequiven 成立的合资企业，由几个法人实体组成。FertiNitro 公司通过运营和维护委内瑞拉 José 的四家石化厂，从事氮肥（氨水和尿素）的生产和销售。双方的主要争议涉及被申请人征收：①KOMSA 在 FertiNitro 公司 25% 的间接股本权益；以及②KNI 在 FertiNitro 公司、Pequiven 和 KNI 之间的承购协议中的权益。

本案仲裁庭审查了申请人在承购协议下的权利。该协议授予申请人有权以折扣价格购买保证数量的肥料，期限为 20 年。争议的一大焦点在于这种权利是否构成相关 BIT 和《华盛顿公约》第 25 条下的"投资"。关于 BIT 下"投资"的含义，仲裁庭认为，BIT 将"投资"广义地定义为包括"每种资产"，并将合同下的债权履约确定为符合"投资"定义的资产。

为考察《华盛顿公约》第 25 条的目的，仲裁庭研究了"统一投资"的定义。尽管仲裁庭承认"纯销售合同"本身不可能构成其第 25 条规定的投资，但仲裁庭认定，承购协议是一项规模更大的投资活动的一部分——"以任何标准衡量，它都是一个法律和经济上的庞然大物"。在此基础上，考虑到投资的统一性，仲裁庭得出结论认为，承购协议符合 BIT 和《华盛顿公约》规定的投资要求。

从上述两个案件不难看出，对于这些新兴的投资类型，ICSID 仲裁庭是予以认可的。仲裁庭认为，只要该经济行为与一项投资活动有关联，那么就可以认定该项行为也属于投资。这种观点有利于保护投资者利益，但是由于其不需要经过 Salini 标准测试或者其他外部审查——甚至连相关联的投资也不用进行客观标准测试，仲裁庭就会像黑洞一样吞噬所有与投资相关联的经济活动的管辖权，使得东道国国内救济形同虚设。这显然无法实现投资者利益与

---

〔1〕　See *Koch Minerals Sàrl and Koch Nitrogen International Sàrl v. Bolivarian Republic of Venezuela*, ICSID Case No. ARB/11/19, 18 January 2022.

东道国利益之平衡目的，不利于投资仲裁的长远发展。

## 四、我国关于投资的规定与实践

### （一）我国在 BIT 中对投资的界定

法国最初在 1984 年与我国签订了第一份 BIT，是较早与我国达成双边投资协定的国家之一。1984 年《中国-法国 BIT》第 1 条第 1 款对投资作了如下界定："投资"，系指依据在其领土和海域内接受投资的缔约一方的法律用于投资的各种财产。尤其是：①动产、不动产及其他各种物权，如抵押权、用益权、担保及类似的权利；②股票和在缔约一方领土内的公司的其他形式的直接或间接的参股，包括少数参股；③债券，债权以及各种具有经济价值的给付请求权；④著作权，工业产权（如发明专利、许可证、注册商标等），专有技术，工艺流程，商名和商誉；⑤依据法律授予的特许权，尤其是种植、勘探、开采和开发自然资源，包括在缔约各方海域内的自然资源的特许权。所投资产形式的变更，在不违背在其领土和海域内接受投资缔约一方的法律规定的条件下，不影响其作为投资的性质。[1]

不难看到，我国签订的 BIT 采用了当时较为通行的方式对投资进行界定，即开放式的定义辅以重点式列举。在重点列举事项上紧跟国际投资热点，对给付请求权、知识产权、特许权和投资资产形式变更等问题作了规定。

随着时代的变迁和国际投资市场的变更，我国在 2010 年与法国重新签订了新的 BIT，同样在第 1 条第 1 款对投资进行了界定："投资"一词系指缔约一方投资者在缔约另一方领土或海域内所投入的各种财产，诸如货物、任何性质的权利和利益，特别是但不限于：①动产、不动产以及任何其他的对物权利，如抵押权、留置权、用益权、质押权和类似权利；②公司的股份、股权溢价和其他类型的利益，包括在缔约一方境内成立的公司中的少数或间接利益；③金钱或债券请求权或任何具有经济价值的合法的履行请求权；④知识产权，商业或工业产权，比如但不限于著作权、专利、商标、专有技术、商号和商誉；⑤法律或依合同授予的商业特许权，包括勘探、耕作、提炼或

---

〔1〕 1984 年《中国-法国 BIT》第 1 条第 1 款。

开发自然资源的特许权，该自然资源包括缔约一国海域内的自然资源。投资为本协定生效之前或之后，根据缔约一方立法已经做出或可能做出的投资。作为投资的财产发生任何形式上的变化，都不影响其作为投资的资格，只要此种变化不违反缔约国的法律。[1]

对比来看，新旧两个条约在总体上并没有显著的变化，2010 年 BIT 明确了条约列举的投资形式是非穷尽式列举，体现了更加包容的态度，这也说明实践中投资形式复杂多变，不可能完全列举。

总的来说，我国当前签订的 BIT 均采用了开放式定义，其中大多数条文都明确规定了动产、不动产、公司股份、知识产权、具有经济价值的请求权和具有经济价值的特许权符合投资定义。近年来签订和在重新签订的很多 BIT 增加了"作为投资的财产发生任何形式上的变化，不影响其作为投资的性质"这一扩张性条款。当然，BIT 之间也存在着一定的区别。比如，《中国-法国 BIT》《中国-孟加拉 BIT》规定的投资是"投入的各种财产"，并未对财产的用途作出任何限定。而《中国-土耳其 BIT》则要求是"与商业行为有关的各种财产"，《中国-坦桑尼亚 BIT》要求是"具有投资特征的各种财产"。有些 BIT 还对投资规定了进一步要求，如《中国-土耳其 BIT》将为了短期盈利而购买的低于 10% 的股份排除于投资之外。有些条约也在某种程度上扩展了投资外延的范围，如《中国-坦桑尼亚 BIT》《中国-西班牙 BIT》约定投资者拥有的公司所做出的投资也算 BIT 项下的投资。《中国-马来西亚 BIT》则强调了投资活动须符合东道国法律和行政法规规定。在《中国-乌兹别克斯坦 BIT》和《中国-坦桑尼亚 BIT》中强调了投资中对风险的承担。也有 BIT 将服务认定为投资，如《中国-土库曼斯坦 BIT》中约定有偿服务也是投资的一种。

值得注意的是，《中国-加拿大 BIT》对投资采用了以企业为中心的定义方式。在《中国-哥伦比亚 BIT》中，则对投资所需具备的性质进行了限定，即需要缴付出资、预期获得收益和需要承担风险。

（二）有关仲裁实践

我国最近的一起涉及投资界定的仲裁案件是 *Beijing Urban Construction v.*

---

[1] 2010 年《中国-法国 BIT》第 1 条。

*Yemen* 案[1]，本案申请人为北京城建，被申请人为也门共和国。

萨那国际机场航站楼项目（以下简称"项目"）是一个多阶段的多国合作项目，旨在改善机场设施，由被申请人和阿拉伯投资基金资助。项目第一阶段于 2002 年 3 月 14 日开始动工。北京城建通过招标赢得项目第二阶段的施工资格，即修建新国际航站楼，本案争议与第二阶段施工有关。北京城建于 2006 年 2 月 28 日与也门民航与气象局（"CAMA"）签订了价值 114 657 262 美元的施工合同。项目组从总部位于海牙的荷兰机场咨询公司（"NACO"）聘请了一名外部顾问，协助 CAMA 进行合同项目管理，包括施工速度、施工质量以及合同付款时间等相关问题。

申请人声称，2009 年 7 月，被申请人非法剥夺了北京城建在也门的投资。雇用被申请人的军事部队和安全机构袭击并拘留了北京城建的雇员，并强行拒绝北京城建进入项目现场，从而剥夺其履行合同义务的能力。2009 年 7 月 22 日，申请人声称，经过数周"精心策划"的骚扰和恐吓，CAMA 发出了终止合同的意向通知，理由是北京城建未能返回现场完成工程。申请人表示，其不能完成工程是因为 CAMA 和被申请人阻止其履行合同。

在本案中，或者说在所有涉及适格投资的案件中，对于仲裁庭最为重要的问题是采取何种方法审视某一经济活动是否属于《华盛顿公约》项下的适格投资。在本案中，仲裁庭并未直言该采取何种办法，而是首先讨论了当下存在的数种判断方法，指出了当下对于投资界定问题进行裁判时的不同观点和思路。最后仲裁庭采纳了 *Joy Mining v. Egypt* 案仲裁庭的观点，即客观主义解释方法中的"双管测试法"标准，根据《华盛顿公约》和 BIT 两个文件对所涉经济活动进行判定。从《华盛顿公约》角度看，仲裁庭坚持沿用了确立已久，也同时被大多数仲裁庭采用的 Salini 标准。根据 Salini 标准，对北京城建在也门的建设工程进行了分析。通过简单的论述，得出了北京城建在也门的承包工程项目契合 Salini 标准的结论。从《中国-也门 BIT》角度看，通过引用该 BIT 第 1 条的规定，仲裁庭也得出了北京城建"显然"在也门进行了

---

[1] *Beijing Urban Construction Group Co. Ltd. v. Republic of Yemen*, ICSID Case No. ARB/14/30, 31 May 2017.

一项投资的观点。

　　该案的重要意义在于，在近些年投资界定主观主义方法复兴的大背景下，仲裁庭依旧坚持采用客观主义方法——Sanili 标准进行判断和裁定，这表明客观主义方法、Salini 标准仍然具有顽强的生命力，能够得到较多仲裁庭的认可。因此，在我国出海投资大背景下，对我国政府而言，出于保护我国投资者的目的，应当在 BIT 中对投资定义作出更加详尽的定义，通过罗列的方式尽可能的将多种多样的经济活动纳入到"投资"的范围之中。对投资者而言，在签订合同时，首先在符合 BIT 或 MIT 的前提下，在合同中和实际开展投资活动时，应尽可能地契合 Salini 标准，在 BIT 或 MIT 中未罗列这一类型的经济活动时更应如此。当发生争议向 ICSID 提出仲裁请求时，应根据 Salini 标准分析所涉投资是否符合 ICSID 和 BIT 的规定，同时参考国际仲裁实践。

## 五、小结

　　对投资的定义而言，国际投资仲裁在经历了数十年的发展后，似乎又回到了起点——以 BIT 和 MIT 为准。非 ICSID 仲裁庭几乎一直以来都是以 BIT 和 MIT 为主，而 ICSID 仲裁庭则一直坚持"双管测试法"标准，即需要投资同时符合 BIT（MIT）和《华盛顿公约》项下第 25 条的规定。然而由于上述种种原因，以及第 25 条对投资的定义并不明晰，进而造成了 ICSID 仲裁庭在判断投资是否符合第 25 条时存在不小的分歧，甚至大相径庭。虽然在 Salini 仲裁庭推出"Salini 标准"后的一段时间内，ICSID 仲裁庭似乎在一定程度上对投资的判定取得了一致认可，且该标准对当时的 BIT 和 MIT 的签订也产生了一定的影响，但是由于 ICSID 仲裁裁决并不具有先例的法律地位，对之后的仲裁庭不具有约束力，同时 ICSID 仲裁庭有扩大管辖权的趋势，因此该标准在实践中也遭遇了不小的挑战。也就是说在国际投资仲裁实践中，对投资的界定尚未形成一致意见。与此同时，新型投资类型不断出现，投资的表现形式也复杂多样，各国采取的立场和态度也有所不同，这加剧了对投资界定的不一致性，这也使得对投资的界定成为一个常谈常新不断演变的议题。

**思考题**

1. 认定投资者国籍的依据。

2. 国有企业投资者身份认定的实践。

3. 返程投资与投资者国籍筹划的实践问题。

4. 投资条约中利益拒绝条款的适用。

5. 仲裁庭管辖权问题和可受理性问题的区别。

6. 投资定义的演进。

# 第三章

# 仲裁程序

与一般商事仲裁相同，国际投资仲裁也可以分为机构仲裁与临时仲裁或非机构仲裁。但在国际投资仲裁中，《华盛顿公约》以及 ICSID 仲裁规则为其缔约方制定了一套自洽的仲裁规则，从而使得在该公约项下的仲裁与一般的机构仲裁存在较大差异，因此，就机构仲裁而言，国际投资仲裁可以分为 IC-SID 仲裁和非 ICSID 仲裁。实践中 ICC、SCC 等知名仲裁机构也受理国际投资争议，对有关仲裁程序提供相应的服务。临时仲裁也时常用来解决投资争议，适用的规则主要是 UNCITRAL 仲裁示范规则。

## 第一节　ICSID 仲裁程序

### 一、仲裁程序的启动

《华盛顿公约》和《ICSID 仲裁规则》区分了仲裁程序的提起和仲裁程序的启动。值得注意的是，根据《ICSID 仲裁规则》，某些程序的截止日期是从提起仲裁之日起计算的，如仲裁庭的组成。[1]而其他程序截止日期是从程序启动之日起计算的，例如与仲裁庭第一次开庭相关的程序。[2]此外，在审核当事

---

〔1〕 《ICSID 仲裁规则》第 13 条第 1 款。
〔2〕 《ICSID 仲裁规则》第 29 条第 3 款。

人的国籍资格时，仲裁庭不仅要参考争议双方同意仲裁的日期，还要参照仲裁请求登记的日期。[1] 中心登记仲裁请求的日期仅视为仲裁程序被提起之日。[2] 这样规定是为了将程序的提起与程序的启动区别开来，而仲裁程序的启动之日实为秘书长向当事方通知所有仲裁庭成员均已接受任命的日期。[3] ICSID 对仲裁请求进行登记的过程是一个审查或筛选的过程。在此过程中，由 ICSID 秘书处评估该争端是否明显超出 ICSID 的管辖范围，从而确定其是否符合《华盛顿公约》第 36 条和 ICSID《机构规则》第 6 条规定的登记资格。在筛选过程中，秘书处可就请求中包含或缺失的信息向申请方进行书面提问，对该书面提问的回复则被视为对最初提交的请求的补充。中心会向被申请方发送申请方请求的副本以及与申请方交流的所有信函的副本，但这并不意味着该请求已被登记，中心是否登记仲裁请求仅取决于请求的内容。[4] 虽然中心没有如下义务，但其可以要求申请方在仲裁请求登记之前处理被申请方提出的任何问题，任何相关回复将同样被视为对最初请求的补充。在请求登记阶段，当事方与中心之间的通信交流并非对抗性程序。对于 ICSID 秘书长拒绝登记仲裁请求的决定，申请方没有上诉或其他追索权。申请方在提交仲裁请求时支付的申请费在未登记成功的情况下不予退还。[5] 但是，申请方可以在再次支付申请费后重新提交先前被拒绝的请求，重新提交的请求是否有效还取决于该请求中先前存在的问题是否已被修改。若被申请方认为 ICSID 错误登记了该请求，或秘书长在决定时考虑了事实问题，那么其可以根据 ICSID 仲裁规则第 41 条[6] 申请驳回该请求。[7] 中心除了在 ICSID 登记仲裁请求之

---

〔1〕《华盛顿公约》第 25 条第 2 款 a 项。

〔2〕《华盛顿公约》第 36 条第 1 款。然而，当事人可以就构成仲裁程序的不同事项达成合意，例如 CAFTA 第 10.16.4 条规定中心收到仲裁请求之日即为仲裁程序提起之日。

〔3〕《ICSID 仲裁规则》第 21 条第 1 款。

〔4〕参见《华盛顿公约》第 36 条第 3 款。

〔5〕根据 ICC 和 SCC 的仲裁规则提交仲裁请求时支付的费用在任何情况下都不可退还。然而，根据这两套规则，这些款项可以记入申请人名下以抵消仲裁过程中产生的预付款份额。ICSID 规则没有这方面的规定。见下文费用部分。

〔6〕《ICSID 仲裁规则》第 41 条第 1 款。

〔7〕See K. Yannaca-Small and D. Earnest, "The Fate of Frivolous and Unmeritorious Claims", in K. Yannaca-Small ed., *Arbitration under International Investment Agreeemnts: A Guide to the Key Issues*, Oxford University Press, 2018, p.145.

前初步确定管辖权外，还可以根据《ICSID 仲裁规则》第 41 条第 3 款[1]立即驳回明显没有法律依据的案件。当事人也可以独立于仲裁规则自行制定这种机制，如在双方表明同意的仲裁文书中加以约定。[2]

根据 ICSID《机构规则》，中心在收到规定的应缴费用之前，除向申请人发送确认函外不得对其请求进行任何其他操作。[3]因此在未收到应缴费用的情况下，中心甚至不会向被申请人发送申请人的仲裁请求。[4]

## 二、仲裁员的任命与取消资格

根据《华盛顿公约》和《ICSID 仲裁规则》，仲裁庭应由一名独任仲裁员或任何其他奇数数量的仲裁员组成。在当事人未就仲裁员人数和任命方式达成一致的情况下，仲裁庭由三名仲裁员组成，其中双方当事人各指定一名，再共同协商指定第三名仲裁员并由其主持仲裁庭。[5]任何非当事人指定的仲裁员，其任命方式为根据任一方当事人的申请由 ICSID 行政理事会主席进行任命。

当事人提出的取消仲裁员资格的申请由其他仲裁员或 ICSID 行政理事会主席审查决定。仲裁庭空缺的席位应以与原任命相同的方式填补，但如果仲裁员的辞职造成了空缺，而其余仲裁员不接受其辞职的，则空缺的席位应由 ICSID 行政理事会主席填补。[6]

## 三、仲裁地、仲裁语言及适用法律

由于 ICSID 程序具有一定的独立性与自治性，ICSID 案件中仲裁地的作用并不同于一般机构仲裁或临时仲裁中的仲裁地。在 ICSID 程序中，若当事人之间没有协议，仲裁地即为中心所在地美国华盛顿特区。但该地点仅为仲裁

[1] 《ICSID 仲裁规则》第 41 条第 3 款。
[2] 参见《美国-智利自由贸易协定》第 10.19.4-10.19.6 条，该协定已于 2004 年 1 月 1 日生效。
[3] ICSID《机构规则》第 5 条。
[4] 截至 2024 年 3 月，在不同机构下申请仲裁的费用为 ICSID：$ 25 000、SCC：€ 3 000、ICC：$ 5 000。
[5] 《华盛顿公约》第 37 条第 2 款。
[6] 《华盛顿公约》第 56 条、《ICSID 仲裁规则》第 22-26 条。

庭开庭地点，并不赋予仲裁地所在国对仲裁裁决的司法监督权，也不决定仲裁裁决的籍属问题。

ICSID 官方语言为英语、法语和西班牙语，仲裁程序可以采取任一官方语言进行。[1]ICSID 案件的适用法律为争端一方的缔约国的法律以及可能适用的国际法规则。[2]事实上，在进行国际投资时，为了体现对东道国主权与法律的尊重，投资者一般没有机会就投资合同或投资争议与东道国协议选择准据法。不过值得注意的是，ICSID 仲裁规则允许当事人明确授权仲裁庭依据公平公正原则（*ex aequo et bono*）作出裁决。[3]

## 四、仲裁庭指定专家

ICSID 仲裁规则没有明确授予仲裁庭自行向专家咨询意见的权力，然而，在事先与当事人协商并获得批准后，仲裁庭实际上可以行使这一权力。[4]

## 五、透明度规则与第三方参与

ICSID 案件信息是公开的。ICSID《行政和财务条例》第 25 条规定，与中心业务有关的信息、根据个别程序规则产生的文件应予以公布。中心在其公共网站上提供未决和已结案件的清单，清单内容包括争议标的、仲裁庭组成日期、仲裁庭成员的身份以及指定他们的机构、记录在案的当事人的代表和律师的身份以及仲裁程序的状态或结果等信息。[5]更详细的信息则可在案件单独的登记册中获得，每个案件的登记册都被妥善保存并开放供公众查阅，而中心可根据个案的具体情况确定案件的收费标准。[6]若信息具有保密性，则仲裁员应遵守他们在仲裁开始时签署的声明，对他们在参与仲裁过程中获

---

〔1〕《ICSID 仲裁规则》第 7 条第 1 款、ICSID《行政和财务条例》第 32 条第 1~2 款。

〔2〕《华盛顿公约》第 42 条第 1 款。

〔3〕《华盛顿公约》第 42 条第 3 款。

〔4〕参见 *LG&E Energy Corp.*，*LG&E Capital Corp. & LG&E International Inc. v. Argentine Republic*，ICSID Case No. ARB/02/1，25 July 2007，para. 6.

〔5〕类似的信息也发布在 ICSID 的季度通讯和年度报告中。

〔6〕ICSID《行政和财务条例》第 26 条规定，登记册应包含"有关仲裁程序的机构、行为和处理结果的所有重要数据，包括所涉及的经济部门、当事方及其代表的姓名，以及每一委员会、仲裁庭和特设委员会的组成方法和成员"。

取的所有信息保密。[1]除非当事人同意，中心不会公布案件的裁决[2]，但是秘书处会在征求当事人意见的情况下公布裁决的摘录[3]。当事人不受任何保密规则的特别约束，但应避免做出任何可能加剧或激化争端的行为或以其他方式损害程序完整性的事情。[4]除非当事人反对，仲裁庭可行使自由裁量权向公众开放庭审。[5]仲裁庭也可以在听取双方当事人的意见之后选择接受第三方的书面意见。[6]

## 六、裁决与裁决后的救济

《华盛顿公约》第 48 条规定 ICSID 仲裁庭的裁决由多数决作出。事实上，裁决只需要由投支持票的仲裁员签署，而仲裁员可以在裁决中附加单独的意见或反对意见。[7]作出裁决的仲裁庭提供的裁决后救济包括对裁决的补充和更正。该救济措施可用于决定裁决中遗漏的任何问题，或纠正裁决中的任何笔误、计算错误或类似错误。当事方有权申请裁决后救济，但该申请必须在裁决作出后 45 天内提出，并且必须支付申请费。[8]《华盛顿公约》规定的裁决后救济还包括解释、修改和撤销，当事人也可以在支付规定的费用后申请这些救济。当事人之间就裁决的含义或范围发生争议时，可向仲裁庭申请对该裁决进行解释。[9]在发现某些影响裁决的决定性事实时，可向仲裁庭申请修改裁决，但申请的前提为申请人或仲裁庭在作出裁决时不知道该事实，并且申请人对该事实的不知情不是由于疏忽所致的。[10]如有可能，当事人解释

---

〔1〕《ICSID 仲裁规则》第 19 条第 3 款 b 项。

〔2〕《华盛顿公约》第 48 条第 5 款、《ICSID 仲裁规则》第 62 条第 1 款。

〔3〕《ICSID 仲裁规则》第 62 条第 4 款。

〔4〕 See Margrete Stevens，"Confidentiality Revisited"，17 News From ICSID 2000；A. Menaker and E. Hellbeck，"Piercing the Veil of Confidentiality：The Recent Trend Toward Greater Public Participation and Transparency in Investor-State Arbitration"，in K. Yannaca-Small ed.，*Arbitration under International Investment Agreeemnts：A Guide to the Key Issues*，Oxford University Press，2018.

〔5〕《ICSID 仲裁规则》第 65 条第 1 款。

〔6〕《ICSID 仲裁规则》第 67 条第 3 款。

〔7〕《华盛顿公约》第 48 条第 4 款、《ICSID 仲裁规则》第 59 条第 2~3 款。

〔8〕《华盛顿公约》第 49 条第 2 款、《ICSID 仲裁规则》第 61 条第 1 款。

〔9〕《ICSID 仲裁规则》第 69 条第 3 款。

〔10〕《华盛顿公约》第 51 条第 1 款、《ICSID 仲裁规则》第 69 条第 4 款。

或修改裁决的申请应提交给作出该裁决的仲裁庭。否则，应与原仲裁庭相同的方式组成新的仲裁庭，该申请应提交至新的仲裁庭。[1]当事人申请解释的，不受期限的限制，但如若申请修改裁决，则必须在发现事实后 90 天内提出申请，且申请最迟不得晚于裁决作出后 3 年。[2]

任何一方当事人均可申请撤销全部或部分 ICSID 裁决[3]，申请撤销的理由为：①仲裁庭的组成不当；②仲裁庭明显越权；③仲裁庭成员有受贿行为；④严重偏离基本程序规则；或⑤裁决未陈述其所依据的理由。[4]申请必须在裁决作出后 120 天内提出，但以受贿为理由而要求撤销的除外，该申请应在发现受贿行为之日起 120 天内，且无论如何在作出裁决之日后 3 年内提出。[5]ICSID 行政理事会主席接到申请后，应立即从 ICSID 仲裁员小组任命一个由三人组成的特设委员会，负责决定该撤销申请。特设委员会的成员不得与争端方或作出裁决的仲裁员成员具有相同国籍，不得为争端当事国或争端当事人所属国的国民，不得为上述案涉国指派参加仲裁小组的成员。[6]

在仲裁庭对解释、修改或撤销申请作出决定之前，裁决的执行可能会暂停。[7]如有必要，秘书长将在仲裁庭重组或特设委员会组成之前暂时中止裁决的执行。[8]

## 七、费用

除了为提交仲裁请求而支付的初始费用外，仲裁程序费用通常包括机构的收费和行政开销、仲裁员的报酬和开销以及当事人的法律代表费用，包括专家证人的费用等。

---

〔1〕《ICSID 仲裁规则》第 70 条。

〔2〕《华盛顿公约》第 50~51 条、《ICSID 仲裁规则》第 69 条第 4 款。

〔3〕 See K. Yannaca-Small, "Annulment of ICSID Awards Is it Enough or is Appeal around the Corner?", in K. Yannaca-Small ed., *Arbitration under International Investment Agreeemnts*：*A Guide to the Key Issues*, Oxford University Press, 2018, ch. 27.

〔4〕《华盛顿公约》第 52 条第 1 款。

〔5〕《华盛顿公约》第 52 条第 2 款。

〔6〕《华盛顿公约》第 52 条第 3 款。

〔7〕《华盛顿公约》第 50 条第 2 款、第 51 条第 4 款、第 52 条第 5 款。

〔8〕《ICSID 仲裁规则》第 73 条第 1 款、第 2 款。

　　《华盛顿公约》规定，中心设施的使用费将由秘书长确定，[1]仲裁庭成员的收费和开支则根据中心公布的收费和开支表确定。然而，仲裁庭可以就其成员的报酬率与当事方达成不同的协议[2]，但仲裁员向当事方提出的高于现行报酬率的任何请求必须通过秘书长进行。[3]

　　ICSID 秘书处在登记仲裁请求时收取固定的行政费用，此后每年收取一次。在仲裁庭组成之后，中心通常指派仲裁庭秘书亲自与仲裁庭首席仲裁员协商预估随后 3 至 6 个月的仲裁费用以及当事人需要支付的初始费用。[4]在仲裁过程中，当事人可能根据需要支付额外的预付款。[5]除非当事人另有约定或仲裁庭另有决定，否则为开展仲裁而预付的款项应由当事人平摊，[6]但这不影响仲裁庭根据《华盛顿公约》第 61 条第 2 款针对仲裁费用作出的终局裁决。[7]如果当事人未能支付案件进行所需的费用，仲裁程序将中止。[8]

# 第二节　非 ICSID 机构仲裁程序
## ——以 ICC 和 SCC 为例

## 一、仲裁程序的启动

　　与《ICSID 仲裁规则》不同，《ICC 仲裁规则》和《SCC 仲裁规则》不区分仲裁程序的提起和仲裁程序的启动。《ICC 仲裁规则》规定，当事人向秘书处提交仲裁申请书的日期视为仲裁程序启动的日期。[9]同样地，《SCC 仲裁规

---

〔1〕　《华盛顿公约》第 59 条。
〔2〕　《华盛顿公约》第 60 条第 2 款。
〔3〕　ICSID《行政和财务条例》第 14 条第 2 款。
〔4〕　ICSID《行政和财务条例》第 14 条第 3 款，第 15 条第 1 款 a 项、b 项。
〔5〕　ICSID《行政和财务条例》第 15 条第 1 款 c 项。
〔6〕　ICSID《行政和财务条例》第 15 条第 2 款。
〔7〕　《华盛顿公约》第 61 条第 2 款规定，除非当事人另有约定，仲裁庭应评估双方在仲裁中应付的费用，并决定如何和由何人支付这些同程序有关的开支、仲裁庭成员的酬金和开支以及使用中心设施的费用。
〔8〕　ICSID《行政和财务条例》第 16 条。
〔9〕　《ICC 仲裁规则》第 4 条第 1 款、第 2 款。

则》规定仲裁开始于 SCC 收到仲裁请求之日。[1]

虽然《SCC 仲裁规则》没有将审查案件规定为提起仲裁的正式程序，但其第 9 条第 1 款规定，仲裁请求的副本应发送给被申请人，被申请人有义务就该请求提交答复。[2]SCC 委员会有权要求申请人提供有关该请求的附加说明，如果申请人不履行该要求，SCC 委员会可以撤销该案件。[3]同样，在当事人分别提交仲裁请求和答复后，如果"（1）SCC 仲裁院对争端显然缺乏管辖权；或者（2）当事人未予支付预付费用……"[4]，SCC 委员会同样有权撤销该案件。SCC 仲裁院对其明显缺乏管辖权的争端的决定关系到当事人是否同意在其主持下裁决争端的问题。[5]同样，根据《ICC 仲裁规则》，如果被申请人未提交答辩书，或任何当事人对仲裁协议的存在、效力或范围提出抗辩，则仲裁应继续进行。[6]此外，对于有关管辖权或者多个请求是否可以共同裁定的问题，除非秘书长将该事项提交仲裁院，否则应由仲裁庭直接决定。[7]此时，如果初步证明根据《ICC 仲裁规则》达成的仲裁协议可能存在，仲裁院可以决定继续进行仲裁。[8]除仲裁院决定有关当事人或仲裁请求不能进行仲裁的情况外，仲裁庭具有决定其自身管辖权的权力。[9]如果仲裁院确定仲裁程序无法进行，任何一方都有权向有管辖权的法院申请确定当事方之间存在具有约束力的仲裁协议。[10]因此，如果当事人对仲裁协议的存在、有效性或范围提出异议，《ICC 仲裁规则》第 6 条第 3 款以及第 4 款允许秘书长对仲裁请求进行初步筛选。

除了前文讨论的驳回请求的相关依据之外，《ICC 仲裁规则》和《SCC 仲

---

〔1〕 《SCC 仲裁规则》第 8 条。

〔2〕 《SCC 仲裁规则》第 9 条第 1 款。

〔3〕 《SCC 仲裁规则》第 10 条。

〔4〕 《SCC 仲裁规则》第 12 条。

〔5〕 See A. Magnusson and P. Shaughnessy, "The 2007 Arbitration Rules of the Arbitration Institute of the Stockholm Chamber of Commerce", 3 *STOCKHOLM INT'L ARB. REV.* 2006, p. 47.

〔6〕 《ICC 仲裁规则》第 6 条第 3 款。

〔7〕 《ICC 仲裁规则》第 6 条第 3 款。

〔8〕 《ICC 仲裁规则》第 6 条第 4 款。

〔9〕 《ICC 仲裁规则》第 6 条第 5 款。

〔10〕 《ICC 仲裁规则》第 6 条第 6 款。

裁规则》还规定，如果机构于设定的期限届满前未收到相关应缴费用，则仲裁申请将被撤销。[1]

## 二、仲裁员的任命与资格取消

除非当事人另有约定，《ICC 仲裁规则》仅规定了由一名独任仲裁员或三名仲裁员组成仲裁庭这两种形式。[2]如果当事人事先已约定采取三人仲裁庭的程序，各方应在请求和答复中分别指定一名仲裁员。除非当事人就另一程序达成一致，三人仲裁庭的首席仲裁员应由 ICC 仲裁院任命。[3]当事人就仲裁庭人员的提名须经 ICC 秘书长确认。如果秘书长认为被提名者不应被提名，或一方当事人对该提名存在异议，ICC 仲裁院应对此进行裁决。[4]此外，如果当事人未根据事先商定的方法任命或未能就仲裁庭的组成达成一致，则由 ICC 仲裁院依据 ICC 国家委员会的建议作出任命。[5]仲裁院可以拒绝 ICC 国家委员会的提名，或者向其认为适当的另一 ICC 国家委员会寻求建议。[6]

就当事人对 ICC 仲裁员提出的质疑，ICC 仲裁院可以在当事人和仲裁员发表意见后作出决定。[7]仲裁院也可以主动更换其认为在法律上或事实上不能履行其职责或没有遵循规则或时限要求履行其职责的仲裁员。[8]在更换仲裁员时，仲裁院可酌情决定是否遵循原提名的程序。如果程序已经结束，也可以决定不更换仲裁员。[9]

《SCC 仲裁规则》与《ICSID 仲裁规则》《ICC 仲裁规则》一致，允许当事人自由商定仲裁员的人数和任命方式。如果双方无法达成一致，仲裁庭应由三名仲裁员组成，但 SCC 委员会在考虑到案件的复杂性后可以决定由独任

---

[1]　《ICC 仲裁规则》第 4 条第 4 款与附件 3、《SCC 仲裁规则》第 7 条第 2 款。

[2]　《ICC 仲裁规则》第 12 条第 1 款。

[3]　《ICC 仲裁规则》第 12 条第 4 款、第 5 款。

[4]　《ICC 仲裁规则》第 13 条第 2 款。

[5]　如果法院认为适当且当事方不反对，也可以由没有国家委员会的国家任命。

[6]　《ICC 仲裁规则》第 13 条第 3 款。

[7]　《ICC 仲裁规则》第 14 条。

[8]　《ICC 仲裁规则》第 15 条第 2 款。

[9]　《ICC 仲裁规则》第 15 条第 4 款、第 5 款。

仲裁员进行仲裁。[1]《SCC 仲裁规则》规定，如任何一方当事人未能指定仲裁员，或他们未能共同指定独任仲裁员，则理事会应作为任命机构。[2]如果当事人未约定任命的期限，则该时限由理事会确定。如果当事人未能在理事会规定的期限内任命仲裁员，则由理事会进行任命。[3]在任命时，理事会应当考虑案件的具体情况、适用的法律、仲裁地、仲裁语言以及当事人的国籍。[4]

根据《SCC 仲裁规则》，当事人可以对仲裁员的公正性与独立性和仲裁员是否具有双方约定的资格提出异议。[5]如果另一方当事人认为该异议合理，那么仲裁员应当辞职[6]。反之，该异议将由 SCC 理事会决定。《SCC 仲裁规则》第 20 条规定，如果仲裁员的辞职被接受，或成当事人的异议成立，或该仲裁员因其他缘故不能或未能履行其职责，理事会有权解除对该仲裁员的任命。[7]仲裁员的更换方式与其任命方式相同，除非理事会另有认为适当的方式。理事会还有权决定在三人仲裁庭中的一名仲裁员被解除任命或死亡后，其余成员继续审理案件。[8]

### 三、仲裁地、仲裁语言及适用法律

与《ICSID 仲裁规则》相同，《ICC 仲裁规则》和《SCC 仲裁规则》中的仲裁地及仲裁语言都由争端双方协商确定。然而，在当事人未达成一致的情况下，《SCC 仲裁规则》规定仲裁地由 SCC 理事会确定，而仲裁语言和适用法律由仲裁庭确定。[9]《ICC 仲裁规则》规定，在当事人未达成协议的情况下，仲裁地由 ICC 仲裁院确定，仲裁语言由仲裁庭在考虑合同语言等因素的基础上加以确定。[10]若当事人未就适用法律达成协议的，仲裁庭应在考虑合

---

[1] 《SCC 仲裁规则》第 16 条第 2 款。
[2] 《SCC 仲裁规则》第 17 条。
[3] 《SCC 仲裁规则》第 17 条第 2 款。
[4] 《SCC 仲裁规则》第 17 条第 7 款。
[5] 《SCC 仲裁规则》第 19 条第 1 款。
[6] 《SCC 仲裁规则》第 19 条第 5 款。
[7] 《SCC 仲裁规则》第 20 条。
[8] 《SCC 仲裁规则》第 21 条第 1 款、第 2 款。
[9] 《SCC 仲裁规则》第 25~27 条。
[10] 《ICC 仲裁规则》第 18 条、第 20 条。

同条款及相关商业惯例的基础上进行确定。[1]《SCC 仲裁规则》及《ICC 仲裁规则》也允许仲裁庭在当事人同意的前提下按照公平公正原则（*ex aequo et bono*）作出裁决。需要注意到是，在《ICC 仲裁规则》和《SCC 仲裁规则》中，仲裁地的确定具有很强的法律意义，一般而言仲裁地所在国的法院可以对仲裁程序提供司法协助并行使司法监督权，仲裁地也往往决定仲裁裁决的籍属，在一定程度上也影响后续裁决的承认与执行问题。

### 四、透明度规则与第三方参与

《ICC 仲裁规则》和《SCC 仲裁规则》均未规定 ICSID 仲裁程序中的公共访问制度。因此，任一仲裁庭中存在特定争议的事实、仲裁的细节和结果将被保密，除非当事方同意或法律要求公开，如不同管辖区下公司都必须提交的强制性文件。[2]《ICC 仲裁规则》规定：“［ICC］仲裁院的工作属于机密性质，以任何身份参与该工作的每个人都必须尊重其机密性。”[3]《SCC 仲裁规则》第 3 条规定：“除非当事人另有约定，仲裁院、仲裁庭以及仲裁庭行政秘书均应保守仲裁和裁决秘密。”[4]虽然《ICC 仲裁规则》没有对非争议当事人在仲裁程序中的参与进行规定，但《SCC 仲裁规则》引入了这方面具体规定，但该规定仅适用于投资条约争端。《SCC 仲裁规则》附件 3 在其第 3 条第 1 款中规定：“既非争议案件当事人、也非案外条约缔约方的任何人（第三人）可以在仲裁案件中请求仲裁庭许可，提交书面文件。”[5]附件 3 还规定，仲裁庭可以在征询案件争议当事人意见后，邀请第三人就案件中的重要的事实判断及法律适用问题提交书面意见（第 3 条第 4 款），或邀请案外条约缔约方对与案件结果关系重大的条约解释问题（第 4 条第 1 款）或其他重要问题（第 4 条第 2 款）提交意见。可见，非 ICSID 仲裁在透明度和保密程度方面遵循的是一般商事仲裁的规则，这与 ICSID 仲裁存在较大差异。

---

［1］《ICC 仲裁规则》第 21 条。
［2］在向国内法院提出申请的情况下，仲裁案件的细节可能会进入公共领域，如临时措施或裁决的执行。
［3］《ICC 仲裁规则》附件 1 第 8 条，同样见于附件 2 第 1 条。
［4］《SCC 仲裁规则》第 3 条。
［5］《SCC 仲裁规则》附件 3 第 3 条第 1 款。

### 五、裁决和裁决后的救济

根据《ICC 仲裁规则》，仲裁庭的终局裁决应在确定职权范围之日起 6 个月内作出。[1]ICC 仲裁院可自行或应仲裁庭的合理请求延长该期限。[2]除独任仲裁外，仲裁庭的裁决应以多数票作出，在没有多数票的情况下则由首席仲裁员作出。[3]在仲裁院批准裁决的形式之前，仲裁庭不得作出任何裁决。因此，仲裁庭在签署裁决之前应将其草稿提交仲裁院，仲裁员可以对裁决的形式进行修改，还可以在不影响仲裁庭决定权的前提下提请仲裁庭注意某些实体问题。[4]同样，根据《SCC 仲裁规则》，终局裁决应在仲裁提交仲裁庭之日起 6 个月内作出。SCC 理事会可以在其认为必要时或应仲裁庭的合理请求延长仲裁期限。[5]若仲裁庭中有仲裁员未在裁决上签名，只要裁决中说明了遗漏签名的原因，这一事实就不会对裁决造成致命的影响。[6]同样地，仲裁员在没有正当理由的情况下不参加对某一问题的合议，也不影响其他成员对该问题的决定。[7]

关于裁决后的救济，《ICC 仲裁规则》规定了裁决的更正和解释。仲裁庭可以在作出裁决后的 30 日内，主动或根据一方当事人的申请对裁决进行更正，以处理任何誊抄、计算或打印错误。仲裁庭亦可以根据当事人的申请在裁决作出后 30 日内对裁决作出解释。仲裁庭在发布更正或解释裁决的决定之前，应将其草案提交至 ICC 仲裁院进行审查和批准。[8]《SCC 仲裁规则》亦包含了关于更正和解释裁决的规定。[9]并且，《SCC 仲裁规则》还规定仲裁庭可以应一方当事人的申请在裁决作出后 30 日内就遗漏的仲裁请求作出附加裁决。[10]

---

〔1〕《ICC 仲裁规则》第 31 条第 1 款。

〔2〕《ICC 仲裁规则》第 31 条第 2 款。

〔3〕《ICC 仲裁规则》第 32 条第 1 款。

〔4〕《ICC 仲裁规则》第 34 条。

〔5〕《SCC 仲裁规则》第 43 条。

〔6〕《SCC 仲裁规则》第 42 条第 3 款。

〔7〕《SCC 仲裁规则》第 42 条第 5 款

〔8〕《ICC 仲裁规则》第 36 条。

〔9〕《SCC 仲裁规则》第 47 条。

〔10〕《SCC 仲裁规则》第 48 条。

## 六、费用

根据《ICC 仲裁规则》，申请人有义务按照秘书长的要求支付临时预付款，用于支付仲裁庭职权范围确定之前的仲裁费用。[1] 仲裁院应尽快在切实可行的情况下，按照《ICC 仲裁规则》附件 3 提供的费用表，根据索赔金额确定足以"支付仲裁员收费和开支以及 ICC 行政开销"的预付金。[2] 预付金由双方当事人平分，并且可以在仲裁期间随时重新调整。[3] 如果当事人拒绝支付，秘书长可指示仲裁庭暂停工作一段时间，请求于期限届满后视为被撤回。[4] 当事人可以通过银行担保来替代立即支付超过仲裁院预定限额的预付或另一方未支付的预付款。银行担保的管理条款由秘书处制定。[5] 除仲裁员的收费和开支由仲裁院确定外，仲裁庭在终局裁决中确定仲裁费用以及该费用的承担。[6]

就 SCC 而言，除了《SCC 仲裁规则》第 50 条涉及的双方当事人单独产生的费用外，第 49 条规定仲裁费包括仲裁庭的收费[7]、SCC 仲裁院的行政费用以及仲裁庭和 SCC 仲裁院的开支。除非另有约定，仲裁庭在当事人之间分摊仲裁费用时应考虑案件的结果、当事人对程序进行所作出的贡献和其他相关情况。[8] 仲裁庭在决定一方当事人是否应支付另一方当事人的合理开支时，也应有同样的考虑。[9] SCC 理事会应对仲裁费用进行预估，预估的费用包括仲裁庭和 SCC 仲裁院的收费与开支，以及 SCC 的行政费用。当事人必

---

〔1〕 《ICC 仲裁规则》第 37 条第 1 款。

〔2〕 《ICC 仲裁规则》第 37 条第 2 款。此外，《ICC 仲裁规则》第 38 条第 2 款允许法院在特殊情况下将仲裁员的费用确定为高于或低于使用该标准评估的费用。

〔3〕 《ICC 仲裁规则》第 37 条第 5 款。此外，根据《ICC 仲裁规则》附件 3 第 1 条第 11 款，在重新调整预付金时，应考虑到争议金额的波动、预计的仲裁员开支数额的变化或仲裁程序的困难程度和复杂程度的增加这些因素。

〔4〕 《ICC 仲裁规则》第 37 条第 6 款。

〔5〕 《ICC 仲裁规则》附件 3 第 1 条第 9~10 款。

〔6〕 《ICC 仲裁规则》第 38 条第 4 款。

〔7〕 根据《SCC 仲裁规则》附件 4 第 2 条，委员会根据规则附录所附费用表并基于案件的争议金额确定首席仲裁员或独任仲裁员的费用。合作仲裁员的费用分别是首席仲裁员费用的 60%，但经与仲裁庭协商后，委员会可决定适用不同的百分比。在特殊情况下，委员会可不执行费用表所规定的金额。

〔8〕 《SCC 仲裁规则》第 49 条第 6 款。

〔9〕 《SCC 仲裁规则》第 50 条。

须按同等份额支付预付款，但如若其提交反请求或抵销请求，付款可能会按不同比例在当事人之间分摊。[1]仲裁庭可以在仲裁过程中评估额外的预付款项并由理事会下令。《SCC 仲裁规则》第 51 条第 8 款授权理事会通过银行担保或其他形式的担保收取部分预付款。如果当事人未按要求支付预付款，则案件可能全部或部分被撤销。[2]理事会可以授权秘书处对预付款项、案件未支付登记费而予以撤销以及确定仲裁费用等事项作出决定，但理事会作出的决定具有终局性。[3]

# 第三节　非机构仲裁
## ——以适用 UNCITRAL 仲裁规则为例

### 一、仲裁程序的启动

《UNCITRAL 仲裁规则》下的仲裁程序是由申请人通过以下方式提起的：申请人应将仲裁通知送至被申请人的惯常住所地、营业地、通讯地址，如果以上地址经合理查询后无法找到的，则应将通知送至被申请人最后已知的住所地或营业地。[4]仲裁程序在被申请人收到通知之日启动。[5]

### 二、仲裁员的任命和资格取消

《UNCITRAL 仲裁规则》规定仲裁庭由一名独任仲裁员或三名仲裁员组成，并且明确了在当事人没有事先约定的情况下任命仲裁员的方法。与《IC-SID 仲裁规则》《ICC 仲裁规则》和《SCC 仲裁规则》相比，《UNCITRAL 仲裁规则》没有指定的任命机构，而 PCA 则规定在当事人未就仲裁员的任命达成一致意见的情况下，可以由秘书长任命指定机构。[6]

---

〔1〕《SCC 仲裁规则》第 51 条第 3 款。
〔2〕《SCC 仲裁规则》第 12 条、第 51 条第 5 款。
〔3〕《SCC 仲裁规则》附件 1 第 7 条。
〔4〕《UNCITRAL 仲裁规则》第 2 条第 3 款、第 4 款。
〔5〕《UNCITRAL 仲裁规则》第 3 条第 2 款。
〔6〕《UNCITRAL 仲裁规则》第 6 条第 2 款。

当事人如果对仲裁员的公正性或独立性产生合理怀疑,可以对仲裁员提出异议并要求该仲裁员回避,[1]由任命仲裁员的机构或以指定方式任命仲裁员的指代机构处理该异议。[2]若当事人异议成立,可以由当事人或指定机构选定替代仲裁员。[3]除非仲裁庭另有决定,仲裁员替换后,仲裁程序应从前任仲裁员停止履行职责处继续进行。[4]

### 三、仲裁程序

《UNCITRAL 仲裁规则》强调当事人待遇平等的原则,给予各方当事人陈述案情的合理机会。[5]在当事人未达成协议的情况下,仲裁庭根据案件的情况决定仲裁程序使用的语言以及仲裁地。[6]就仲裁地而言,《UNCITRAL 仲裁规则》将仲裁地与开庭地作了区分:前者是具有法律意义的概念,决定仲裁裁决的籍属;后者是一个物理空间概念,仅为举行庭审的地方,可以在便利案件审理的情况下予以变更。[7]就法律适用而言,如果当事人未选择争议适用的准据法,可以参考仲裁地法律,但并非一定要适用仲裁地法律,仲裁庭应适用其认为适当的法律。[8]

《UNCITRAL 仲裁规则》规定了由申请书和答辩书组成的书面程序,答辩书包括反请求或抵销,同时仲裁规则允许仲裁庭决定其认为必要的其他陈述。[9]仲裁规则还包含了有关答辩方提供证据和承担举证责任的规定。[10]《UNCI-TRAL 仲裁规则》第 28 条具体规定了仲裁庭开庭的程序事项,但没有明确规

---

〔1〕《UNCITRAL 仲裁规则》第 12 条。

〔2〕《UNCITRAL 仲裁规则》第 14 条。

〔3〕《UNCITRAL 仲裁规则》第 14 条。

〔4〕《UNCITRAL 仲裁规则》第 15 条。根据《ICSID 仲裁规则》第 26 条第 4 款,如果新任命的仲裁员“认为有必要对未决事项作出裁决,听证的任何部分应当重新开始”。

〔5〕《UNCITRAL 仲裁规则》第 17 条第 1 款。

〔6〕《UNCITRAL 仲裁规则》第 18 条与第 19 条。在双方未达成协议的情况下,仲裁庭在确定仲裁地时的详细考虑,参见 United Parcel Service of America, Inc. (UPS) v. Government of Canada, ICSID Case No. UNCT/02/1, 17 October 2001.

〔7〕《UNCITRAL 仲裁规则》第 18 条。

〔8〕《UNCITRAL 仲裁规则》第 35 条第 1 款。

〔9〕《UNCITRAL 仲裁规则》第 20~22 条、第 24 条。

〔10〕《UNCITRAL 仲裁规则》第 27 条。

定仲裁庭在开庭之前必须与当事各方进行协商，仲裁庭只需提前通知开庭的日期、时间和地点。[1]

## 四、透明度规则

尽管《UNCITRAL 仲裁规则》没有明确规定仲裁程序的保密性，但其建立了一套全新的《透明度规则》，该规则于 2014 年 4 月 1 日生效。《UNCITRAL 仲裁规则》第 1 条中新增第 4 款，从而纳入了《透明度规则》，其内容如下：

对于依照为投资或投资人提供保护的条约提起的投资人与国家间的仲裁，以《透明度规则》第 1 条的规定为限。

《透明度规则》规定，在做出充分的实际安排和保护机密信息的前提下，审理应公开举行。[2]此外，其第 2 条规定存储处应迅速向公众提供关于争议各方名称、所涉经济部门以及提出有关申请所依据的条约的信息。[3]其第 3 条规定了文件的公布，文件包括仲裁通知及其答复、申请书、答辩书和在程序中提交的其他文件，如证人陈述和专家报告。[4]机密信息或受保护信息应由仲裁庭根据当事人的申请决定不予公布。[5]

《透明度规则》第 4 条规定，仲裁庭在与争议各方协商后，可以允许既非争议当事方又非案涉条约缔约方的第三人就争议范围内的事项提交书面材料；[6]第 5 条规定，仲裁庭可以允许非争议方条约缔约方就条约解释问题提交材料，或者经与争议各方协商后，邀请非争议方条约缔约方就条约解释问题提交材料。[7]在任何一种情况下，仲裁庭都应确保任何提交的材料不对仲裁程序造成干扰，或不适当的负担，或对任何争议方造成不公正的损害，并确保给予争议各方就非争议方条约缔约方提交的材料发表意见的合理机会。[8]联合国

---

〔1〕 相比之下，除非双方另有协议，适用《ICSID 仲裁规则》的案件在华盛顿特区开庭仲裁，参见《华盛顿公约》第 62 条。
〔2〕《透明度规则》第 6 条第 1 款。
〔3〕《透明度规则》第 2 条。
〔4〕《透明度规则》第 3 条第 1~2 款。
〔5〕《透明度规则》第 7 条第 1 款。
〔6〕《透明度规则》第 4 条第 1 款。
〔7〕《透明度规则》第 5 条第 1 款。
〔8〕《透明度规则》第 5 条第 4 款、第 5 款。

秘书长通过 UNCITRAL 秘书处行事，履行已公布信息存储处的职能，而相关信息应通过 UNCITRAL 网站公布。[1]

对于《透明度规则》未涵盖的情况，旧规定继续适用。未涵盖的情况包括当事人依据 2014 年 4 月 1 日之前的条约而提起的争端，在这些条约中缔约方或争议各方未采纳《透明度规则》，《透明度规则》同样未涵盖当事人根据合同或投资法提起的争端。在以上情况下，除非当事人另有约定，否则审理将不公开进行。《UNCITRAL 仲裁规则》还特别规定，仲裁庭可以要求其他证人在某一证人作证期间退庭。[2]除了《透明度规则》规定的内容外，《UNCITRAL 仲裁规则》中没有规定非争议条约缔约方在仲裁程序中的参与，但其参与可以通过争议各方单独商定。[3]同样地，裁决只能在双方当事人同意的情况下公布。[4]但现有的许多条约都规定裁决必须公布，且仲裁程序中的申请书和其他材料必须向公众提供。[5]因此，即使在《透明度规则》没有明确适用的情况下，当事人也可以通过约定将与《透明度规则》类似的规定纳入仲裁程序。

## 五、其他规定

仲裁庭可应任何一方当事人的申请，授予仲裁规则规定中的临时措施。《UNCITRAL 仲裁规则》与《ICC 仲裁规则》和《SCC 仲裁规则》一致，明确允许当事人向仲裁庭提交临时措施申请。[6]仲裁庭在任何情况下都有权要求当事人为临时措施的费用提供担保。[7]

---

〔1〕《透明度规则》第 8 条；参见 UNCITRAL, United Nations Convention on Transparency inTreaty-based Investor-State Arbitration "Mauritius Convention on Transparency"，https：//uncitral. un. org/sites/uncitral. un. org/files/media-documents/uncitral/en/mauritius_ convention_ accession_ kit. pdf，最后访问日期：2024 年 3 月 4 日。

〔2〕《UNCITRAL 仲裁规则》第 28 条第 3 款。在 ICSID 程序中，一般惯例为大多数证人在作证后被允许出席或旁听审理。如果证人本身是申请人或其所有权人（如果是法人），该证人在整个仲裁过程中都被允许继续参加审理，这种情况也是常见的。

〔3〕参见 NAFTA 第 1128 条（规定了其他非争议方 NAFTA 缔约方提交材料）。同时参见《美国-智利自由贸易协定》第 10. 19 条第 2 款（规定"非争议方可就本协议的解释向仲裁庭提交口头和书面意见书"）。

〔4〕《UNCITRAL 仲裁规则》第 34 条第 5 款。这与《华盛顿公约》和《ICSID 仲裁规则》不同，ICSID 明确将这种保密义务强加于仲裁庭和中心，但不强加于当事各方。

〔5〕参见 NAFTA 第 11 章的仲裁程序。

〔6〕《UNCITRAL 仲裁规则》第 26 条第 1 款。

〔7〕《UNCITRAL 仲裁规则》第 26 条第 6 款。

根据《UNCITRAL 仲裁规则》第 29 条，仲裁庭在与当事人协商后可以指定专家。当事人必须配合专家的工作，向专家提供在其工作过程中需要审查的信息、文件或货物。当事人有权对专家报告发表书面意见，并有权在庭审上对专家进行质询。[1]

根据《UNCITRAL 仲裁规则》开展的仲裁程序可以在以下情况中终止：申请人未提交仲裁申请书，或当事人达成和解，或仲裁程序变得不必继续或不可能继续。[2]

关于裁决后救济，《UNCITRAL 仲裁规则》规定任何一方均可在收到裁决后 30 日内要求仲裁庭对裁决书作出解释，要求其更正裁决书中的任何计算错误、笔误、排印错误或任何类似性质的错误或遗漏，或要求仲裁庭就仲裁程序提出而仲裁庭未做决定的请求作出裁决或补充裁决。[3]裁决对当事人具有拘束力，各方当事人应毫不延迟地履行仲裁裁决。[4]

根据《UNCITRAL 仲裁规则》第 42 条，仲裁费用原则上由败诉方承担。[5]但是，仲裁庭可酌情在当事人之间分摊费用。有学者认为，仲裁费用专指仲裁员的收费，该费用根据仲裁规则的规定进行确定。另有说法称，仲裁费用包括仲裁员的开支、仲裁庭征询专家意见的费用和所需其他协助的费用、当事人与仲裁有关的法律费用和其他费用、指定机构的收费和开支以及常设仲裁院秘书长的收费与开支。[6]

# 第四节　分步仲裁

## 一、概述

分步仲裁是指将仲裁程序分为两个或多个独立阶段的审理方式。每个阶

---

〔1〕《UNCITRAL 仲裁规则》第 29 条第 1 款、第 3 款、第 5 款。

〔2〕《UNCITRAL 仲裁规则》第 30 条、第 36 条。

〔3〕《UNCITRAL 仲裁规则》第 37~39 条。

〔4〕《UNCITRAL 仲裁规则》第 34 条第 2 款。

〔5〕参见 S. D. Myers, Inc. v. Government of Canada, UNCITRAL, 30 December 2002.

〔6〕《UNCITRAL 仲裁规则》第 40 条第 2 款。

段包括当事人提交申请书和答辩状、证据开示、开庭审理等程序，在此基础上仲裁庭就单个或多个问题作出裁决。分步仲裁在投资仲裁程序中并不鲜见，这主要是因为投资争议一般情况下具有涉及金额巨大、案情复杂、适用法律多元以及社会影响范围广等特征，如果不采取分步仲裁可能会导致仲裁程序过于冗长，给当事人造成严重的经济负担。

在实践中，分步仲裁通常是将仲裁程序分为管辖权审理阶段/案件可受理性阶段和实体审理阶段，实体审理阶段又可细分为确定法律责任和计算赔偿金额两个阶段。仲裁庭在实践中会根据案件的具体情况进行分步审理，而不局限于某种特定的分步模式。比如就仲裁庭的管辖权而言，有些仲裁庭采取分步仲裁的目的是将被申请人提出的管辖权异议作为初步问题进行审理，而将其他涉及管辖权的问题留待与案件实体问题一并审理。有的仲裁庭将仲裁程序分成三个步骤，分别针对管辖权、责任划分和赔偿金额进行审理。

## 二、《ICSID 仲裁规则》的规定

2006 年《ICSID 仲裁规则》没有对分步仲裁作出明确的规定，给予了仲裁庭极大的自由裁量权。2022 年《ICSID 仲裁规则》第 42 条和第 44 条则对分步仲裁作了相对明确具体的规定。其第 42 条规定了通常情形下适用分步仲裁的时限、标准要求以及仲裁庭的权力与职责等事项；[1]其第 44 条则规定了存在初步反对意见时判断是否分步仲裁的考量因素以及此类分步仲裁的时限、标准以及仲裁庭的权力与职责等事项。[2]在适用分步仲裁的标准上，上述规定均指出仲裁庭在决定是否同意分步仲裁时，应当考虑所有相关因素，其中包括分步仲裁是否会减少案件的时间和费用成本、是否能使争议的全部或者大部分得到解决以及异议和案情是否联系过于紧密以至于分步仲裁不可行。新修订的《ICSID 仲裁规则》中提出的分步仲裁标准与学者结合仲裁实践总结的三大标准基本一致。规定整体虽然存在较多原则性规定，且给予了仲裁

---

〔1〕《ICSID 仲裁规则》第 42 条。
〔2〕《ICSID 仲裁规则》第 44 条。

庭较大的自由裁量权，但至少迈出了规范分步裁决问题的重要一步，给予了投资者为自身利益考量决定是否支持分步裁决的法律依据。[1]

### 三、案例研究

实践中，仲裁庭在考虑是否作出分步仲裁的决定时，需要综合考虑多种因素，具体包括管辖权异议的实质性、程序经济原则、管辖权和案情的重叠问题以及分步对申请人的影响等因素。本文选取的案例是 *Emmis International Holding B. V. and Others v. Hungary* 案[2]，通过该案，我们将对仲裁庭如何决定分步仲裁产生直观理解。

（一）案情概要

本案申请人为 Emmis International Holding，B. V.（Emmis International）、Emmis Radio Operating，B. V.（Emmis Radio）和 Mem Magyar Electronic Media。Emmis International 和 Emmis Radio 是在荷兰登记注册的公司，Mem Magyar Electronic Media 是在匈牙利登记注册的公司，下文以 Emmis 代指上述三大公司。被申请人为匈牙利政府。

1997 年 6 月 10 日，匈牙利的国家广播电视委员会（ORTT）就两大全国性商业广播电台频率的广播权进行了公开招标，对 Emmis100%控股的 Sláger Rádió 公司成功竞标了其中一个商业广播电台频率的广播权。1997 年 11 月 18 日，双方签订了广播协议，协议规定 Sláger 公司的广播许可证有效期为 7 年，实际期限可以在不违反协议约定的情况下根据具体情况调整，广播许可的延期事项适用匈牙利《媒体法》第 107 条。根据合同约定及匈牙利法律规定，Sláger 公司享有自 1997 年 11 月 18 日到 2009 年 11 月 18 日的共 12 年的广播权限。2009 年 7 月 20 日，ORTT 针对两个广播电台频率广播权进行了第二次招标，Sláger 公司和 Danubius 公司都提交了标书，但都竞标失败。2009 年 11 月 19 日，新的广播许可持有者 Advenio 公司和 FM1 公司开始广播活动，取代了

---

〔1〕 漆彤：《投资争端解决机制现代化改革的重要里程碑——评 2022 年 ICSID 新规则》，载《国际经济评论》2023 年第 3 期。

〔2〕 *Emmis International Holding B. V. and Others v. Hungary*，ICSID Case No. ARB/12/2，11 March 2013.

Sláger 公司和 Danubius 公司。Emmis 称中标公司的投标资格存疑、商业规划不合理且欠缺广播经验，就此主张 2009 年 ORTT 的第二次招标程序不规范且不合法。此外，Emmis 还主张此次招标受到了政治党派的影响，政党活动侵害了外国投资者的财产权益。2009 年 11 月 2 日，Sláger 公司和 Danubius 公司向匈牙利法院申请了紧急禁令，试图阻止新公司的广播活动。

2012 年 1 月 18 日，Emmis 向 ICSID 提出仲裁申请，指控匈牙利政府对 Emmis 在匈牙利 Sláger 公司的投资进行了非法征收。

2013 年 5 月 28 日，根据《华盛顿公约》第 41 条和《ICSID 仲裁规则》第 41 条的规定，匈牙利政府提出了管辖权异议，认为双方争议并非直接由投资产生，Emmis 主张的权利不适当且本案不属于匈牙利政府同意仲裁的情形。同时，匈牙利政府提出了分步仲裁请求，请求中止关于案情部分的仲裁程序，将管辖权问题作为先决问题优先审理。

（二）仲裁庭是否应当适用分步仲裁程序

双方当事人对仲裁庭是否享有管辖权存在争议，为此，被申请人匈牙利政府提出分步仲裁请求，其理由主要有：①管辖权异议是实质性的；②如果异议成立，则整个案件能够得到解决，如果异议不成立，亦能够明确本案中投资的性质；③对于案件实体部分的审理，花费的时间冗长，费用不菲，如果匈牙利政府主张的管辖权异议能够成立，则能够节省时间和费用成本；④本案中需要审查的问题是明显的，在确定管辖权阶段应当重点审查 Emmis 的行为是否构成了法律意义上的投资，Emmis 是否拥有能够被征收的权利，以及如果 Emmis 的行为构成投资，争议是否直接由该投资造成，在实体审理阶段则应当将重点放在匈牙利政府 2009 年进行的招标是否构成了征收行为以及对匈牙利政府造成了何种损害；⑤除了可能造成的延迟之外，分步仲裁对于 Emmis 没有任何的损害。此外，如果 Emmis 的主张成立，匈牙利政府需要赔偿延迟导致的 Emmis 损失。

Emmis 则认为不应当适用分步仲裁程序，理由主要有：①分步仲裁会延长案件审理时间，不符合程序经济原则；②匈牙利政府的异议没有法律根据，Emmis 行为的投资性质是无可争议的；③匈牙利政府提出的问题与案情密不可分。

（三）仲裁庭意见及裁决

针对匈牙利政府的申请，仲裁庭首先对案件进行了基本分析。本案中Emmis 提起的征收赔偿是能使仲裁庭享有管辖权的唯一事项，即匈牙利的行为需要构成征收，仲裁庭方能行使管辖权。此外，无论案件分步仲裁还是合并审理，仲裁庭均需要确定 Emmis 所享有的权利的性质以及 Emmis 的投资能否使其获得征收赔偿请求权，故匈牙利的异议具有实质性，仲裁庭和双方当事人有必要对管辖权问题进行明确。[1]

在程序效率方面，仲裁庭注意到了双方一致同意在 2014 年 2 月对管辖权和案情进行合并审理。如果依据匈牙利政府的申请，在 2013 年 12 月进行分步仲裁优先对管辖权问题进行审理，将不可避免地导致对案情审理的延迟。但如果匈牙利的异议成立，则可以在分步仲裁阶段就提前结束案件的审理。[2]

在管辖权问题和案情是否应当合并审理方面，Emmis 主张任何情况下案件都必须在对基本案情进行审理的基础上展开，但仲裁庭未采纳 Emmis 的意见。仲裁庭认识到了优先确认引起征收的权利或投资是否存在的重要性，意识到如果将管辖权的判定推迟到实体案情审理阶段，可能会导致基本问题的不清晰，这一点在 *Generation Ukraine v. Ukraine* 案中有所体现。[3]

在管辖权和案情的重叠问题方面，仲裁庭先指出了权利和投资的性质与投资是否被征收是两个不同的问题。第一个问题是法律问题，应当依据匈牙利法律以及国际法进行解答；第二个问题涉及对事实证据和证人证言的考量，并且大部分双方提交的资料都围绕第二个问题展开，属于实体案情部分的问题。在之后的论述中，仲裁庭分析了优先确认 Emmis 权利的可行性以及对权利的确认是否会导致与实体审理重叠，因为投资的确定既关系到了管辖权问题，又关系到了实体案情问题。具体而言主要有以下两种情形：如果仲裁庭通过审理发现 Emmis 没有能够被征收的投资，则应当裁决争端不属于仲裁庭

〔1〕 See *Emmis International Holding B. V. and Others v. Hungary*, ICSID Case No. ARB/12/2, Decision on Respondent's Application for Bifurcation, para. 46-47.

〔2〕 See *Emmis International Holding B. V. and Others v. Hungary*, ICSID Case No. ARB/12/2, Decision on Respondent's Application for Bifurcation, para. 48-50.

〔3〕 See *Emmis International Holding B. V. and Others v. Hungary*, ICSID Case No. ARB/12/2, Decision on Respondent's Application for Bifurcation, para. 51.

的管辖范围，驳回 Emmis 的申请；如果仲裁庭裁定 Emmis 有能够被征收的投资，则 ICSID 享有管辖权，同时仲裁庭关于 Emmis 投资性质的决定也将作为案件实体阶段的决定。[1]

最后，仲裁庭还考虑到了分步仲裁对 Emmis 的潜在影响。Emmis 认为匈牙利政府的异议不成立，分步仲裁会导致案件审理时间的延长。但仲裁庭认为除了仲裁费用增加和在异议不成立情况下导致的延误外，Emmis 不会受到其他影响。而且如若异议不成立，仲裁庭有权判处匈牙利赔偿 Emmis 损失，这能够弥补 Emmis 所受损害。[2]

通过上述分析，仲裁庭认为匈牙利的异议具有实质性，管辖权问题可以且应当与匈牙利的行为是否构成征收以及相应赔偿等实体问题相区分，最终同意了匈牙利提出的分步仲裁请求。

（四）案例评析

在本案中，匈牙利提出了管辖权异议并请求仲裁庭进行分步仲裁。分步仲裁是指将仲裁程序分为两个或多个独立阶段，通常是将仲裁程序分为审理管辖权阶段和审理实体案情阶段，在对管辖权问题进行审理之后再审理实体案情问题。除此之外，也存在将实体案情阶段分为确定法律责任和计算赔偿金额阶段的分步类型。在案件审理期间，各大仲裁机构的仲裁规则均未对分步仲裁的标准、程序进行规定，因此厘清本案的仲裁思路有利于了解分步仲裁在实践中采取的标准，加深对分步仲裁的理解。

本案中，匈牙利申请分步仲裁的依据是管辖权异议在本案中具有实质性，本案的异议与实体案情可以相分离，适用分步仲裁程序能够限缩案件审理范围、提高仲裁效率和减少费用成本，对 Emmis 没有不利影响。Emmis 则持反对意见，认为管辖权问题与实体问题联系紧密难以分离，案件不具有分步的可能性，匈牙利的异议不具有实质性，一旦采取分步仲裁将会导致仲裁的时间成本增加的后果。由此可见，双方当事人在支持与反对分步仲裁时，主要

---

〔1〕 See *Emmis International Holding B. V. and Others v. Hungary*, ICSID Case No. ARB/12/2, Decision on Respondent's Application for Bifurcation, para. 55.

〔2〕 See *Emmis International Holding B. V. and Others v. Hungary*, ICSID Case No. ARB/12/2, Decision on Respondent's Application for Bifurcation, para. 56.

根据异议的实质性、程序经济、管辖权与实体的重叠因素分析分步仲裁的可行性。

与双方当事人类似，仲裁庭在分析过程中，综合考量了管辖权异议的实质性、程序经济原则、管辖权和案情的重叠问题以及分步对 Emmis 的影响，最终作出了同意分步仲裁的决定。

在管辖权异议是否具有实质性方面，仲裁庭认为无论分步仲裁还是合并审理，仲裁庭均需要确定 Emmis 所享有的权利的性质以及 Emmis 的投资能否使其获得征收赔偿请求权，故对于管辖权问题的判定在本案中具有重要意义。将实质性作为分步标准的意义在于，优先审理无意义的异议不会减少程序的费用和时间成本，反而会延长案件解决的时间，因此确保申请分步仲裁的当事人所提的异议具有实质性是十分必要的。在 *Philip Morris v. Australia* 案[1]、*Glamis Gold v. USA* 案[2]中，仲裁庭都将异议是否具有实质性作为能否同意分步仲裁的标准之一。

在程序经济方面，仲裁庭注意到了如果依据匈牙利申请在 2013 年 12 月进行分步仲裁，优先对管辖权问题进行审理，将不可避免地导致对案情审理的延迟；但同时仲裁庭也注意到了如果匈牙利主张的异议成立，案件能够提前终结，提高仲裁效率。采用分步仲裁的优势在于缩短案件的审理时长，节省双方当事人的时间成本，仲裁本身的优势也在于其时效性，因此仲裁庭大都将程序经济原则纳入考量。但有学者为了比较分步案件和非分步案件的平均时间成本对国际投资仲裁案例展开了实证研究，对分步仲裁是否可以提高效率提出了质疑，研究发现分步仲裁的耗时大于非分步仲裁案件，[3]这与公认的分叉促进效率的观点相反。但不同案件的时间成本并不仅与是否采用分步仲裁相关，各个案件的复杂程度不同，仅以是否分步衡量分步是否对程序效率具有消极影响有失偏颇。

---

〔1〕 See *Philip Morris Asia Limited（Hong Kong）v. Commonwealth of Australia*, UNCITRAL PCA Case No. 2012-12, 8 July 2017.

〔2〕 See *Glamis Gold Ltd. v. United States of America*, NAFTA Chapter 11, UNICTRAL, Procedural Order No. 2, 31 May 2005.

〔3〕 Xinjun Zhang, "Bifurcation in Inter-State Cases", 40 *University of Pennsylvania Journal of International Law* 2019, pp. 937-988.

在管辖权和案情的重叠问题方面，仲裁庭认识到了投资性质的认定与管辖权和实体案情的确定息息相关。如果仲裁庭通过审理发现 Emmis 没有能够被征收的投资，则仲裁庭没有管辖权，案件即告终结，不存在后续的案情审理问题。如果仲裁庭裁定 Emmis 有能够被征收的投资，则仲裁庭享有管辖权，关于 Emmis 投资的性质认定能够推进后续案情阶段的审理。此外，仲裁庭指出若将对于管辖权的判定推迟到实体案情审理阶段，可能会导致基本问题的不清晰，增加案件的审理难度。因此，仲裁庭最终得出了两者能够区分、本案可以且应当进行分步仲裁的结论。管辖权和案情的重叠问题通常也被各个仲裁庭作为分步仲裁的标准之一，如在 *Burimi v. Albania* 案中，尽管有关管辖权的异议具有实质性，但仲裁庭认为管辖权问题与实体问题联系紧密，不宜单独审理，作出了驳回分步仲裁请求的决定。

在申请人权益方面，仲裁庭认为分步仲裁不会对 Emmis 造成不利影响。虽然 Emmis 主张的仲裁延迟的情况可能存在，但如果异议不成立损害了 Emmis 利益，仲裁庭有权责令匈牙利政府赔偿 Emmis 的相应损失，由此弥补 Emmis 所受的损害。

通过对上述因素的综合考量，仲裁庭最终采纳了匈牙利政府的申请，同意适用分步仲裁程序。由此可见，在没有分步仲裁的标准规定时，在判断案件是否适用分步仲裁程序时可以参考本案，从管辖权异议的实质性、程序经济原则、管辖权和案件实体问题的重叠性、分步仲裁能够使受案范围减少以及对当事人的影响四大方面进行分析。值得一提的是，有学者综合仲裁实践中各个仲裁庭的做法，将分步仲裁的标准总结为程序经济、分步能否导致申请驳回或减轻案件复杂性、管辖权与案情的重叠问题三大标准。[1]

本案通过采取分步仲裁程序，提前审查了管辖权问题，明确了仲裁庭不享有本案管辖权，从而高效地结束了仲裁程序。由此可见，灵活运用分步仲裁程序可以解决案件的部分问题甚至可以使案件直接得到解决。对当事人而言，提前终结案件节约了双方当事人的时间成本；对仲裁庭而言，将管辖权

---

〔1〕　See Katia Yannaca-Small, *Arbitration under International Investment Agreements*, Oxford University Press, 2018, p. 612.

的确定问题与实体案情分步审理，降低了两大问题的审理难度；对国际经济交往而言，分步仲裁符合程序经济原则，能够为国际经济贸易纠纷提供高效的争端解决程序。目前，分步仲裁的不足之处主要在于其具体规定仍然不够全面，除了《ICSID 仲裁规则》对分步仲裁的标准、程序进行了规定，其他机构的仲裁规则仍仅模糊地规定了仲裁庭的自由裁量权。值得肯定的是，新修订的《ICSID 仲裁规则》已经生效，其中有关分步仲裁的规定能够为后续其他机构仲裁规则的修订提供指引，为各大仲裁庭的裁决提供依据，促进分步仲裁程序进一步完善，充分发挥分步仲裁在争端解决领域的优势。

# 第五节　临时措施

## 一、概述

临时措施（provisional measures），又称中间措施（interim measures）或临时保全措施（conservatory measures），几乎被所有司法体系都认为是必不可少的工具。[1]从公法到私法，从国内法到国际法都存在有关临时措施的规定。比如我国《民事诉讼法》第九章专门就"保全与先予执行"作了详细规定，《国际法院规约》第 41 条第 1 款规定："法院如认为情形有必要时，有权指示当事国应行遵守以促使彼此权利之临时办法。"临时措施作为一种特殊程序或者附加程序，其根本目的在于及时维护当事人的合法权益免受侵害，保障诉讼／仲裁程序的正常开展。临时措施具有效率高和易操作的优点，因此成为争议解决的重要工具。

国际投资仲裁中亦存在有关临时措施的规定，并形成了较为丰富的投资仲裁实践。知名学者皮埃尔·拉利夫（Pierre Lalive）曾评价："由于国际争端影响重大且十分复杂，取得案件的最终结果或达成解决方案往往旷日持久，这使得临时措施具有十分重要的意义，并且这种重要性正与日俱增。"[2]综合

---

〔1〕　参见王孔祥：《国际法院指示临时措施研究》，载《武大国际法评论》2022 年第 4 期。

〔2〕　See Sam Luttrell，"ICSID provisional measures 'in the round'"，31 *Arbitration International*，2015，p. 393.

来看国际投资仲裁中的临时措施主要分为五类：①便利仲裁程序的措施，如证据保全与财产检查；②保持现状的措施，如财产保全；③保护当事方免受已经发生或即将发生的损害、保证仲裁程序公正性的措施；④便利将来裁决执行的措施，如中止平行程序；⑤提供费用担保的措施。[1]

从仲裁规则来看，《贸易法委员会示范法》《UNCITRAL 仲裁规则》《ICC 仲裁规则》《LCIA 仲裁规则》《SIAC 仲裁规则》等重要规则中皆存在有关临时措施的规定，[2]这也说明临时措施在投资仲裁中的重要性。《贸易法委员会示范法》与《UNCITRAL 仲裁规则》对临时措施进行全面而详细的规定，包括仲裁庭发布临时措施的权限、作出临时措施的条件、临时措施的种类、证明标准等具体内容，可以说是现行关于临时措施最完备的规定。这两部规则对包括 2022 年《ICSID 仲裁规则》在内的其他规则产生重要的指引示范作用。《ICC 仲裁规则》《LCIA 仲裁规则》《SIAC 仲裁规则》仅对临时措施进行较为概括的规定，包括仲裁庭权限、临时措施种类（《ICC 仲裁规则》《LCIA 仲裁规则》）以及同其他平行程序的临时措施效力（《LCIA 仲裁规则》《SIAC 仲裁规则》）。

与《华盛顿公约》和《ICSID 仲裁规则》不同，上述 5 个规则均采用带有明显强制力色彩的动词规定仲裁庭作出临时措施的权力，如发布（grant）、命令（order），表示仲裁庭作出的临时措施对双方具有拘束力。这种临时措施效力的区别源自 ICSID 仲裁的特殊性。在非 ICSID 仲裁中，虽然临时措施对于当事方具有拘束力，但是如果当事方不执行临时措施仅需承担后续程序中的不利后果与违约义务。而在 ICSID 仲裁中，若《华盛顿公约》采用"命令"这一措施，在东道国不执行临时措施时便会违反条约义务，进而涉及国家不法行为以及国家责任的承担问题，这对成员国而言是极大的负担与风险，因此曾有成员国代表提议临时措施应"与裁

---

〔1〕　See Anthony C. Sinclair and Odysseas G. Repousis，"An Overview of Provisional Measures in ICSID Proceedings"，32 *ICSID Review*，2017，p. 432.

〔2〕　See UNCITRAL Model Law（2006）Article 17；UNCITRAL Arbitartioan Rules（2010）Article 26；ICC Arbitration Rules（2021）Article 28；ICIA Arbitration Rules（2020）Article 25；SIAC Investment Rules（2017）Rule 27.

决进行区分而不具有拘束力", 公约制定者也最终采取了"建议"这一表述。[1]在 2022 年修订后, 虽然目前 ICSID 仲裁中临时措施对当事方不具有强制拘束力, 但这并非意味着当事方可以随意忽视 ICSID 仲裁庭作出的临时措施。ICSID 仲裁庭作出的临时措施仍然具有很强大的实际效果, 当事方出于避免给仲裁庭留下不可靠印象的诉讼策略、投资者为追求程序的继续开展 (作为申请人避免因不执行临时措施而导致仲裁程序中止)、东道国为了自身良好招商引资形象的塑造等考量往往会选择遵守仲裁庭的临时措施。

## 二、2022 年《ICSID 仲裁规则》关于临时措施的规定

由于《华盛顿公约》第 47 条与修订前的《ICSID 仲裁规则》第 39 条对临时措施的规定过于粗略, 赋予了仲裁庭充分的自由裁量权。同时判例并非国际投资法的正式法源, 不同仲裁庭对有关临时措施权限的理解各异, 相互矛盾的决定在实践中造成投资者与东道国的困惑, 招致广泛批评。2022 年 ICSID 仲裁规则对有关临时措施的内容作了全面修改, 吸收了仲裁实践中的合理做法, 对仲裁庭作出临时措施提供了更加明确的指引, 致力于提升仲裁实践的一致性。

第一, 修订前后的《ICSID 仲裁规则》有关临时措施的篇章设置存在明显不同。2006 年《ICSID 仲裁规则》第五章"特定程序"(Particular procedures) 下第 39 条对临时措施作出规定, 第五章下的其他特定程序为: 附属请求权、初步反对程序、缺席裁决程序、和解与中止程序/因当事方请求中止的程序、因当事方不作为的中止程序。[2]2022 年《ICSID 仲裁规则》将有关临时措施的规定放置于第六章"特殊程序"(Special procedures) 下的第 47 条, 第六章下的其他特别程序为: 明显缺乏法律依据程序、分歧程序、初步反对程序、附带分歧请求的初步反对程序、不附带分歧请求的初步反对程序、仲裁的合并或协调程序、辅助索赔程序、缺席裁决程序。与 2006 年的版本相比, 2022 年《ICSID 仲裁规则》将原第五章"特定程序"更改为现第六章"特殊程序", 增加了明显缺乏法律依据程序、分歧程序、仲裁的合并或协调程序、附带分歧请

---

〔1〕 See ICSID, *History of the ICSID Convention*, ICSID Publication, 2009, VolumeⅡ-2, pp. 814–815, https://icsid. worldbank. org/resources/publications/the-history-of-the-icsid-convention, accessed 8 March 2024.

〔2〕 2006 年的《ICSID 仲裁规则》第 39~45 条。

求的初步反对程序、不附带分歧请求的初步反对程序，将和解与中止程序、因当事方请求中止的程序、因当事方不作为的中止程序等放置于第八章"暂停、和解与中止"专章之下。从以上比较看出，2022 年《ICSID 仲裁规则》第六章具有明显的提高效率、降低费用的价值取向，章节内的特殊措施按照仲裁程序中实际考虑运用的优先级进行排序，进一步明确特殊程序的功能，更有利于指导实践。

表 3-1　临时措施条文内容对比[1]

| | 2006 年《ICSID 仲裁规则》第 39 条 临时措施 | 2022 年《ICSID 仲裁规则》第 47 条 临时措施 | 2022 年《ICSID 仲裁规则》第 53 条 费用担保 |
|---|---|---|---|
| 临时措施发起人 | 1. 当事方。<br>2. 仲裁庭自主决定。 | | |
| 临时措施申请的内容 | 1. 需要保护的权利。<br>2. 所申请的措施。<br>3. 申请这种措施所需满足的条件。 | | |
| 临时措施的类型 | 未规定 | 1. 防止侵害。<br>2. 维持原状。<br>3. 保护证据。<br>4. 其他必要措施。 | 费用担保 |
| 仲裁庭是否有权建议与当事人申请不一致的措施 | 仲裁庭有权建议与当事人申请不一致的措施 | | |
| 仲裁庭作出临时措施的期限 | 未规定 | 1. 仲裁庭组成后 30 日。<br>2. 最后一份申请提交后的 30 日。<br>3. 时间起算点以较后者为准。 | |
| 当事方是否需要披露作出临时措施所依据的条件的变化 | 未规定 | 在临时措施所依据的条件发生重大变化后，当事方应当及时向仲裁庭进行披露 | |

―――――――――

[1]　该表格根据 ICSID 官方公布的两版《ICSID 仲裁规则》翻译而来。

续表

| | 2006 年《ICSID 仲裁规则》第 39 条 临时措施 | 2022 年《ICSID 仲裁规则》第 47 条 临时措施 | 2022 年《ICSID 仲裁规则》第 53 条 费用担保 |
|---|---|---|---|
| 仲裁庭作出的临时措施的效力 | 1. 使用"建议"（recommend）这一弱拘束力的词语。<br>2. 实践认为临时措施与仲裁庭最终裁决具有同等法律拘束力。 | 使用"建议"（recommend）这一弱拘束力的词语 | 使用"命令"（order）这一强拘束力的词语 |
| 仲裁庭作出临时措施的条件 | 未规定 | 1. 急迫性。<br>2. 必要性。<br>3. 比例原则。 | 1. 当事方支付仲裁费用的能力。<br>2. 当事方支付仲裁费用的意愿。<br>3. 当事方支付仲裁费用的影响。<br>4. 各当事方的具体行为（第三方资助将作为仲裁庭考量的重要依据）。 |
| 不遵守临时措施的惩罚 | 未规定 | 未规定 | 1. 不提供费用担保后，立即暂停仲裁程序（suspension）。<br>2. 暂停仲裁程序 90 日后，中止仲裁程序（discontinuance）。 |

  第二，如上表所示，2022 年《ICSID 仲裁规则》第 47 条相比 2006 年《ICSID 仲裁规则》第 39 条在内容上改动较大，进一步明确和细化了仲裁庭作出临时措施的规定。主要体现在以下三个方面：其一，关于仲裁庭作出的临时措施的效力。在修订过程中，有成员国专门要求澄清临时措施的性质及其效力[1]。为此工作组表明了自身的观点：临时措施仅仅是一项建议，虽然之前在实践中存在仲裁庭将"建议"等同于"命令"的情况，但是"建议"的

---

〔1〕 See ICSID, *Proposals for Amendment of the ICSID Rules—Working Paper #1*, 2018, para. 478.

表述是《华盛顿公约》中明确规定的，也仅能通过公约修订程序予以更改。根据公约起草历史，采用"建议"的表述方式有其特殊考量，工作组并不想在此次修订中创建一项新的制度。基于临时措施的实际效能的考量，工作组还专门强调：虽然临时措施不具有强制拘束力，但是仲裁庭可以根据当事方不遵循临时措施的行为得出推论。[1]体现在具体规定上，2022 年《ICSID 仲裁规则》第 47 条第 1 款仍采用"建议"（recommend）这一表述，而第 47 条第 7 款规定"其他司法或权威机构有权决定（order）作出临时措施"，这种措辞的不同表明工作组对"建议"与"决定"二者及其法律效果进行了区分。[2]其二，关于临时措施的种类。第 47 条第 1 款增加了临时措施的具体种类，并进行了非穷尽式列举，其中专门列举了较为典型、实践中使用较为频繁的三种临时措施，即停止侵害、维持现状、保存证据，这有利于更好地指引仲裁庭与当事方参与仲裁实践。其三，关于作出临时措施的条件。相比 2006 年《ICSID 仲裁规则》第 39 条，2022 年《ICSID 仲裁规则》第 47 条第 3 款明确了仲裁庭作出临时措施的条件，该条规定仲裁庭应当考虑所有相关情况（all relevant circumstances），赋予仲裁庭充分的自由裁量权。并且，第 47 条第 3 款专门强调"必要性""紧急性"标准以及比例原则。工作组对此予以说明："实践中，临时措施申请方必须证明必要性与紧迫性"；"部分仲裁庭还要求措施是'合乎比例的'，也被称为'利益平衡'或'便利测试'"。此外，工作组专门解释了并未明确规定"必要性"与"紧迫性"具体内涵的原因，比如"不可挽回的损失"或"重大风险"。工作组认为每个案件案情各异，同时仲裁实践也并未对"必要性"与"紧迫性"的内涵达成一致，因此判断标准是仲裁庭自由裁量权的范围。[3]综上所述，第 47 条第 3 款吸收实践经验，聚焦于作出临时措施的关键考量因素，较好地平衡了仲裁庭自由裁量权与可预期性、决定一致性的关系。

---

〔1〕　See ICSID, *Proposals for Amendment of the ICSID Rules—Working Paper #1*, 2018, para. 490 - 492.

〔2〕　2022 年《ICSID 仲裁规则》第 47 条。

〔3〕　See ICSID, *Proposals for Amendment of the ICSID Rules—Working Paper #1*, 2018, para. 483 - 484.

第三，2022 年《ICSID 仲裁规则》第 53 条规定了费用担保，赋予了仲裁庭要求当事方提供费用担保的权力。[1]第 53 条被设置在 2022 年《ICSID 仲裁规则》第七章"费用"（cost）之下，然而根据从表 3-1 的对比不难看出费用担保的规定与临时措施的规定在结构与内容上都有极高的相似性。这种模式符合实践中将费用担保视为特殊临时措施的做法。在 2006 年《ICSID 仲裁规则》修订草案中，费用担保的规定被放置于"特殊程序"的章节之下，顺序上位于临时措施的规定之后。由于临时措施关乎仲裁费用的特殊性质，所以 2022 年的修订对费用担保在《ICSID 仲裁规则》中的位置进行了调整。在工作报告中，工作组对增加费用担保规定的政策考量进行了如下解释：其一，向申请方要求提供费用担保可以平衡双方当事人的力量。其二，可以缓解投资者与国家之间的权利义务不对等的情况。其三，既然仲裁庭有权在当事方之间分配仲裁费用，那么仲裁庭也有权要求当事方提供费用担保，以保证其作出的费用裁决得到有效执行。其四，费用担保是否会对当事方获得有效索赔的能力产生影响，这将是仲裁庭判断是否作出费用担保的重要标准。其五，考虑到不遵守费用裁决以及第三方资助仲裁的行为日益频繁的现实。

## 三、案例研究

本节选取的案例是 *RSM v. Saint Lucia* 案，[2]这是仲裁庭关于临时措施的代表性案例，该案明晰了仲裁庭作出临时措施的效力、保护范围和条件，并首次作出了"费用担保"（security for cost）这一特殊类型的临时措施的裁判。该案的裁判思路对 2022 年《ICSID 仲裁规则》的修订产生了积极影响。

（一）案情概要

本案申请人 RSM Production Corporation（以下简称 RSM 公司）是一家根据美国德克萨斯州法律成立的公司，被申请人和临时措施申请人为圣卢西亚政府。

基于 RSM 公司与圣卢西亚政府之间的一项协议，RSM 公司获得圣卢西亚一块沿海区域为期 4 年的排他性石油勘探许可证。之后圣卢西亚与周边国家

---

[1] 2022 年《ICSID 仲裁规则》第 53 条。
[2] See *RSM Production Corporation v. Saint Lucia*，ICSID Case No. ARB/12/10, 13 August 2014.

发生领土边界争端，严重影响了 RSM 公司在该区域的勘探工作。2000 年 9 月 8 日，双方修改协议的内容大意为由于边界问题属于不可抗力，迫使圣卢西亚政府无法履行协议项下的义务，双方同意将协议的期限和义务履行期限延长至边界争端解决的时间。2004 年，双方都承认边界问题依然存在，并同意将协议再延长 3 年。

在 2006 年圣卢西亚政府换届以及 2007 年更换首相后，Earl Huntley 先生于 2007 年 11 月 7 日收到了来自圣卢西亚总理办公室的信件。按照 RSM 公司的陈述，这封信件包含一份由圣卢西亚首相签名的协议，该协议内容为将双方之前有关石油勘探的协议再度延长 3 年。Earl Huntley 先生在收到该信件后，并被圣卢西亚政府要求返还该信件，且圣卢西亚政府最终并未将该信件再次发送给 Earl Huntley 先生或者 RSM 公司。同时，双方对于 Earl Huntley 先生是否能被视为 RSM 公司的代表仍存在争议。

RSM 公司认为，按照双方之间协议的内容，其有权于边界争端解决后在商定区域进行石油勘探。RSM 公司向仲裁庭提出申请作出以下裁决：宣布 RSM 公司与圣卢西亚政府之间的协议依然有效，禁止圣卢西亚政府就商定区域与第三方进行磋商或者授予第三方任何勘探权；或者宣布圣卢西亚政府以违约的形式终止协议，并责成圣卢西亚政府向 RSM 公司赔偿因违约而遭受的信赖利益损失。与之相对，圣卢西亚政府请求仲裁庭驳回 RSM 公司的请求，并宣布双方之间的协议失效，圣卢西亚政府对 RSM 公司不承担任何义务。

2014 年 6 月 6 日，圣卢西亚政府向仲裁庭提出临时措施申请，要求 RSM 公司为圣卢西亚政府所花费的巨额仲裁费用提供费用担保。圣卢西亚政府提出费用担保临时措施的理由主要有二：其一，根据《华盛顿公约》第 47 条和《ICSID 仲裁规则》第 39 条，仲裁庭有权要求当事方提供费用担保。其二，尽管之前并不存在 ICSID 仲裁庭作出费用担保的实践，但本案中圣卢西亚政府提出的请求是必要且合理的。关于费用担保的合理性，圣卢西亚政府给出了四点理由：首先，费用担保对保护圣卢西亚政府的程序性权利具有必要性；其次，由于 RSM 公司在其他由该公司发起的 ICSID 程序或非 ICSID 程序中普遍存在不履行付款义务的行为，因此圣卢西亚政府认为 RSM 公司不具备败诉后进行赔偿的意愿或能力；再次，RSM 公司接受了第三方资助以进行仲裁，圣卢西亚政府认为该第三方将不会承担 RSM 公司败诉后可能的赔偿责任；最后，在此阶段决定是否提供费用担保并不会涉及对案件实体部分的审查。

RSM 公司则提出了如下抗辩意见：其一，仲裁庭没有要求当事方提供费用担保的权力，因为费用担保所保护的权利建立在仲裁庭会作出有利于圣卢西亚的费用裁决这一假设性前提之上，这一权利是虚构的、具有偶然性的，不构成《华盛顿公约》第 47 条和《ICSID 仲裁规则》第 39 条所规定的"有待保护的权利"。其二，即使仲裁庭认为自身具有要求当事方提供费用担保的权力，本案也并不满足作出临时措施所需的特殊情况的条件。RSM 公司承认自身财政资源有限，但是它具有履行可能作出的费用裁决的意愿。申请人财政困难的情况在 ICSID 仲裁中十分普遍，有时甚至是申请人启动仲裁程序的原因。其三，如果在索赔之前就要求申请人提供费用担保，这种行为违反了《华盛顿公约》解决投资者与国家之间争端的目的和宗旨。其四，圣卢西亚政府援引的其他案件与本案无关，也无法证明 RSM 公司会采取任何可能影响本案裁决执行的行为，因此无法通过先前的案件证明作出临时措施所需的急迫性。其五，圣卢西亚政府并未对 RSM 公司提出的实体请求（关于《区域勘探协定》）进行回应或表明立场，在这种情况下请求作出临时措施，将使仲裁庭难以全面公允地作出决定。其六，圣卢西亚政府指责 RSM 公司接受第三方资助，事实上圣卢西亚政府也接受了第三方资助，因此圣卢西亚政府并不会因为第三方资助的存在而处于劣势地位。

（二）仲裁庭意见

根据双方立场，在进行实体问题审理之前，仲裁庭以程序令的形式对当事人有关临时措施的请求作出了决定，最终支持了圣卢西亚政府提出的仲裁费用担保的临时措施申请。在该程序令中，仲裁庭围绕以下三个问题展开论述：①仲裁庭作出临时措施的权限；②作出费用担保临时措施的具体条件；③作出临时措施所需的"特殊情况"。值得注意的是，仲裁庭在本案中还就第三方资助仲裁对作出临时措施的影响做了论述。

1. 仲裁庭作出临时措施的权限

仲裁庭认为《华盛顿公约》第 47 条和《ICSID 仲裁规则》第 39 条是仲裁庭有权作出临时措施的法律依据。《华盛顿公约》第 47 条规定，除双方另有协议外，仲裁庭如果认为情况需要，得建议采取任何临时措施，以维护任何一方的权利。《ICSID 仲裁规则》第 39 条第 1 款规定，在仲裁程序启动后的任何时间，一方得申请由仲裁庭建议采取临时措施，以保护自身权利。通过援引和解释《华盛顿公约》第 47 条与《ICSID 仲裁规则》第 39 条，仲裁庭认为：仲裁庭毫无疑问拥有"命令"作出临时措施的权限，然而正如其他仲裁庭一贯强调的，只有特殊情况下才能作出临时措施。

仲裁庭首先专门论证了条约文本中"建议"（recommend）的含义。仲裁庭援引 *Maffezini v. Spain* 案[1]，认为 ICSID 仲裁庭已经通过论证得出临时措施决定具有拘束力的结论，因而"建议"与"命令"具有同等内涵。同时，仲裁庭还强调"建议"与"命令"之间的联系仅是理论问题，而非实践问题。尽管之前仲裁庭的实践明确了作出的临时措施具有拘束力，临时措施仍不具有《华盛顿公约》第 54 条规定的仲裁裁决的"可执行力"（be enforceable）。因此，无论仲裁庭"建议"或者"命令"采取临时措施，都与临时措施本身的形式和效力无关。此外仲裁庭强调，仲裁庭可以从当事方不遵守临时措施的情况中得出对其不利的推论。

仲裁庭随后聚焦于圣卢西亚政府申请的"费用担保"这一具体的临时措施。仲裁庭认为，《华盛顿公约》第 47 条和《ICSID 仲裁规则》第 39 条皆未专门规定临时措施的类型，也未明确授权费用担保是否在仲裁庭作出临时措施的权限之内。同时仲裁庭注意到，只要存在特殊情况，要求提供费用担保的措施便可在 ICSID 仲裁庭的权限范围内。仲裁庭在以往的案例中不存在作出费用担保的实践，是因为之前案件都未证成其所需的特殊情况。基于以上原因，仲裁庭认为可以基于《华盛顿公约》第 47 条和《ICSID 仲裁规则》第 39 条要求当事方提供费用担保。虽然有关条文并未明确规定费用担保，但也没有排除仲裁庭作出这类临时措施的权限。事实上，有关条文规定临时措施所使用的术语是十分宽泛的。《华盛顿公约》第 47 条和《ICSID 仲裁规则》第 39 条授予仲裁庭在特殊情况下，谨慎平衡双方利益后作出"任何临时措施"（any provisional measures）的权力。仲裁庭还类比《LCIA 仲裁规则》，认

---

[1] See *Emilio Agustín Maffezini v. Kingdom of Spain*, ICSID Case No. ARB/97/7, 25 January 2000.

为采用这种宽泛的术语并未解决具体临时措施的问题，而仅是赋予仲裁庭根据个案酌情判断是否决定采取临时措施的充分自由裁量权。

此外，仲裁庭援引《华盛顿公约》起草历史，认为 1965 年公约修订时缺乏有关临时措施的实践，所以相关条文并没有规定包括费用担保在内的具体临时措施类型。其后，仲裁庭又从公约的修订模式出发解释了为何后续《华盛顿公约》与《ICSID 仲裁规则》未对有关临时措施的条文进行更新。仲裁庭认为对其他仲裁机构而言，规则制定者认为对仲裁规则进行审查和现代化是十分重要的，然而 ICSID 却没有类似的机制，这意味着对《华盛顿公约》和《ICSID 仲裁规则》进行修订十分困难。因此，虽然在 1965 年后并未进行有关临时措施类型的修订，这并非意味着起草者意图排除费用担保作为临时措施的类型。最后，仲裁庭认为在合适的情况下要求当事方提供费用担保，并未违反公约促进投资者和国家之间解决争端的首要目的。

根据以上论证，仲裁庭认为自身有权作出临时措施，也有权要求当事方提供费用担保。

2. 仲裁庭要求费用担保的具体条件

仲裁庭认为，根据《华盛顿公约》和《ICSID 仲裁规则》规定，仲裁庭作出的临时措施应当满足以下三项条件：其一，存在需要进行保护的权利；其二，存在情况证明临时措施是急迫的，也是避免对当事人造成不可弥补的损害所必须的；其三，作出临时措施的仲裁庭不得根据案情提前审理争端。仲裁庭归纳了圣卢西亚政府提出的临时措施诉求的理由：①根据案情圣卢西亚政府将会胜诉；②仲裁庭将会批准 RSM 公司偿还仲裁费用。仲裁庭将圣卢西亚政府的诉求定性为与争议主题无关的程序性权利，同时也是只有满足上述两个条件才会成立的假设性权利，仲裁庭针对程序性权利和附条件权利进行了论述。

第一，关于临时措施是否保护程序性权利的问题。仲裁庭援引 *Maffezini v. Spain* 案仲裁庭有关临时措施只保护"与争议有关的权利"的论述，同时还列举了多个其他案件，这些案件的仲裁庭都认为包括仲裁费用补偿在内的程序性权利也在临时措施的保护范围之内。仲裁庭最终得出其有权作出临时措施以保护仲裁程序的完整性的结论。仲裁庭认为，仲裁费用虽然取决于仲裁庭的自由裁量权以及基于案件事实作出的最终裁决，但仍然是仲裁程序的一部分，其完整性应当得到《华盛顿公约》第 47 条和《ICSID 仲裁规则》第 39 条的保护。接着仲裁庭援引了 *Plama v. Bulgaria* 案仲裁庭的论述，"（《华盛顿公约》第 47 条和《ICSID 仲裁规则》第 39 条）保护的权利，必须与申请方促使自身的诉求得到仲裁庭公正审理和裁决的能力有关，也必须是为了确保申请人的救济请求能够被有效执行。"[1]仲裁庭认为圣卢西亚政府补偿仲裁费用的请求是其辩护的一部分。RSM 公司要求的救济是命令圣卢西亚政府执行双方之间的协议，圣卢西亚政府则要求驳回申请，并且反过来要求 RSM 公司偿付其辩护所需的费用。仲裁庭得出结论，在满足相应要求的情况下，圣卢西亚政府要求偿还费用的程序性权利与它所要求的救济直接相关。

仲裁庭再次申明，临时措施的主要目标是保护仲裁程序的完整性。这种完整性既包括实质性权利，也包括程序性权利，如证据保全。在有利裁决的情况下，申请费用补偿的请求构成程序性权利。仲裁庭因此认为，必须有一个有效的机制用以保护该权利，以使该权利的存在具有意义。仲裁庭还援引了 *Burlington v. Ecuador* 案中的类似观点，即"临时措施所保护的权利并不限于构成争议主体的权利或者被申请人提出的实体权利，也可能扩展至程序性权利，比如维持现状和使争端不恶化的一般性权利。"[2]综上所述，仲裁庭最终得出结论，临时措施所保护的权利在权利性质上不存在限制，圣卢西亚政府提出的程序性权利，即仲裁费用得到补偿的权利，是其辩护的一部分因而与其救济请求存在联系，故不能被定义为 *Maffezini* 案仲裁庭认为的与案件争议无关的权利。

第二，关于临时措施是否保护附条件权利的问题。仲裁庭一开始就对该问题表明了立场，认为临时措施所保护的权利在提出请求时不一定已经存在，未来的或附条件的权利也属于"有待保护的权利"，比如可能提出的补偿仲裁费用的权利。有关权利的假设性是临时措施制度固有的特点。然而，鉴于禁

〔1〕 See *Plama Consortium Limited v. Republic of Bulgaria*，ICSID Case No. ARB/03/24，6 September 2005，para. 40.

〔2〕 See *Burlington Resources，Inc. v. Republic of Ecuador*，ICSID Case No. ARB/08/5，18 January 2005，para. 7.

止在预审阶段对案件实体提前进行审理的规定，仲裁庭对有关权利的附条件性特征应当予以考量。仲裁庭认为，只要临时措施决定不越过确定的裁决的边界，被保护的权利在作出临时措施时就不必确定存在。因此，要求补偿仲裁费用的附条件权利符合《华盛顿公约》第 47 条和《ICSID 仲裁规则》第 39 条第 1 款的定义，是一项应当被临时措施保护的权利。

关于申请临时措施的一方是否需要就相关案情作出说明，仲裁庭认为该问题无需由仲裁庭决定。圣卢西亚政府已经在 2014 年 6 月 6 日的答辩状中详细阐述了自身申请费用担保的原因。因此，在不对案情进行任何预判的前提下，仲裁庭认为圣卢西亚政府的立场是可信的。

第三，关于仲裁庭作出临时措施所需"特殊情况"的问题。根据《华盛顿公约》第 47 条和《ICSID 仲裁规则》第 39 条，只有存在特殊情况仲裁庭才有权作出临时措施，即只有存在特殊情况才有权要求当事方提供费用担保。仲裁庭根据 ICSID 仲裁庭的判例，认为《ICSID 仲裁规则》第 39 条第 1 款有两点要求：①采取措施以保护特定权利的必要性；②无法等到最终裁决予以救济的急迫性。仲裁庭结合当事人已经提交的初步材料，对以上两点要求进行了论证。

仲裁庭分析了 RSM 公司在先前所涉 ICSID 案件中的表现，得出其存在不诚信行为的结论。仲裁庭援引了 2011 年发布的 *RSM and others v. Grenada* 案仲裁中止程序中相关事实和论述。[1]在该案中，RSM 公司在履行其预付款义务时故意拖延时间。此外，RSM 公司最终也没有支付 300 000 美元的额外要求，甚至也没有支付曾表示准备支付的 100 000 美元。对以上行为，RSM 公司最终也未作出解释。因此 ICSID 特设撤裁委员会决定暂停程序。RSM 公司除了拒绝履行支付预付款的常规义务外，撤裁委员会还发现其甚至无法支付中止程序所产生的实际费用，最终格林纳达代为支付了中止程序产生的费用。撤裁委员会要求 RSM 公司补偿格林纳达预先支付的费用，然而 RSM 公司没有履行该义务。在 RSM 公司没有足够资产的情况下，美国科罗拉多地区法院强制

[1] *Rachel S. Grynberg, Stephen M. Grynberg, Miriam Z. Grynberg and RSM Production Corporation v. Grenada*, ICSID Case No. ARB/10/6, 29 April 2011.

执行了 RSM 公司股东的资产，该股东也是基于条约的仲裁申请人。根据 RSM 公司在之前仲裁程序中的行为，仲裁庭认为 RSM 公司不愿或不能支付所要求的预付款。在情况未发生重大变化的情况下，本案中无论是 RSM 公司不愿意或是没有能力履行其付款义务，都会导致存在着 RSM 公司不向圣卢西亚政府补偿其费用的重大风险。仲裁庭还指出，先前案件仲裁庭拒绝作出费用担保决定的原因在于缺乏证明 RSM 公司财务状况的证据，但本案的情况与之前的案件不同，RSM 公司在之前的 ICSID 程序和非 ICSID 程序中的行为足以证明其财务状况之糟糕。

RSM 公司接受第三方资助的事实进一步加剧了仲裁庭的担忧。仲裁庭认为，在没有提供担保或者保证的情况下，第三方是否会执行支付仲裁费用的裁决是值得怀疑的。这种不确定性导致圣卢西亚政府获得支出的仲裁费用的补偿存在风险，而让圣卢西亚政府承担这种风险是不公平的。

基于上述事实，仲裁庭认为有必要命令 RSM 公司在后续仲裁程序进行之前提供费用担保。鉴于 RSM 公司在其所涉的先前仲裁案件中尚未支付对方当事人相应的费用，仲裁庭认为等到作出最终裁决时再处理圣卢西亚政府支出的仲裁费用问题是不合理的。仲裁庭还进一步说明，本案与以往 ICSID 仲裁拒绝作出费用担保的案例的不同之处在于，之前的实践或程序为证成特殊情况提供了证据。简而言之，这些历史材料已经证明 RSM 公司缺乏支付费用的意愿或能力。另外，RSM 公司承认自身不具有足够的财政资源，也承认接受第三方资助的事实。因此，仲裁庭有理由相信，在最终裁决有利于圣卢西亚政府的情况下，存在 RSM 公司不遵守费用裁决的风险。

综上所述，仲裁庭在谨慎权衡圣卢西亚政府的利益和 RSM 公司诉诸法律的权利后，确信本案所述情况构成《华盛顿公约》和《ICSID 仲裁规则》所要求的充分理由和特殊情况，可以命令 RSM 公司提供费用担保。

（三）案例评析

*RSM v. Saint Lucia* 案从临时措施的效力、临时措施保护权利的范围、作出临时措施的条件等角度系统地论述了 ICSID 仲裁庭作出临时措施的权限。与先前 *Maffezini v. Spain* 等案件强调临时措施的种类等形式考量不同，*RSM v. Saint Lucia* 案中仲裁庭强调对临时措施所保护的权利进行实质性考量，这是对

《华盛顿公约》第 47 条更恰当的解释。

就作出的临时措施的效力而言，仲裁庭主流观点认为临时措施对当事方具有拘束力，论证依据主要为 1997 年 *Maffezini* 案确立的"命令说"以及 1998 年 *Pey Casado v. Chile* 案[1]确立的"职能说"。*RSM v. Saint Lucia* 案将"命令说"进行了发展。与 *Maffezini v. Spain* 案直接将临时措施与仲裁裁决等同的激进做法不同，*RSM* 案仲裁庭明确临时措施虽然具有拘束力，但并不具有《华盛顿公约》第 54 条下的裁决的"可执行力"（be enforceable）。此外，*RSM v. Saint Lucia* 案更加强调临时措施的实际效果——如果不遵守临时措施可能导致仲裁庭对该当事方产生不利推论，这一定程度上回应了学界与实务界的批评。从效果来看，*RSM v. Saint Lucia* 案务实的态度更能满足实践的需求：与其论证临时措施法律层面的效力，不如强调不遵守临时措施对后续程序的负面实际影响。

就临时措施保护的权利范围来看，《华盛顿公约》第 47 条赋予了仲裁庭作出临时措施的权力："仲裁庭如果认为情况需要，得建议采取任何临时措施，以维护任何一方的权利。"由此条可知，临时措施的目的在于保护当事方的权利。然而条文并未明确权利的种类、范围与属性，使得不同仲裁庭对于临时措施所保护权利的范围理解各异，这导致存在对仲裁庭作出临时措施权限的不同解释。在 *RSM v. Saint Lucia* 案中，有关仲裁庭权限的分歧具体表现为，仲裁庭是否有权建议采取"费用担保"这种功能、性质具有特殊性，旨在保护附条件权利和程序性权利的临时措施。*RSM v. Saint Lucia* 案仲裁庭将未来的附条件权利也纳入临时措施的保护范围，认为只要临时措施决定不越过确定的判决边界，被保护的权利在作出临时措施时就不必确定存在。这种扩大范围以更充分维护当事方权利的做法更为符合《华盛顿公约》和平解决投资者与国家之间争端的宗旨。

就仲裁庭作出临时措施的条件而言，《华盛顿公约》第 47 条仅概括规定，"仲裁庭如果认为情况需要，得建议采取任何临时措施"，并未规定仲裁庭作出

---

　　[1]　See *Víctor Pey Casado and President Allende Foundation v. Republic of Chile*，ICSID Case No. ARB/98/2，8 January 2020.

临时措施应当满足的具体条件，赋予仲裁庭充足的自由裁量权。在实践中，IC-SID 仲裁庭总结了五项必须满足的条件：①仲裁庭必须具有初步（prima facie）管辖权；②临时措施必须旨在保护有待保护的权利；③临时措施必须具有急迫性；④临时措施必须具有必要性；⑤临时措施应当符合比例原则。[1]第①项条件所要求的初步管辖权，通过对投资者母国与东道国 BIT 以及 ICSID 案件中心的立案登记信息进行形式考察便足以明确，此外许多临时措施是在被申请人提出管辖权异议的情况下进行审查的。第②、⑤项条件需要结合具体案情分析，因此，仲裁庭的论证重点多集中于第③、④项条件所要求的急迫性与必要性上。虽然对于临时措施需要满足"急迫性"和"必要性"条件仲裁庭基本达成共识，然而不同仲裁庭对于二者具体内涵的理解也不尽相同。

另外值得注意的是，投资仲裁大多案情复杂，尽管如上文而言仲裁庭明确了作出临时措施的五项条件，并且凸显了急迫性与必要性的重要地位，但在实践中仲裁庭并非按部就班逐项分析这些条件，而是依据案情综合考量，有学者将仲裁庭的这一思考模式描述为"全面思考"（in the round）。[2]*RSM v. Saint Lucia* 案仲裁庭在讨论附条件的权利的基础上，认为存在损害未来权利的重大风险便符合必要性条件，在此过程中，RSM 公司在过往程序中的不诚信行为成为仲裁庭论证的重要依据。相比于"不可挽回的损害"，上述标准更为宽松，同时更加强调临时措施的"临时性特征"——使保护当事方权利免受可能遭受的损害，更加契合《华盛顿公约》第 47 条的宗旨。就急迫性而言，*RSM v. Saint Lucia* 案仲裁庭通过论证圣卢西亚政府所请求的费用担保与仲裁程序的完整性密切相关，从而证明了临时措施的急迫性。

从 2022 年《ICSID 仲裁规则》的修订可以看出，*RSM v. Saint Lucia* 案的裁判思路在很大程度上得到了认可，其论证思路在这次仲裁规则的修订中有所体现。

---

〔1〕　参见崔起凡：《国际投资仲裁中的临时措施研究——兼论"一带一路"背景下的中国对策》，载《国际商务研究》2019 年第 1 期；Also See Anthony C. Sinclair and Odysseas G. Repousis，"An Overview of Provisional Measures in ICSID Proceedings"，32 *ICSID Review*，2017，p. 435.

〔2〕　See Sam Luttrell，"ICSID provisional measures ' in the round ' "，31 *Arbitration International* 2015，p. 393.

**思考题**

1. ICSID 仲裁程序与非 ICSID 仲裁程序的区别。

2. 为什么在投资仲裁中有透明度要求?

3. 仲裁庭采用分步仲裁的考量因素有哪些?

4. 仲裁庭发布临时措施的权限以及临时措施的效力问题。

# 第四章

# 与投资仲裁程序有关的几个特殊问题

国际投资仲裁程序原则上是投资者与东道国在仲裁庭的主持下参与仲裁的过程，但是由于投资仲裁一般具有标的额巨大、利益相关方复杂以及影响范围广泛等特征，这导致仲裁程序可能"节外生枝"。比如，投资者为了获得赔偿，可能提起不止一个仲裁程序，这就导致平行程序的问题；投资者为了充分利用其母国与东道国签订的投资条约，可能将基于投资合同提起的仲裁程序升级为基于投资条约的仲裁程序；东道国为了维护其环境、人权等事项，可能试图提起仲裁反请求，要求投资者承担相应的环境、人权和社会责任；投资仲裁程序耗时长、费用昂贵的特点使得法律资本找到逐利的机会，从而引发了第三方资助仲裁，并产生了相关问题。本章将对上述特殊问题进行分析与探讨。

## 第一节　平行程序问题

### 一、概述

平行程序是国际投资争端解决过程中的常见问题之一。由于国际投资协定通常为投资者与东道国之间的争端提供了多种争议解决途径，在争议发生后，投资者可以根据自身需求先后或同时启动多个不同的争议解决方式，每个救济程序之间互相独立，进而引发了平行程序问题。平行程序（parallel proceedings）最早可追溯到罗马法时期。平行诉讼（parallel litigations）和平行仲裁（parallel arbitrations）具有关联性但并非同义词。平行诉讼主要是指法院与法院间管辖的平行问题，平行仲裁则强调仲裁机构与仲裁机构间管辖的平行问题。但如果当事人分别向仲裁机构和法院提起争议解决请求，由于仲裁庭与法院之间并不存在平行管辖权，此时既不符合平行仲裁的情形，也不符合平行诉讼的情形，"平行程序"一词应运而生。

目前学界对平行程序的概念尚无定论，"并行程序""关联程序""平行程序""多重程序"等有关概念的使用处于混乱状态，在内涵和外延上广泛存在不一致甚至相互矛盾的情况，且目前仍然没有出现统一的趋势。有关国际组织也并未对平行程序的概念进行统一，在 OECD《完善投资者与国家间争端解决机制》的文件中，OECD 区分了"平行程序"与"多重程序"，阿根廷经济危机引发的针对阿根廷的仲裁程序就被归在"多重程序"中。UNCITRAL 在处理相关问题时也没有固定使用某一概念，在早期多使用"平行程序"，后又使用外延更广的"多重程序"。本书采纳的概念是，国际投资争端解决的平行程序是指在国际投资争端解决中，相同或实质相同的投资者基于相同事实或者法律问题引发的争端，针对同一东道国先后或同时提起的两个或两个以上争端解决程序，或者不同投资者基于相同事实或者法律问题依据相同诉因针对同一东道国在同一投资争端解决机构提起的两个或两个以上争端解决程序。

就平行程序的表现形式而言，大致可以分为国内救济程序与国际仲裁程序并行，以及不同国际仲裁程序之间的并行。导致平行程序的原因是多样的，就国内救济程序与国际仲裁程序并行而言，主要是因为投资者同时或先后基于同一投资合同和投资条约提起索赔，从而引发平行程序。另外，"保护伞条款"的纳入也可能导致平行程序的发生，基于保护伞条款，投资者有可能将基于投资合同而产生的争议上升为基于投资条约的争议，从而诉诸国际投资仲裁程序。就国际仲裁程序之间的并行而言，导致这种情形的主要原因是投资和投资者范围的扩张。目前在大量的双边投资条约中，投资的概念包括了投资者直接或间接所有或控制的各类资产。投资概念的极大扩张使得有权利提起仲裁请求的投资者范围也随之扩张。由于法人及其股东往往具有不同的国籍，而不同的国家之间又形成了相互交叉的投资条约网络，所以国际投资争端发生后，投资者可以分别以自然人股东和投资实体，即法人的不同申请人身份诉诸争端解决机制。

平行程序实质上是不同争议解决机构之间管辖权的冲突或重叠，这种冲突使争议解决缺乏可预见性，最终损害裁决结果的一致性。正如 UNCITRAL 在 2018 年发布的报告中所称，多重程序并非绝对不可容忍，不同国际投资仲裁庭裁决的实质不一致才是其中最核心的问题。当对同样的投资条约标准或者同样的习惯国际法规则作出不同解释，而这种解释又没有合理理由时，不一致性以及由此导致的缺乏可预测性才更是问题。平行程序还可能导致东道国争议解决成本的增加，因为针对其同一措施，东道国需要应对不同的争议解决程序。此外，平行程序产生的不同裁判结果，也将给裁决的执行带来困难。基于此，国际社会也在积极寻求解决平行程序问题的方案。

### 二、投资条约中的协调机制

#### （一）岔路口条款

岔路口条款（Fork-in-the-Road Clauses）是指投资者在与东道国发生争端时，有权选择东道国国内救济（国内行政或司法途径）或是国际救济，一旦选择就具有终局性。岔路口条款的初衷是避免争端被重复提交给国内法院和国际仲裁。但是在早期国际投资仲裁实践中，仲裁庭通常有严格解释岔路口条款以扩大自身管辖权的倾向。比如在 *Alex v. Estonia* 案中，ICSID 仲裁庭就是严格以所谓的"三重相同"为标准对岔路口条款进行解释。该案仲裁庭未支持爱沙尼亚政府以岔路口条款为依据提出的管辖权异议，其理由主要是：其一，两个程序的当事方不同；其二，"争端"不同，"投资争端"并非爱沙尼亚政府所述的国内法院程序中要解决的问题。但该严格解释引起了较为广泛的争议，因为这使得岔路口条款基本形同虚设。然而这种严格解释并非个例，在 *Azurix v. Argentina* 案中，仲裁庭认为中央政府与地方政府不能被视为同一当事人，故不能依据岔路口条款否定仲裁庭的管辖权；在 *Occidental Petroleum v. Ecuador* 案中，仲裁庭认为基于特许协议提出的请求与基于 BIT 提出的

"投资争端"性质不同，因此不应当适用岔路口条款。但该案之后越来越多的仲裁庭开始质疑"三重相同"标准的合理性，并尝试进行突破。比如，仲裁庭对"同一争端"的解释从形式主义到实质主义的转变。在 *Chevron v. Ecuador* 案中，尽管仲裁庭最终并未支持被申请人依据岔路口条款提出的异议，但它承认，在国际投资仲裁中提出的仲裁请求与国内法院诉讼相比不可能满足"三重相同"的要求，因为在东道国国内诉讼中，投资者通常不能直接以国家违反国际条约对国家提起诉讼。后来 *Pantechniki v. Albania* 案又提出了"根本依据"（fundamental basis of claim）的标准，该标准在 2014 年作出裁决的 *H & H v. Egypt* 案中得到了适用。

尽管仲裁实践趋向于对"三重相同"标准进行实质性解释，以防止设置岔路口条款的立法目的落空，但这种探求实质性标准的解释方法给予仲裁庭较大的自由裁量权，从而在一定程度上有损法律的可预见性。有鉴于此，实践中又引入了非对称性岔路口条款，这主要以美国、墨西哥和加拿大签订的 USMCA 为代表。该协定在附件 3 中规定了非对称性岔路口条款，即如果美国投资人或相关企业分别在墨西哥法院或者相关法庭因墨西哥违反 USMCA 下的义务提起诉讼请求，那么美国投资者将不能向国际仲裁庭提起仲裁。但 USMCA 并未对墨西哥投资者在美国的投资作出类似的规定，因此这种规定被视为非对称性的岔路口条款。

（二）弃权条款

弃权条款又被称为"不得回转"或"禁止掉头"（No U-Turn）条款，指投资者在决定提起国际投资仲裁请求时，需明示放弃在其他争端解决机构进行救济的权利。设计该条款的主要目的是鼓励投资者在诉诸国际投资仲裁之前，在东道国国内法体系内寻求可能的救济。相对岔路口条款，弃权条款赋予了投资者更大的选择空间以及考虑余地，即投资者在将争议提交东道国法庭或行政机构解决后，在这些争端解决机构作出最终决定之前，投资者仍然有权选择提起国际投资仲裁，其前提是放弃继续寻求东道国国内争端解决机制的救济。弃权条款主要禁止的是在选择国际仲裁后，又返回寻求东道国国内救济的行为，但对于那些先在国内法院起诉，后再申请国际仲裁的平行程序没有制止作用。不过相比较国内救济，投资者本身倾向于选择更为中立的国际仲裁解决投资争端，故在很大程度上有利于避免平行程序的发生。NAF-TA 第 1121 条就体现了弃权条款，该条规定了在投资者和企业同意按照协定程序仲裁的情况下，投资者可以依据协定内容将争端提交仲裁，且如果所涉争端是当事方的措施违反了协定相关规定所致，投资者需放弃依争端当事方法律在行政法庭、法院或其他争端解决程序中提起诉讼的权利。此外，本条规定的投资者不限于狭义的投资者本人，还包括其间接或直接控制或拥有的企业，这有利于不同主体情况下的平行程序认定。近年来，我国签订的 BIT 中也采纳了弃权条款，如《中国-坦桑尼亚 BIT》第 13 条第 3 款规定"若投资者已将争议提交缔约另一方有管辖权的法院或国际仲裁，对上述四种程序之一的选择应是终局的"，在《中国-刚果 BIT》第 12 条《中国-乌兹别克斯坦 BIT》第 12 条和《中国-利比亚 BIT》第 9 条也都规定了类似条款，进而避免投资者在提请仲裁后重新返回东道国寻求救济。

（三）程序合并

程序合并是程序意义上的概念，是指将两个或以上的申请合并成单一程序，由这个单一程序审查所有争端当事方的争端，通常适用于程序间具有高度关联的情形，需要得到所有当事方的同意。程序合并通常出现在商事仲裁中，在国际投资仲裁中仍然属于新兴概念，就仲裁规则而言，目前在《华盛顿公约》《ICSID 附加便利规则》和《UNCITRAL 仲裁规则》中尚无相关规定。但有部分国际协定对仲裁规则进行了规定，如 CETA 就在规定弃权条款的同时，又在第 8.24 款"不同国际协定下的程序"中专门针对投资仲裁与另一可能的国际司法机构之间的多重程序作出调整，具体规定为：若同时根据本章及其他国际协定提出诉请，并且存在重复赔偿的可能，或另一国际诉请可能对依据本章提出的诉请的解决产生显著影响，则本章仲裁庭应在听取争端当事方意见后立即中止本程序，或以其他方式确保根据其他协定进行的程序在仲裁庭的决定或裁决中得到考虑。

再如，2012 U. S. Model BIT 中也规定了程序合并条款，其第 33 条第 1 款规定"若根据第 24 条第 1 款提交了两份或以上仲裁申请，如果申请具有共同的法律或事实问题，并且是由相同的事件或情况引起的，任何争议方均可根据第 33 条第 2 款到第 10 款的规定寻求程序合并"，在美国签订的《美国-乌拉圭 BIT》第 33 条和《美国-卢旺达 BIT》第 33 条也都规定了与模板一致的程序合并条款。

## 三、案例研究

本节选取的 *Pantechniki v. Albania* 案是有关平行程序的经典案例，本案中仲裁庭放松了对"三重相同"标准的固守，在认定东道国国内起诉的争端与要求国际仲裁机构仲裁的争端是否一致时采纳了更加宽松、更注重实质的判断标准，着眼于争端事实上是否一致，体现出认定岔路口条款方式的转变，具有重要意义。

（一）案情概要

本案申请人是 Pantechniki S. A. Contractors & Engineers（以下简称 Pantechniki），本案最初的承包商是 C. I. Sarantopoulos S. A. 公司（以下简称 Sarantopoulos），是一家在雅典证券交易所上市的希腊公司，该公司在 2002 年被 Pantechniki 合并。被申请人是阿尔巴尼亚共和国。

1994 年，在阿尔巴尼亚的桥梁和铁路工程进行国际招标后，Sarantopoulos 中标，其遂与阿尔巴尼亚铁路总局签订了两份合同，合同约定由阿尔巴尼亚铁路总局（Albania Government's General Road Directorate）承担因内乱造成的损失的风险。1997 年 3 月，在庞氏骗局的影响下，阿尔巴尼亚发生严重内乱，Sarantopoulos 承包的道路施工现场被武装团体占领并洗劫一空，加之工地地处偏远，距离最近的派出所较远，工地现场的私人保安人员也难以阻拦，公力救济与私力救济皆受到限制，工地的设备大都被盗走，无法盗走的设备也被毁坏。

1997 年 5 月 29 日，Sarantopoulos 要求铁路总局赔偿 4 893 623.93 美元的损失。1997 年 10 月 1 日，世界银行指定的驻地工程师（在其合同职责范围内）对 Sarantopoulos 的损失评估为 3 123 199 美元，外加约 1.07 亿阿尔巴尼亚列克。阿尔巴尼亚铁路总局因此专门成立了一个特别委员会，该委员会对承包商的损失估价为 1 821 796 美元，外加约 2600 万列克。承包商出于维持双方良好关系的考量，接受了这一赔偿数额。1999 年 2 月 3 日，阿尔巴尼亚铁路总局对其主管领导公共工程部长（The Minister of Public Works）发去信函汇报具体赔偿方案并抄送 Sarantopoulos。1999 年 4 月 26 日，公共工程部长去信财政部长（The Minister of Finance），要求支付该委员会确定的数额，去信并未抄送 Sarantopoulos。Sarantopoulos 认为两次去信相当于就 Sarantopoulos 的赔偿要求和特别委员会计算的数额构成了和解协议，但阿尔巴尼亚持反对意见。1999 年 5 月 11 日，财政部长去信 Sarantopoulos，以根据现行法律，财政部不能履行其他部长或机构因合同关系而承担的义务为理由拒绝付款。

2001 年 5 月，Sarantopoulos 在阿尔巴尼亚法院对公共工程部提起诉讼。Sarantopoulos 主张提起诉讼是财政部长口头建议的做法，有利于财政部批准赔偿，此举无意挑起已经解决的争端。2002 年 Pantechniki 合并了 Sarantopoulos。2006 年 7 月 4 日，地拉那地区法院驳回了此前 Sarantopoulos 的诉求。Sarantopoulos 上诉后，地拉那上诉法院认为，根据阿尔巴尼亚法律，双方的合同条款因为意在创设无过错责任而无效。随后，Sarantopoulos 向最高法院提出了上诉，但认为争端难以得到公平解决，最终选择了放弃。

2007 年 8 月 1 日，Pantechniki 依据 1991 年《阿尔巴尼亚-希腊 BIT》向 ICSID 提出了仲裁申请，认为阿尔巴尼亚铁路总局没有提供充分的保护和安全，存在司法不公，有违 FET，没有履行赔偿义务，要求阿尔巴尼亚政府赔偿。2007 年 11 月 28 日，ICSID 通知双方，并根据双方的联合指示任命了独任仲裁员。

（二）争议焦点

本案有关平行程序的争议焦点在于 Pantechniki 能否向 ICSID 申请仲裁，因为合同中约定了岔路口条款，在 Sarantopoulos 此前已经选择向阿尔巴尼亚法院提起诉讼的情况下，作为其继受人的 Pantechniki 能否继续向 ICSID 申请仲裁。

（三）仲裁庭意见及裁决

在本案中，Sarantopoulos 先依据合同在阿尔巴尼亚国内法院提起了诉讼，其继受人 Pantechniki 后又向 ICSID 提起投资仲裁。阿尔巴尼亚一方认为，根据《华盛顿公约》第 26 条规定和《阿尔巴尼亚-希腊 BIT》第 10 条第 2 款"缔约一方与缔约另一方投资者之间就在缔约前者一方领土内产生的与投资有关的任何法律争议，如果应尽可能由争议双方当事人通过协商友好解决，如果争端不能在任何一方要求友好解决之日起六个月内解决，缔约一方或投资者可将争端提交缔约一方的主管法院或国际仲裁庭"的规定，即岔路口条款规定，在 Pantechniki 已在国内起诉的情形下，该案不能再被提交仲裁。对此，Pantechniki 辩称此案不应适用 BIT 第 10 条第 2 款。Pantechniki 认为，Pantechniki 在阿尔巴尼亚法院提起诉讼不是《阿尔巴尼亚-希腊 BIT》第 10 条第 2 款意义上的选择，Pantechniki 提交国内法院起诉的意思表示受到了财政部长的影响而无效。财政部长在往来信函中提及根据现行法律，财政部不能承担其他机构因合同关系而承担的付款义务，但口头建议如果采取诉讼途径，有利于财政部批准赔偿。Pantechniki 接受了财政部长的口头建议，认为诉讼只是一种形式上获得赔偿的手段，起诉后将会获得积极的诉讼结果。Pantechniki 认为其不具有通过诉讼解决纠纷的意思表示，只是希望借助诉讼获得财政部的赔偿，因此不应认为其选择了向阿尔巴尼亚法院起诉这一争端解决机制。

另外，Pantechniki 主张其向阿尔巴尼亚法院提交的争端和 ICSID 的争端不是同一争端。Pantechniki 认为其向阿尔巴尼亚法院提交的诉讼请求是基于 Pantechniki 与阿尔巴尼亚铁路总局签订的工程建设合同，合同约定由铁路总局承担因内乱造成的损失的风险，Pantechniki 作为承包商以工程建设合同为依据，要求铁路总局承担赔偿责任。而 Pantechniki 向 ICSID 提起的仲裁请求则是基于《阿尔巴尼亚-希腊 BIT》，Pantechniki 认为阿尔巴尼亚一方不仅违反了协定下的充分保护与安全条款，同时存在司法不公现象，违反了协定下的 FET 条款，是依据国际条约提起的诉讼，因此依据合同提出的诉讼请求与依据条约提出的仲裁请求具有本质不同。

针对 Pantechniki 提交国内法院的决定是受财政部长影响的主张，仲裁庭认为 Pantechniki 的证据并不可信。作为具有商业经验的商人，Pantechniki 应当知晓财政部长的行为是在躲避 Pantechniki 的请求，而非作出承诺。Pantechniki 可能认为通过国内起诉获得赔偿这一救济途径的前景更加吸引人，因此选择放弃合同中的仲裁条款。在这种情形下，如果想要一个可靠的承诺，Pantechniki 应该在采取这种做法之前获得一个书面承诺。

针对 Pantechniki 主张的诉讼与仲裁并非基于同一争端这一主张，仲裁庭认为不能简单以基于协定或基于合同来判断诉因是否相同，同样的事实可能导致不同的诉求，救济请求的相似也不一定意味着诉因的相同，因此必要的判断标准是 Pantechniki 的权利主张是否来自同样的法律事实，这需要在个案中对具体问题具体分析。在本案中，Pantechniki 在国内法院的诉讼具有合同依据，双方签订的合同对内乱时的责任承担进行了分配。而 Pantechniki 向 IC-SID 提起的仲裁也确实不以合同为基础，原因在于 ICSID 的管辖权必须建立在条约的基础上，加之《阿尔巴尼亚-希腊 BIT》中没有保护伞条款，因此无法利用合同提起仲裁。尽管两种途径的诉因看似不同，但仲裁庭必须确定 Pante-chniki 的诉求是否确实在合同之外独立存在。而根据本案案情，仲裁庭认为财政部长的行为类似于不当的行政行为，并非独立于合同的要约，当事人之间没有成立新的合同。因此不论是诉讼还是仲裁，实际上当事人的权利主张都是基于原合同下阿尔巴尼亚的赔偿义务提出的，诉讼与仲裁的基本依据相同，故而在选择了向阿尔巴尼亚法院起诉后，Pantechniki 无权再提交仲裁，仲裁庭最终作出了驳回 Pantechniki 请求的决定。

（四）案例评析

ICSID 仲裁庭在早期仲裁实践中往往严格按照"三重相同"标准对是否存在平行程序进行判断，即只有在当事方、诉因、案件诉求均相同时才认定为平行程序，岔路口条款才会得以适用。如在 *Toto v. Lebanon* 案中，其案件事实与本案相似，认定是否违背岔路口条款的关键在于对诉因的判断。但该案中仲裁庭认为投资者在东道国提起诉讼依据的是其与黎巴嫩订立的高速公路建设项目合同，属于契约之诉，而申请仲裁所依据的是 BIT，属于条约之诉，诉因不同，因此投资者在东道国法院提起诉讼的行为并不限制其向 ICSID 申请仲裁。除了对诉因进行严格判断外，在对当事人的判断上，部分仲裁庭同样采纳严格标准，认为只有在当事人完全一致的情形下才会构成平行程序，从而触发岔路口条款。例如在前述 *Alex v. Estonia* 案中，Eastern Limited, Inc. 和 Eastern Credit Limited, Inc. 是美国公民 Alex Genin 所拥有的美国公司，A. S. Baltoil 则是 Eastern Limited, Inc. 在爱沙尼亚设立的全资子公司，Estonian Innovation Bank 是注册地为爱沙尼亚的一家金融机构，A. S. Baltoil 和 Eastern Credit Limited, Inc. 是其股东。Alex Genin, Eastern Credit Limited, Inc. 以及

A. S. Baltoil（以下统称为申请人）因 Estonian Innovation Bank 被爱沙尼亚吊销许可证而产生损失，便依据《美国-爱沙尼亚 BIT》向 ICSID 申请仲裁。爱沙尼亚一方认为，申请人提出的仲裁请求已于之前在爱沙尼亚和美国法院提起过诉讼，依据岔路口条款，申请人无权再提起仲裁。仲裁庭采取了形式上极其严格的判断标准，认为两个救济程序的提起者并不相同，一个是爱沙尼亚的金融机构，一个是美国的公民，故认定该仲裁不违反岔路口条款。又如在 Enron v. Argentina 案中，Enron 公司的子公司在阿根廷国内法院提起诉讼后，Enron 公司又提起国际仲裁，仲裁庭认为提起诉讼与仲裁的主体不同，故判定为不同争端，不受岔路口条款约束。

由此可见，在 Pantechniki v. Albania 案之前，仲裁庭采用严苛僵化的"三重相同"标准来判断是否存在平行程序，进而确立仲裁庭的管辖权。在这种严格的认定标准下，容易导致投资者对岔路口条款进行规避，有偏袒投资者之嫌，不利于争议的高效解决，在一定程度上既损害了东道国的利益，也贬损了岔路口条款设置的意义。与过去严格遵守"三重相同"标准的实践不同，Pantechniki 案中的仲裁庭没有被"三重相同"标准禁锢，在认定是否能够适用岔路口条款时，没有仅从形式上判断当事方、诉因、案件诉求是否一致入手，也没有受制于过往案例，而是认为同样的事实可能导致不同的诉求，同样的诉求也不一定意味着诉因相同，最终以申请人的权利主张是否来源于同样的法律事实作为标准，结合个案从实质上进行判断。

本案对诉因进行实质判断的方式还可以适用于对当事人的判断，如在 Alex v. Estonia 案和 Enron v. Argentina 案中，在判断当事人是否一致时可以研究不同程序中当事人的关系，若存在紧密的关联关系，如不同程序中的当事人系母子公司，则应当结合案情判断此时是否需要采取法人人格否认的方式，将不同程序中的当事人认定为实质上一致，进而发挥岔路口条款的作用。

需要注意的是，尽管 Pantechniki v. Albania 案采取了从实质要件上判断是否存在平行程序的做法，对仲裁庭行使管辖权有所克制，在一定程度上与设置岔路口条款的目的一致，但是由于仲裁庭也享有较大的自由裁量权，可能有损争议解决的可预见性，需要引起重视。

# 第二节　条约仲裁中的反请求

## 一、概述

仲裁程序中的反请求是指在已经开始的仲裁程序中，被申请人依据同一仲裁协议，将原仲裁申请人作为被申请人，向仲裁机构或仲裁庭提出的与仲裁请求存在事实上或法律上的联系，目的在于抵销、吞并或者排斥仲裁请求的独立请求。在仲裁程序中，仲裁反请求和答辩一样，是维护被申请人合法权益的重要手段。同时，仲裁机构或仲裁庭将仲裁请求与反请求合并审理，能够有效地提高仲裁效率，因此被申请人提起仲裁反请求的权利几乎被所有国家的国内法所确认。

在国际投资仲裁中，提起反请求的程序机制引起了学界的关注。BIT 和其他国际投资协定中规定的投资者—国家间争端解决程序往往存在着不对称性，而反请求被认为是平衡此种不对称性的潜在工具。反请求促使争议双方在仲裁程序中享有平等地位，并大幅提高了投资争端解决机制的效率。仲裁反请求不同于抗辩，并非单纯要求驳回或限制申请人的主张，它本身就是一项独立的诉求或"反击"，是被申请人行使提出对抗性请求权之体现，旨在于同一仲裁程序中有效地扩大原本争端的范围。近年来，反请求逐渐受到国际社会的关注，有关讨论涉及其构成要件、管辖权问题、规则适用等方面，进而探讨它作为重新平衡投资者与东道国利益重要途径的可能性。然而迄今为止，东道国提出反请求的案件共计 32 起，进入到实体审理阶段的仅有 6 起，大多数仲裁庭要么以不存在反请求同意为由认定不具有管辖权，要么以反请求与投资者原请求之间缺乏联系为由认定不存在可受理性，故在管辖权阶段便驳回了国家反请求。由此可见，东道国提出反请求在实践中的应用并不广泛，而且面临着不小的困难。但其在国际投资仲裁中的制度性价值不容忽视，是未来国际投资法的重要发展方向。目前，在东道国提起反请求的案件中，环境类反请求备受关注。

## 二、《华盛顿公约》关于反请求的规定

《华盛顿公约》第 46 条规定可在同一程序中提起反请求："除非双方另有协议，如经一方请求，仲裁庭应对争端的主要问题直接引起的附带或附加的要求或反要求作出决定，但上述要求应在双方同意的范围内，或在中心的管辖范围内。"该规则要求如果满足以下条件，ICSID 仲裁庭应当裁定反请求：①反请求必须由"争端的主要问题直接引起"；②反请求必须属于双方同意的范围；③反请求必须在 ICSID 的管辖范围内。此外，《华盛顿公约》第 46 条"除非双方另有协议"这一措辞表明，当事人可以明确选择不同意审理反请求。

（一）由争端主要问题直接引起的反请求

提起反请求第一个要件是反请求必须由"争端的主要问题直接引起"。首先，对于"争端主要问题"的解释始终存在争议。一般来说，争端是指"双方在法律或事实问题上的分歧，法律观点或利益上的冲突"。争端可以是狭义的，也可以是广义的。仲裁庭一致认为，争端必须具体化为一种实际的分歧。争端的"主要问题"内涵则更为具体，被解释为"有争议的问题"，或者在投资仲裁的情况下，被定义为"与投资有关的权利以及投资者和东道国之间在与此类权利有关的法律、事实问题上的分歧"。其次，"直接引起"通常被解释为存在因果关系。然而，在《华盛顿公约》第 46 条的背景下，将其解释为反请求与争端主要问题之间存在关联性更为恰当。主流观点认为第 46 条规定的反请求必须与原请求源于相同的投资争议，并且必须基于与当事方间投资争议直接相关的背景事实情况。该方法不要求"原请求和反请求具有相同的法律依据"，只要求反请求由同一投资争议引起。

（二）双方同意的反请求

提起反请求的第二个要件是反请求应在双方同意的范围内，该要件在学界引起了广泛讨论。在投资仲裁中，当事方同意是决定仲裁庭是否具有管辖权的必要条件，是仲裁的基石。在投资条约仲裁案件中，同意的过程可分为两大阶段。第一阶段，东道国在投资条约的争议解决条款中提出将争议提交仲裁的要约，规定可仲裁事项、选定的仲裁庭和适用规则。第二阶段，投资者接受该要约，达成合意，实践中通常是在提交仲裁请求时表示接受要约。

在仲裁实践和理论界，分别形成了两种确定当事人同意的方法，这两种方法"优先考虑主张当事人同意反请求的任一文书"。这两种方法一致认为，反请求只有在得到争端双方的同意之后，仲裁庭方可行使管辖权。但两种方法的不同之处在于，第一种观点将条约条款置于优先位置，既考虑案涉条约是否允许提出"反请求"，也考虑具体的反请求类型是否归属于仲裁庭的属事管辖权（subject matter jurisdiction）范围。第二种观点认为在 ICSID 仲裁中，提出反请求的条件不需要包括投资条约的当事人同意，"因为当投资条约的缔约国附条件地同意了 ICSID 的管辖，《华盛顿公约》第 46 条的同意要件就被自动引进投资者选择提起的任何 ICSID 仲裁"。换言之，双方合意是通过双方缔结《华盛顿公约》（包括第 46 条）而确立的。根据这一观点，"第 46 条将扩大基于合同形成的仲裁同意"。

当 ICSID 仲裁庭行使管辖权的依据是投资合同，并且争议与该合同有关时，一般而言，东道国的反请求就符合《华盛顿公约》第 46 条的规定。然而，在基于条约提起 ICSID 仲裁的情况下，双方同意的内容是否包含反请求则需要进一步考证。此时需要对条约文本从以下三方面进行考证，以判定双方同意的内容是否包括反请求：①直接或间接提及反请求；②授予仲裁庭属事管辖权的范围；③赋予当事人启动程序的资格。

就是否提及反请求而言，诚然在条约中明确规定东道国有权提出反请求可以避免模糊解释。然而，很少有条约会明确允许反请求（经常被提及的是 2007 年《东南非共同市场投资协定》）。多数条约以默示方式处理反请求问题，即排除对特定类型反请求的管辖。最常见的是 BIT 排除了基于担保或保险协议提出收回投资者损失的反请求。这种明确排除某种类型请求的做法，反过来承认了"其他类型的反请求在特定的投资条约下是可接受的"。例如，《美国-乌拉圭 BIT》第 24 条第 7 款援引了 2004 年美国 BIT 范本的规定，在一个关于赔偿的附带来源的条款中规定："被申请人不得提起抗辩、反请求，行使抵销权或以其他类似形式，宣称申请人已经或将要根据保险或担保合同获得全部或部分损失赔偿或其他补偿。"该条款规定，东道国不得以投资者根据保险或担保方案获得部分或全部赔偿的事实作为抗辩或反请求，通过明确排除了一些反请求种类，原则上承认东道国提起其他种类的反请求的权利。

就仲裁庭属事管辖范围而言，在没有明确允许东道国提起反请求的情况下，需要着重研究条约中规定的可仲裁争端类型范围的"广度"。一般来说，投资条约中对争端的广泛定义，如"由投资引起的所有争端""与投资有关的所有争端"，甚至"任何争端"的表述，都可能表明允许提起反请求。理由是这些条款允许在 BIT 本身规定的义务之外，根据国内法、合同或投资授权提出诉请。适用于投资争端的准据法也可能与确定双方是否同意审理反请求有关，并且也涉及反请求的法律依据。尽管大多数 BIT 并不包含关于准据法的明确条款，但如果有 BIT 规定了准据法条款，将东道国国内法或有关法律规定纳入法律适用范围，同时还广泛地定义了可仲裁争端的范围时，除非 BIT 另有规定，否则根据《华盛顿公约》第 42 条的规定，可以在 ICSID 仲裁中适用国内法。在这种情况下，确立反请求管辖权的基础就更广泛，使提出反请求具有明确的法律依据，从而使反请求更易被接受。

就启动程序的资格而言，主要考察案涉条约是否规定东道国享有提起请求的资格。针对这一问题的条约实践不尽相同，如果条约规定争端"应由争端的任何一方提交仲裁"，显然更有利于仲裁庭行使反请求管辖权。倘若条约规定只有投资者可以提出请求，这可能会阻碍东道国提起反请求。例如，ECT 规定，"争端的投资者一方可以选择将争端提交仲裁"。《美国-乌拉圭 BIT》将启动仲裁程序的权利赋予了"申请人"，申请人的定义为"投资争端中的投资者……一方"。

（三）反请求必须在 ICSID 的管辖范围内

《华盛顿公约》第 46 条还规定，东道国的反请求"或在中心的管辖范围内"。《华盛顿公约》第 25 条规定了中心行使管辖权的要求：①当事人书面同意接受中心管辖权；②当事人的争端必须由投资引起；③必须是法律争端；④必须是 ICSID 缔约国的投资者与 ICSID 缔约国之间发生的法律争端。此外，由于 ICSID 只对直接由投资引起的法律争端有管辖权，申请人"必须证明该案件涉及 BIT 意义上的投资和《华盛顿公约》意义上的投资"。因此，反请求也需满足上述要求。

### 三、案例研究

本书讨论的 *Urbaser v. Argentina* 案是第一例仲裁庭接受人权反请求的案

件，对投资仲裁庭受理东道国环境类反请求问题具有重要参考价值。

（一）案情概要

本案第一申请人为 Urbaser S. A. （以下简称"Urbaser"），第二申请人为 Consorcio de Aguas Bilbao Bizkaia，Bilbao Biskaia Ur Partzuergoa（以下简称"CABB"；上述两申请人亦为反请求的被申请人，如无特别标注，第一、第二申请人合称"申请人方"）。被申请人为阿根廷（阿根廷亦为反请求的申请人，以下统称"被申请人"）。

由 CABB，Sideco Americana S. A.（以下简称"Sideco"），Impregilo S. p. A.（以下简称"Impregilo"）和 Iglys S. A.（以下简称"Iglys"）组成的财团在阿根廷布宜诺斯艾利斯省关于提供饮用水和污水处理服务的招标中竞标成功，为该省提供饮用水和污水处理服务。根据招标条款和条件，中标者应当在阿根廷成立一家公司作为特许经营商。为此，1999 年 12 月 2 日，AGUAS DEL GRAN BUENOSAIRES S. A.（以下简称"AGBA"）成立。1999 年 12 月 7 日，AGBA 与布宜诺斯艾利斯省签订《特许经营合同》，成为布宜诺斯艾利斯省 B 区提供饮用水和污水处理服务的特许经营者。虽然本案第一申请人 Urbaser 不是投标财团的成员，但在 AGBA 成立后不久，Urbaser 通过认购以及通过其阿根廷全资子公司 Urbaser Argentina S. A. 和同集团的另一个公司 Dycasa S. A. 收购了 AGBA 的部分股权。经过几次股权转让，AGBA 的股权分布如下：Urbaser 持有 AGBA 27. 4 122%股权（其中直接持有 26. 3 435%股权，剩余 1. 0 687%股权则通过其阿根廷子公司 Urbaser Argentina S. A. 持有），CABB 持有 AGBA 20%的股权，Impregilo 持有 42. 5 878%股权，AGBA 员工持有 AGBA 10%的股权。

*Urbaser v. Argentina* 案涉及阿根廷经济危机之前的供水服务特许权。申请人方称争端的起因是 AGBA 按照其内部决定进行收费。2006 年 7 月 11 日，布宜诺斯艾利斯省通知 AGBA 将提前解除《特许经营合同》。随后，AGBA 的特许经营权被收回，争端进一步激化。地方政府终止特许权后投资者向仲裁庭提起投资仲裁，阿根廷政府根据《华盛顿公约》第 46 条以及《ICSID 仲裁规则》第 40 条第 1 款指出投资者未能提供必要水准的特许权投资导致侵犯了当地居民的水权，并提出 1. 91 亿美元赔偿的反请求。仲裁庭裁定其对该反请求

具有管辖权，但在实体问题上驳回了阿根廷的反请求。

1. 申请人方主张

在反请求的管辖权和可受理性问题上，申请人方主张如下：

第一，申请人方认为，虽然《ICSID 仲裁规则》第 40 条允许被申请人最迟在答辩时提起反请求，但被申请人在 7 年间始终保持沉默，其没有理由在特许权终止的 7 年后才提起反请求，此时提起反请求表明被申请人缺乏可信度。对于反请求所针对的侵权行为，被申请人仅提及关于人权的一般原则，没有进一步解释这些原则是如何被侵犯的。申请人方认为被申请人提交的反请求不符合仲裁庭进行实体裁定的最低要求。

第二，申请人方认为《西班牙-阿根廷 BIT》具有不对称性，BIT 的宗旨在于保护投资者的权益，并不对投资者施加义务，BIT 既没有规定东道国提起反请求的程序，甚至也没有规定东道国享有此种权益，由此东道国不能基于 BIT 针对投资者提起反请求。并且，西班牙和阿根廷在缔结条约时同意将仲裁的范围限于因其投资受损而产生的争端，因而阿根廷所遭受的损失不属于双方同意的仲裁范围。

第三，反请求不属于《华盛顿公约》和《西班牙-阿根廷 BIT》规定的"与投资有关的所有争端"。被申请人的部分主张基于阿根廷国内法提出，如果申请人方确实违反了阿根廷国内法规定，则应由阿根廷的国内法院来审理这一争端。关于申请人方违反国际人权法的指控，《西班牙-阿根廷 BIT》第 10 条也没有授权仲裁庭对此问题进行管辖。

第四，申请人方认为被申请人需要证明反请求与原请求之间具有密切联系，即需要同时证明二者间存在"事实关联性"和"法律关联性"，反请求才具有可受理性。在本案中，申请人方根据《西班牙-阿根廷 BIT》提出仲裁请求，而在《西班牙-阿根廷 BIT》中无法找到支持东道国提起反请求的规定。因此，两项请求之间的唯一联系是申请人方在阿根廷的投资，这并不符合关联性要求。

在对反请求进行实体分析时，申请人方主张如下：

申请人方坚决否认其违反了任何投资义务。哪怕出现此类违反行为，也只是 AGBA 对作为授予者的布宜诺斯艾利斯省承担的合同义务，CABB 和 Urbaser 并不承担任何对阿根廷的义务。并且，被申请人也没有提出任何论据来证明属于布宜诺斯艾利斯省的权利可以由民族国家（即阿根廷）本身行使。CABB 和 Urbaser 有权就其投资向阿根廷提起仲裁请求，但这并不意味着相关法规授予阿根廷就特许权人 AGBA 必须进行的投资向 CABB 和 Urbaser 提出反请求的资格。如果假定 AGBA 的行为确实造成了损害，那么此种损害的"受害者"显然是该省，国家没有受到任何损害，因此，它没有资格向仲裁庭寻求损害赔偿。

申请人方指出，阿根廷指控其没有对保障饮用水和污水处理服务进行至关重要的投资，但申请人方提交的材料明确了特许权无法按照投标条款执行的原因：布宜诺斯艾利斯省自身的违约行为和监管机构的行为，以及阿根廷政府和布宜诺斯艾利斯省采取的紧急措施，致使申请人方无法投资。

关于阿根廷提到的 ABGA 2001 年 5 月 17 日的信函，申请人方解释道，布宜诺斯艾利斯省的《紧急状态法》于 2001 年 7 月颁布，由于授权者的违规行为和监管机构的行动，ABGA 的特许权已经受到影响，这对特许公司的收入产生了严重影响。合同当事人提出修改合同并不意味着违反合同，这封信只不过是试图将合同拉向正轨的一次尝试。

2. 被申请人主张

在反请求的管辖权和可受理性问题上，被申请人主张如下：

根据《华盛顿公约》第 46 条规定，被申请人认为当反请求在双方同意的范围内，或在 ICSID 中心的管辖范围内时，仲裁庭必须对争端主要问题直接引起的附带或附加的反请求作出决定。被申请人提起反请求基于阿根廷因申请人方对特许权的管理而遭受的损害，这主要是因为申请人方没有根据承诺进行投资。该反请求与原请求直接相关，两者是一枚硬币的两面，仲裁庭可在同一程序中充分解决反请求问题。

关于申请人方认为投资者和东道国之间存在不对称性，甚至断言没有规定要求投资者需按东道国的法律行事的主张。然而，被申请人指出《西班牙－阿根廷 BIT》明确规定投资者需要遵守东道国法律。根据《西班牙－阿根廷 BIT》第 1 条第 2 款和第 3 条第 1 款规定，若投资者的行为不符合东道国的法律，投资者将不受 BIT 保护。

被申请人主张，应认为反请求符合《华盛顿公约》第 25 条的规定。除此之外，申请人方接受了《西班牙-阿根廷 BIT》第 10 条中规定的仲裁提议，由此接受了其中规定的条件，包括：①第 10 条第 1 款中规定的争端类型（并不要求完全以违反 BIT 为由提交仲裁）；②第 10 条第 4 款规定适用于仲裁程序的规则；③第 10 条第 1 款规定的适用于该争端的法律。

关于双方的同意，Urbaser 董事会的公证记录和 CABB 管理委员会的决定都证实同意的范围是投资者与阿根廷之间"产生的争端"，同时没有对提出请求的主体进行限制，《西班牙-阿根廷 BIT》第 10 条第 1 款和第 3 款也没有区分提出请求的主体。被申请人还援引申请人方在其关于案情和反请求答复中的说法，认为"申请人方没有从字面上排除被申请人提起反请求的可能性"。

在对反请求进行实体分析时，被申请人主张如下：

被申请人指出，根据特许权合同和适用的监管框架，申请人方承担了投资义务。此类义务引起了善意期望，即申请人方会进行投资，并保障当地人民用水和卫生设施的基本人权。然而，申请人方没有进行其所承诺的投资，违反了阿根廷法律和国际法中的诚信和条约必守原则。这不仅影响到合同的履行，而且影响到相关地区的基本人权，以及成千上万人的健康和赖以生存的环境。

被申请人反对申请人方主张阿根廷是人权的真正保障者这一观点。申请人方认为，由于此种规则属于国际法，对国家有直接约束力，但缺乏对私主体的约束力，因此保障用水是国家的义务，而非私营公司的义务。被申请人否认其观点，认为申请人方在特许权期限内最重要的义务是保障一项基本人权，即保证用水。

1948 年 UDHR 是习惯国际法规则，阿根廷受其约束。被申请人认为仲裁庭在审议 BIT 时，不是根据 BIT 本身，而是根据阿根廷在国际法下具有的权利和义务进行审议。UDHR 未曾提及权利和义务的主体，然而，显而易见的是，由此产生的义务并不完全由国家承担。其序言中明确规定"以期每一个人和社会机构经常铭念本宣言"，可见个人和机构都负有义务；第 30 条规定"本宣言的任何条文，不得解释为默许任何国家、集团或个人有权进行任何旨在破坏本宣言所载的任何权利和自由的活动或行为"；第 29 条规定"人人对社会负有义务"。因此，商业公司和跨国公司都负有国际人权法规定的义务。

（二）争议焦点

本案争议焦点包括被申请人是否违反《西班牙-阿根廷 BIT》所规定的义务，被申请人是否应当向申请人方支付损害赔偿款，管辖权异议以及东道国关于群众用水和卫生设施基本人权的反请求。本节主要探讨与东道国反请求相关的问题。

（三）仲裁庭意见及裁决

仲裁庭采用了"程序—实体"两步走的分析方法：首先判断仲裁庭是否对被申请人反请求享有管辖权，该反请求是否可受理；其次才是对反请求进行实体裁定。

第一，仲裁庭对反请求的管辖权和可受理性问题进行了统一分析。申请人方对被申请人的反请求提出管辖权异议，仲裁庭注意到申请人方是通过《西班牙-阿根廷 BIT》的不对称性来论述其基本立场。申请人方认为，《西班牙-阿根廷 BIT》不允许东道国基于该双边投资协议行使任何权利，包括提交反请求。仲裁庭认为申请人方的立场与《西班牙-阿根廷 BIT》第 10 条争端解决条款的措辞相冲突。从《西班牙-阿根廷 BIT》第 10 条可以清楚地看出，投资者或东道国都可以将与投资有关的争端提交仲裁。鉴于双方当事人均有可能提起仲裁，故《西班牙-阿根廷 BIT》第 10 条的争端解决机制确实包含反请求的假设，前提是约束这种机制的条款所规定的要求已得到满足。也就是说，当双方当事人都有权提出权利请求时，一方当事人不能阻止另一方当事人提出权利请求。

在遇到此种反请求时，如果被申请人所提交的请求表面上（*prima facie*）基于《西班牙-阿根廷 BIT》所涵盖的投资争端，并且被指控的事实成立，可能违反仲裁协议范围内的权利义务，则仲裁庭必须推定其具有管辖权。因此，根据《华盛顿公约》第 25 条和第 46 条以及《西班牙-阿根廷 BIT》第 10 条的规定，仲裁庭确认其对被申请人的反请求具有管辖权，并且申请人方在这方面的异议将在审查反请求的实体问题时予以处理。

第二，仲裁庭对阿根廷反请求进行了实体裁定。被申请人认为，根据《特许经营合同》和可适用的监管框架，申请人方应承担投资义务，这些义务让人们善意地期待投资确实会作出并确保其在所涉地区享有饮水和卫生设施的基本人权。阿根廷认为，申请人方未按照承诺进行投资，违反了阿根廷法律和国际法所承认的诚信原则和有约必守的原则。这不仅有违合同条款，而且影响基本人权以及成千上万人的健康和生活环境，其中大多数人生活在极端贫困之中。

针对上述论点，仲裁庭首先从法律适用方面展开分析。《西班牙-阿根廷BIT》第 10 条第 5 款规定："仲裁庭应当在本协定的基础上，并在适当情况下根据双方之间有效的其他条约、投资所在国的国内法，包括它的国际私法规范，以及国际法的一般原则作出裁决。"根据有效性原则，仲裁庭认为，能够提交仲裁的争端与所提交权利请求的可能范围，并不限于直接适用（或解释）《西班牙-阿根廷 BIT》的权利。另外，《西班牙-阿根廷 BIT》第 7 条第 1 款规定："当受本协定管辖的某一事项同时受另一项双方均为缔约国的国际协定或一般国际法管辖时，双方及其投资者应遵守更优惠的条款。"该规定表明，如果在《西班牙-阿根廷 BIT》之外有能提供比该 BIT 更优惠权利的国际法渊源，必要的话可以根据 BIT 第 10 条对这些更优惠的权利提出主张。

仲裁庭指出，国际法接受将企业社会责任作为衡量国际商事领域经营的公司的一项至关重要的标准。仲裁庭援引了诸多国际法渊源中关于人权的阐述，并进一步分析如下问题，即作为人权一般概念的一部分，获取用水和卫生设施的人权是否与本案有关，特别是作为投资者的申请人方是否有落实这种权利的相应义务。

仲裁庭认为，国家有使其管辖下的所有人享有用水的人权的义务，但这不是投资者的义务。虽然投资者的目标与东道国相同，但是投资者的供水义务是基于特许权产生，而非基于保障人权产生。保障用水权的义务属于国家，不能将该义务强加于任何供水和卫生服务领域的公司。

在保障用水权方面存在的基本问题与供水有关，尽管供水网络的条件仍然很差，但这超出了对现有网络的改造范畴。仲裁庭认为对被申请人指控（指控申请人方未能保障当地居民的用水权）的认定必须着眼于申请人方未完成的工作，即供水网络部分工作的未完成可能引起侵犯这种基本人权的担忧，但这种担忧存在高度不确定性且没有证据支持。

综上所述，仲裁庭驳回了被申请人的反请求。

（四）案例评析

在 *Urbaser v. Argentina* 案中，ICSID 仲裁庭遵循了 *Spyridon v. Romania* 案仲裁庭的做法，根据 BIT 中的条款认定双方同意被申请人提出反请求。该案涉及一项新的反请求，该项反请求指控投资者违反了与水资源相关的人权义务，没有凭借其在布宜诺斯艾利斯省提供水和污水处理服务的特许权进行足够的投资。仲裁庭认为，《西班牙-阿根廷 BIT》第 10 条包含的内容广泛，足以包括反请求，这一条款明确规定投资争端的任何一方有权启动仲裁程序。而其他仲裁庭拒绝反请求是因为适用了 BIT 中范围较窄的争端解决条款。原请求与反请求之间明显的事实联系是仲裁庭受理东道国反请求的前提，在本案中，原请求和反请求都是基于同一特许权的相同投资提出的，因而仲裁庭认为该案的反请求与原请求直接相关，可以确认其对反请求具有管辖权。

第一，仲裁庭根据《西班牙-阿根廷 BIT》中的争议解决条款推定仲裁双方的合意。第 10 条第 1 款规定"任意一方可以将双方之间的争议提交仲裁"，因此东道国提出反请求是可能的。此外，投资者虽未与东道国直接签署仲裁协议，但鉴于投资者母国与东道国签订了 BIT 并规定了仲裁这种争议解决方式，因此当投资者主动提起仲裁时，视为投资者接受了东道国的仲裁要约，双方达成仲裁协议。而该案中投资者在接受仲裁要约时并未明确排除东道国反请求的权利。因此，东道国反请求的权利在双方合意范围之内。

第二，反请求与原请求之间必须有事实上的联系。在 *Urbaser v. Argentina* 案中，东道国的反请求与原请求是基于同一特许权的投资。本案突破了之前 *Saluka v. Czecho* 案确立的"原请求与反请求之间必须有法律上的联系"，即原请求与反请求必须基于同一法律文件的限制，为东道国成功地提出反请求提供了便利。

事实上，关于反请求在何种情况下符合《华盛顿公约》第 46 条规定的检验标准的问题，学界仍然存在分歧，仲裁实践也很有可能出现反复和不一致的情形。但有一点需要肯定的是，当前全球生态环境问题面临严峻挑战，生态文明保护是人类文明发展的历史趋势，东道国作为主权国家，有权针对环境保护和基本人权问题行使主权规制权，投资者也有承担应有的关于环境保护和社会责任方面的义务，因此，如果涉及环境保护或基本人权方面的争端时，应当谨慎考虑以便确认东道国提起反请求的权利。

作为共建地球生命共同体的一员，也作为 UNFCCC 等国际环境法条约的成员，我国已经明确宣布了双碳目标，向世界作出了庄严承诺，对于跨境投资可能引发的环境问题，更应积极做好应对。目前，在我国已经签订的国际投资协定中，并无关于东道国能否提出"反请求"的明确规定。我国在 ISDS 机制改革的进程中，可在商签 IIA 时根据自身需求参考 UNCITRAL 第三工作组发布的《程序改革条款草案》改进相关的争端解决条款，允许东道国提出与公共利益相关的环境类反请求。我国现有的 IIA 中，在投资者应遵守的东道国相关环境保护法规方面还没有更细致的规定，更多地只是在引言部分提及了对公共利益方面的关切。此后我国可以借鉴 CAI，对企业社会责任、东道国环境政策规制权、环境保护水平、环境保护对话合作机制、相关国际环境法条约和气候变化等环境保护相关议题加以规定。与此同时，应当对国内法进行相应调整，约定在我国进行投资的主体（包括外国投资者）应履行保护环境的社会义务。

# 第三节　保护伞条款

## 一、概述

投资者—国家仲裁机制通常体现在 BIT、区域性投资条约、MIT 以及投资者和东道国签订的投资协议中。有些投资条约只规制与"本条约规定义务"有关的争端，即只规制违反条约的赔偿请求，有些条约则将管辖权扩大至"与投资有关的任何争端"，还有一些条约规定了一项国际法义务，即东道国应在投资方面"遵守其可能承担的任何义务"，或"持续保证遵守其已作出的承诺"，亦或"遵守其在此方面承担的任何义务"，上述或其他类似表述的条款被统称为保护伞条款（umbrella clause）。此类条款还被称为"镜像效应"（mirror effect）、"提升效应"（elevator）、"平行效应"（parallel effect）、"合同神圣原则"（sanctity of contract）。在投资条约中加入保护伞条款是为了给投者提供额外的保护，保护伞条款为投资者提供了使东道国承诺可执行的机制。值得注意的是，这一条款关涉投资者试图将东道国合同违约行为上升至条约违约行为，从而获得更广泛的保护。

第一个关涉保护伞条款的 ICSID 案件出现在 1998 年，即 *Fedax v. Venezuela* 案，申请人基于《荷兰-委内瑞拉 BIT》提起仲裁。在该案中，仲裁庭没有意识到条约中存在保护伞条款，也没有对该条款进行深入研究，只是对该条款进行了平意解释，即确认对本票文件的承诺应在 BIT 下得到遵守。直至瑞士通用公证行（Société Générale de Surveillance SA，以下简称"SGS"）的两起案件发生后，保护伞条款的重要性才开始进入人们的视野。

## 二、保护伞条款的演进

保护伞条款作为一个独特的投资保护条款首次出现在 1956～1959 年的《关于相互保护外国私人财产权利的阿部斯国际公约（草案）》（Abs Draft International Convention for the Mutual Protection of Private Property Rights in Foreign Countries）中，此后不久，保护伞条款出现在 1959 年《德国-巴基斯坦 BIT》中，该协定第 7 条规定："任何一方都应遵守其向另一方国民或公司所承诺的与投资有关的任何义务。"保护伞条款也是 1967 年《OECD 草案》中的核心实体规则之一，该草案第 2 条规定："任一缔约方在任何时候，都应确保遵守有关于其他当事方之国民财产的任何承诺。"1994 年 ECT 对保护伞条款采取了限制性方法，该条约第 101 条第 1 款最后一句要求："任一缔约方都应遵守其对其他缔约方投资者或者投资者的投资所承担的任何义务。"然而，第 26 条第 3 款 c 项和第 27 条第 2 款规定了保留条款，允许缔约方通过禁止其投资者把涉及第 10 条第 1 款的争端提交国际仲裁，排除第 10 条第 1 款最后一句的适用。

据 UNCITAD 统计，在现有的约 2592 个的国际投资协议中，约 42% 的协议包含了保护伞条款。各国在实践中对该条款的态度也不统一。瑞士、荷兰、英国以及德国经常在其 BIT 中规定保护伞条款，而法国、澳大利亚和日本仅在少部分 BIT 中规定保护伞条款。

很多保护伞条款从用语来看具有相似性，但其适用范围和效果却不尽相同，甚至可能大相径庭，因此，在实践中应根据条款本身的用语进行解释，具体问题具体分析。大多数 BIT 中的保护伞条款的措辞是清晰的、直接的，通常表述为"应遵守"或"应遵守任何义务"。在 *Eureko v. Poland* 案中，仲裁庭根据 VCLT 第 31 条第 1 款，阐明了保护伞条款的通常含义。仲裁庭指出，条约规定国家"应当遵守"其对某外国投资所订立的任何义务，这种条款的普通含义或通常含义并不是模糊不清的。"应当遵守"这一表述具有命令性和无条件性。"任何义务"非常宽泛，它不是仅指某一种类的义务，而是"任何"义务，也就是指对另一缔约方投资者之投资所负有的所有义务。

但有些 BIT 中的保护伞条款却用语模棱两可，为不同的解释留下了空间。例如，《瑞士-巴基斯坦 BIT》规定每一缔约方"应持续保证遵守承诺"。又如，《意大利-约旦 BIT》规定"每一缔约方应在其境内创设和维持一种适当的法律框架，以保证遵守其对每一特定投资者作出的所有承诺"。在 *Salini v. Jordan* 案中，申请方主张《意大利-约旦 BIT》第 2 条第 4 款规定了东道国应遵守投资者—东道国间合同义务的承诺。仲裁庭对该主张未予支持，认为约旦仅具有"创设和维持一种适当的法律框架以保证其遵守承诺"的义务。仲裁庭指出，与菲律宾签订的 BIT 不同，本 BIT 中缔约一方并没有承诺其遵守对缔约另一方投资者之特定投资所预先承担的所有义务，它甚至没有如同巴基斯坦的协议一样保证履行其对缔约另一方投资者之投资所订立的承诺。这类 BIT 仅仅承诺创设和维持一种适当的法律框架，以保证其遵守对每一特定投资者所承担的所有承诺。有些 BIT 则通过准确规定保护伞条款所涵盖的义务种类，以明确其适用范围。例如，墨西哥缔结的大部分 BIT 中的保护伞条款都规定墨西哥保证其遵守"在投资方面所承担任何书面义务"，指出"由此类义务引起的争端应根据规定该义务的合同条款来解决"，如 1998 年《奥地利-墨西哥 BIT》。

为限制保护伞条款的适用，仲裁庭在实践中根据保护伞条款在 BIT 中所处的位置对其进行解释。比如 *SGS v. Pakistan* 案的仲裁庭认为，《瑞士-巴基斯坦 BIT》将保护伞条款置于最后部分，这与瑞士 BIT 范本做法相同，这意味着缔约各方有意不承担实质性义务。仲裁庭认为，如果缔约各方打算通过保护伞条款设立一项实质性义务，那么应将条款与其他"第一顺位"义务一并规定。在 *Joy Mining v. Egypt* 案中，仲裁庭持相同的观点，并指出"在此情况下，不能认为在条约中并不显眼的保护伞条款具有将所有合同争端转化为条约规定的投资争端的效果……"不过 *SGS v. Philippines* 案的仲裁庭则认为，虽然保护伞条款所处的位置对其效力范围有所影响，但并非决定性因素。仲裁庭认为，"如果菲律宾其他 BIT 中措辞相同的保护伞条款具有法律效力，那么仅因为《瑞士-菲律宾 BIT》中保护伞条款所处位置靠后，就认为其在法律上无法实施，这是难以接受的"。

在 *SGS v. Pakistan* 案发生之后，瑞士政府认为仲裁庭的解释过于狭隘，随即发布了一份声明，说明他们在《瑞士-巴基斯坦 BIT》中纳入保护伞条款的意图，这无疑将为未来基于《瑞士-巴基斯坦 BIT》提出的赔偿请求提供指导。然而，瑞士政府的这一行为尚未被其他国家效仿。

在保护伞条款最初进入人们视野至 SGS 两项裁决作出后的一段时间内，学者们关于保护伞条款的辩论主要集中在其效力，尤其是该条款是否能够将违反合同的行为提升为违反条约的行为，或者该条款是否推翻了投资者和东道国之间投资合同中的选择法院条款。后来，讨论焦点似乎转向了适用范围，即该条款的适用条件，特别是围绕保护伞条款所涵盖的义务性质（属事管辖权，*ratione materiae*）和受保护伞条款义务约束的主体（属人管辖权，*ratione personae*）。

### 三、案例研究

本书选取的是 *SGS v. Paraguay* 案，在该案中，仲裁庭认为如果确定东道国违反合同义务，也即违反《瑞士-巴拉圭 BIT》第 11 条的规定，可以适用保护伞条款，将合同违约行为上升至条约违约行为，倾向于保护投资者利益。

（一）案情概要

申请人为 SGS 公司（以下简称"申请人"），被申请人为巴拉圭共和国（以下简称"被申请人"）。1995 年，被申请人财政部邀请包括申请人在内的5 家公司参与起运前检测服务项目投标，该项目主要包括对进口货物进行起运前检测，确保准确收集进口货物信息以便履行通关手续。经筛选，申请人中标。1996 年 5 月 6 日，被申请人财政部与申请人就该项服务签订合同，有效期 3 年，自 1996 年 7 月 15 日生效。合同约定，由申请人提供三大类技术服务：一是起运前检测服务；二是培训服务；三是建立海关数据库。申请人对货物检测后应向海关提供检测证书或异议报告并获取报酬，在被申请人财政部收到申请人按月开具的发票后 20 日内，由被申请人支付约定的报酬。此外，合同中还约定了选择法院条款、保护伞条款。合同到期后，经双方协商一致不再续期。

在合同有效期内，申请人实施了约 10 万单检测，按月向被申请人开具了 35 期发票。但被申请人仅支付了其中 10 期款项，剩余 25 期未支付，本金共计 39 025 950.86 美元。双方当事人在合同有效期内曾多次就未付款事宜进行沟通，但均无果；合同有效期届满后，被申请人曾告知申请人，合同已到期解除，但基于合同已取得的权利不受影响。后续双方进行了长期沟通，申请人于 2000 年 4 月至 2006 年 3 月间仍向被申请人就未付款项利息开具发票，但被申请人始终没有支付相关款项。最终，申请人根据《瑞士-巴拉圭 BIT》于 2007 年 10 月向 ICSID 申请仲裁。

申请人请求仲裁庭确认被申请人的行为违反《瑞士-巴拉圭 BIT》第 11 条项下的义务。申请人针对第 11 条提出了两个相互关联但独立的观点：其一，被申请人未能履行付款义务构成合同违约，从而违反《瑞士-巴拉圭 BIT》第 11 条的义务。其二，被申请人未能履行其在合同到期后通过书面、口头等形式向申请人作出的支付发票的承诺，同样违反《瑞士-巴拉圭 BIT》第 11 条的义务。

就申请人主张的被申请人违反了《瑞士-巴拉圭 BIT》第 11 条项下义务，被申请人提出了三项抗辩：

第一，单一的合同违约不足以上升到违反《瑞士-巴拉圭 BIT》第 11 条规定的层面，除非违约伴随有其他主权行为。本案中巴拉圭对合同承诺的违反仅是作为一般市场主体实施的行为，不包括主权权力的滥用。被申请人提到"巴拉圭并不赞成任何对合同的违反将自动导致国家责任的观点"，并援引了 *Siemens v. Argentina* 案等案例以支持其立场。

第二，合同中的选择法院条款将排除仲裁庭对双方责任的划分。根据《瑞士-巴拉圭 BIT》第 9 条规定，与合同有关的争端均应提交国内法院处理，该条赋予了巴拉圭国内法院专属管辖权。此外，被申请人称付款义务和提交国内法院解决争端应构成同一的、不可分离的义务；而被申请人并未违反该义务，因为其没有限制申请人将争端提交国内法院予以解决。

第三，由于申请人违约在先，故被申请人无需再承担合同义务。申请人的违约行为包括未提供培训和建立数据库、对特定检测证书重开发票、检测行为不适当和为进口石油产品开具发票四项。

对于被申请人在上文提出的三项抗辩，申请人分别作出了回应：

第一，被申请人援引的相关案例，或是不要求以"滥用主权权力"作为构成要件，或是与保护伞条款无关，因而不具有参考价值。申请人称在合同解除后几年间，被申请人对合同及债务进行过多次调查，而该调查不是个体行为所能够完成的，这也能证明被申请人存在滥用主权权力的情形。

第二，仲裁庭在管辖权异议阶段已对选择法院条款作了说明，没有接受被申请人的抗辩。

第三，被申请人所称违约事项不存在，申请人已按合同约定履行义务；或申请人的行为是为妥善履行合同义务而必须实施的行为。另外，被申请人在合同有效期内从未主张过申请人存在违约情形，亦能表明申请人已妥善履行合同义务。

（二）争议焦点

本案的核心争议点为《瑞士-巴拉圭BIT》第11条规定的保护伞条款是否可以适用于被申请人的合同违约行为，以及被申请人是否违反该条款。本案还关涉其他争议点：管辖权异议；合同违约行为是否违反FET，是否构成不合理和歧视性措施；是否应继续中止执行本案裁决等。此处主要讨论与保护伞条款相关的问题。

（三）仲裁庭意见及裁决

仲裁庭认为，申请人在该问题上已尽到举证义务，双方对被申请人未能向申请人支付总金额为39 025 950.86美元款项的事实没有争议。因此，被申请人应证明其未付款行为是正当的。对于被申请人提出的三项抗辩，仲裁庭均不认可，并分别作出了回应。

第一，仲裁庭在管辖权裁定中已明确《瑞士-巴拉圭BIT》第11条"任一缔约方应持续地保证遵守与另一缔约方投资者的投资有关的承诺"的规定并没有将"滥用主权权力"作为适用保护伞条款的构成要件，被申请人援引案例中的仲裁庭也没有持该立场。《瑞士-巴拉圭 BIT》第 11 条要求"遵守承诺"，而签订的合同即构成被申请人对申请人作出的承诺，依文义解释，未能履行合同义务即是违反条约义务。由于从该条款解释中无法得出"滥用主权权力"这一要件，因此，双方讨论巴拉圭行为是否具有主权特征，以及是否滥用主权权力，均与本案无关。简言之，如果被申请人违反合同义务，即违反《瑞士-巴拉圭 BIT》第 11 条的规定，保护伞条款可以适用。

第二，被申请人认为除非申请人能够证明被申请人既未能履行付款义务，又妨碍国内法院行使职权，否则不构成对保护伞条款的违反，也即付款义务和提交国内法院解决争端义务均为同一合同承诺的一部分。既然被申请人认为未履行付款义务并不构成对合同承诺的违反，就更不必说违反《瑞士-巴拉圭 BIT》义务。对此，仲裁庭认为，合同中的付款义务和争端解决条款是相互分离的，二者并非替代选项。换言之，被申请人的逻辑缺乏内在一致性，二者对于被申请人而言均是需要履行的义务，而非择一履行之义务。此外，申请人的履约行为同样是合同承诺的一部分，按照被申请人的说法，除非申请人拒绝将争端提交国内法院，否则其不可能违反合同义务，那么被申请人在第三项抗辩中主张的申请人违约亦无从说起。

第三，仲裁庭认为被申请人未能举证证明申请人违约的事实。根据合同第 4.5 条规定，双方应立即处理与发票、付款额相关的分歧。实际上，在合同有效期内，申请人从未收到关于其违约的通知或报告。尽管被申请人在每周例会上有充分的机会对违约情况进行沟通，但其却从未提出过异议。这足以说明申请人在合同有效期内已妥善履行义务。

综上所述，仲裁庭认定被申请人未能遵守合同承诺，违反《瑞士-巴拉圭 BIT》第 11 条保护伞条款。

（四）案例评析

在本案中，仲裁庭对保护伞条款作了详尽分析。被申请人主张仅有合同违约并不足以构成对条约义务的违反，还应构成"滥用主权权力"这一要件，否则合同违约仅被认定为一般市场行为。仲裁庭依据文义解释未采纳该主张。

基于同一事实的不同救济问题，本案仲裁庭的处理方法也与其他仲裁庭对违反条约之诉和合同之诉不作区分有所不同。本案仲裁庭将违反条约之诉和合同之诉进行彻底区分，认为虽然申请人主张的事实是基于违反合同提出的，但案件审理的依据是《瑞士-巴拉圭 BIT》第 11 条 "遵守承诺" 之义务。虽然被申请人在提出撤销裁决阶段就裁决不一致问题提出异议，但特别委员会认为撤销裁决机制并不是为保证裁决一致性而设立的，因此未接受该主张。

对于保护伞条款和选择法院条款之间的问题，本案仲裁庭与 BIVAC v. Paraguay 案仲裁庭大体在相同时间审查了《瑞士-巴拉圭 BIT》中的保护伞条款。两起案件事实相仿，申请人 BIVAC、SGS 都与巴拉圭财政部签署了投资协议，协议中都含有选择法院条款，但是仲裁庭的结论却大相径庭。BIVAC v. Paraguay 案的仲裁庭参考了 SGS v. Philippines 案仲裁庭的论述，根据双方在协议中约定的争端解决方式，考虑了对因违反支付义务而引起仲裁请求的管辖权和可受理性问题。虽然该案仲裁庭认为其自身享有管辖权，但拒绝受理案件，其认为就可受理性而言，如果合同本身约定将索赔完全交由东道国法庭处理，除非存在不可抗力等正当理由，否则不应允许一方当事人以合同作为其提起仲裁的依据。但 SGS v. Paraguay 案仲裁庭在考虑了 BIVAC 案仲裁庭的裁决后，得出了截然相反的结论，SGS v. Paraguay 案仲裁庭认为可以受理申请人的主张，该案仲裁庭考虑到通过投资条约为投资者提供保护的重大意义，若拒绝受理将与《华盛顿公约》宗旨相悖。仲裁庭担心如果以各方在合同下承诺应适用法院选择条款为由，将基于保护伞条款提出的请求驳回，实际上就是在投资合同中默示放弃了 BIT 权利，而这种结果是不可接受的。SGS 案仲裁庭补充道："鉴于条约保护投资者权利的重要性，以及这些权利作为国际法性质的 '安全网'，独立于国内法，并且对补充国内法有着重要意义，不得轻易假定此种权利已被放弃。"

本案仲裁裁决有利于投资者，意味着投资者可以通过援引 BIT 中的保护伞条款，将东道国基于投资合同的违约行为诉诸条约争端解决机制。也就是说，即使投资者与东道国在投资合同中就选择法院条款达成合意，仲裁庭仍然可以对投资者依据保护伞条款提起的仲裁请求行使管辖权。这是因为《华盛顿公约》为投资者提供了另一种争端解决机制，此项权利不应被轻易减损。

由于各 BIT 关于保护伞条款文本规定不同，仲裁庭通常会采取不同的解释方法，从而可能作出截然不同的裁决。通过 BIVAC 案和 SGS 案仲裁庭的裁决，可以发现两起案件事实近乎相同，但是仲裁庭对保护伞条款却作出了不一致的解释，这是因为 BIVAC 案仲裁庭侧重于尊重当事人选择争端解决机制的自主权，SGS 案仲裁庭则强调条约对投资者权利保护的重要性。

## 四、小结

自 19 世纪 50 年代起，在投资协定中加入保护伞条款已然成为惯常但并不普遍的做法。在此后一段时间内，只有学者注意到了这一条款，大多数学者认为它是一个将合同义务提升到条约义务的条款。在 *SGS v. Pakistan* 案和 *SGS v. Philippines* 案发生之前，并没有仲裁庭对保护伞条款进行研究。在这两起案件发生之后，保护伞条款引起了仲裁庭和学者们的广泛讨论。

在投资协定中，保护伞条款的措辞存在差异。因此，对该条款的适当解释依赖于其具体用语、前后文、条约的目的与宗旨、谈判史或者能表明缔约方意图的其他材料。

在保护伞条款最初进入人们视野至 SGS 两项裁决作出后的一段时间内，学者们关于保护伞条款的辩论主要集中在其效力，尤其是该条款是否能够将违反合同的行为提升为违反条约的行为，或者该条款是否推翻了投资者和东道国之间投资合同中的选择法院条款。后来，讨论焦点似乎转向了适用范围，即该条款的适用条件，特别是围绕保护伞条款所涵盖的义务性质（属事管辖权）和受保护伞条款义务约束的人（属人管辖权）。

仲裁庭被要求判断投资者是否以及在什么情况下可以依据 BIT 中的保护伞条款将争端交由投资仲裁。不同的仲裁庭得出了不同的结论，特别是关于保护伞条款的效力及其范围。主要存在以下争点：保护伞条款是将所有还是仅将特定种类的合同索赔转化为条约索赔？它是仅涵盖国家承担的义务还是也涵盖国家控制下的其他实体承担的义务？它是仅涵盖有关投资的特定义务还是也包括法律规定的一般义务？对这些问题的答案不尽相同，也不存在一般性规则。鉴于保护伞条款存在不同解释，进而可能导致仲裁裁决出现严重不一致，因此越来越多的国家有意将保护伞条款从其 BIT 范本中删除。

# 第四节　第三方资助仲裁

## 一、概述

在解决国际商事争议或投资争端时，传统认为仲裁相对诉讼而言具有很多优势，其中包括其快速性和相对低廉的费用，但是随着国际商事争议和投资争端的复杂化，这种优势已不复存在。在国际仲裁中，双方当事人在选择仲裁享有高度自治性的同时，也承担着庞大的费用支出，包括仲裁员的费用、在机构仲裁时支付给机构的有关费用、租赁开庭场所的费用、可能涉及的专家费、巨额的律师费用以及可能的证人费用等。尤其是当案件涉及的法律关系复杂、证据材料庞杂、争议标的巨大时，上述费用数额之巨大在实践中将使有关当事人对提起仲裁望而却步。在这种背景下，第三方资助仲裁作为一种投资模式应运而生。

国际社会对第三方资助仲裁并没有一个统一的界定，一般认为第三方资助仲裁是指在国际仲裁程序中，由第三方（资助方）对仲裁程序的当事人（被资助方，通常是指申请人或者反诉中的被申请人）就可能涉及的法律费用或其他与仲裁有关的费用通过协议进行资金支持，并从胜诉裁决中获取约定比例的金额作为利润的投资模式。如果裁决判定被资助方败诉，则第三方将不能就其提供的资助金额获取任何补偿或赔偿。第三方资助仲裁与其他已有的对仲裁程序进行融资的模式相比，有一个最本质的特征，即资助方只能从被资助方最终所获的净赔偿额中获取利润，如果被资助方在仲裁程序中败诉，被资助方没有义务就资助方已经支付的费用提供补偿。当然，对于何为败诉，双方可以在资助协议中明确约定。

在国际投资仲裁领域，仲裁费用往往十分高昂，根据 UNCITRAL 委员会第三工作组的数据，投资者与东道国在律师和专家方面支出的费用占其仲裁费用的 80%~90%，平均每个案件支出的费用为 800 万美元。第三方资助的出现为资金困难的当事人提供了救济，使其有机会提起仲裁程序，维护其合法权益。一般而言，被资助方往往是投资者而非东道国，因为东道国提起反诉的情况较少，并且东道国一般情况下不会陷入无力承担仲裁费用的困境。但实践中仍存在东道国接受资助情形，例如，在 *Philip Morris v. Uruguay* 案中，乌拉圭政府就得到了反烟草贸易诉讼基金（Anti-Tobacco Trade Litigation Fund）的资金和技术资助。

近年来，越来越多的国际投资仲裁案件接受第三方资助。根据香港国际仲裁中心（HKIAC）发布的 2022 年案件统计数据，2022 年 HKIAC 共受理 256 起机构仲裁案件，其中有 73 起案件的当事人根据仲裁规则披露了其所受的第三方资助，另有 1 起仲裁案件当事人根据《UNCITRAL 仲裁规则》披露了其所受的第三方资助，涉及第三方资助的案件达到 28.9%。

## 二、第三方资助对仲裁可能产生的影响

### （一）促进正义的实现

当有关争议发生后，如果有事实根据和法律依据的一方当事人因为面临财务危机而没有能力启动救济程序，这对该当事人来说是不正义的。而第三方资助的存在正如雪中送炭，使该当事人能够提起救济程序，从而捍卫其合法利益。这反过来也能在一定程度上解决其面临的财务危机。因此，一般认为，第三方资助仲裁最大的合理性是对正义的追求与实现，正如有学者所言"国际仲裁不应当仅仅是富人追求正义的方式"。

### （二）消极影响

第三方资助作为一种投资模式，对投资回报的追求是第三方的唯一目的，对正义的追求客观上可能只是产生的附带效果，因此，第三方为了实现其投资利益，可能会对仲裁程序产生一些不利影响。概括起来，可能包括如下情形：

第一，第三方对仲裁程序的控制。众所周知，在国际商事仲裁中双方当事人享有高度的自治性，包括对仲裁方式的选择（机构仲裁或非机构仲裁）、仲裁员的指定、仲裁规则的选择或变更、是否进行调解、诉讼代理人的选定等事项具有自决权。但是当有第三方对仲裁当事人进行资助时，第三方将采取一切手段对仲裁程序进行控制，从而达到降低仲裁费用、最大化投资收益的目的。这种追求投资收益最大化的目标将影响被资助方对律师的选择、对

仲裁员的指定，甚至可能影响被资助方仲裁策略的制定。事实上，在第三方决定是否资助某个案件之前，它将对被资助方以及与案件有关的信息进行初步调查，其中就包括对被资助方的法律顾问或律师的评价。如果第三方认为被资助方的律师不能胜任对案件的处理，它有可能要求被资助方更换律师，否则将不予资助。即便第三方同意被资助方对律师的选择，它在资助协议里也会约定对律师的监督，包括律师的辩护策略以及费用支出等，否则第三方有权终止资助。另外，对于在仲裁程序中是否接受调解，第三方往往也会表明自己的立场。因为第三方的最终目的是使其投资收益最大化，而调解将有可能使被资助方获得的金钱赔偿数额减少，导致第三方收益的相应降低。因此，在实践中，第三方也往往会在协议中对被资助方是否接受调解做出安排，否则，也可能导致资助协议的终止。可见，第三方对被资助方在仲裁程序推进的各方面具有实质性的影响。尽管如此，本书认为这种影响在一定程度内是可以接受的，因为第三方和被资助方对于案件结果毕竟有基本一致的追求，即都希望取得裁决数额的最大化。但是，如果被资助方还打算通过调解等方式解决争议，以便将来和仲裁的对方当事人还有进行合作的可能，那么此时第三方与被资助方在案件的策略上将可能发生分歧。另外，在涉及投资者与东道国的投资争议仲裁时，如果接受资助的是东道国，那么由于主权的介入将会使问题变得更加复杂。第三方对作为被资助方的东道国在仲裁程序中享有的自主权进行限制将可能与东道国的公共秩序原则相抵触。

　　第二，可能产生利益冲突风险。在国际仲裁中，当事人的律师和仲裁员有可能都是来自同一行业的专家或专业人士，这就可能导致如下情形：在 A 案中的仲裁员可能担任 B 案中的一方当事人的代理人，而 A、B 两个案件的当事人是相同的。第三方资助的存在将使得这种利益冲突更加复杂，并且有时不易察觉。比如，在一个有第三方资助的仲裁程序中，作为仲裁员的律师所在的律师事务所与资助方存在某种关系，或者该律师拥有资助方公司的股份，这种直接的利益冲突无论如何都是应当避免的。这种利益冲突如果是在仲裁裁决作出后才被发现，那么就有可能因为仲裁员缺乏独立性与公正性而导致仲裁裁决被撤销。仲裁裁决如果被撤销，不仅对仲裁程序的当事人来说是极为不利的，对第三方来说也是一种灾难性的后果，这意味着第三方的投资将付诸东流。

第三，可能鼓励当事人滥诉。因为存在第三方资助，所以当事人可能草率地启动仲裁程序，当事人的律师也可能缺乏对案件的风险进行恰当分析的动力。另外，在实践中，由于资助费用可能在若干个资助者中分担，因此，每个资助者对案件事实的调查与对风险的分析也可能缺乏应有的动力。不过这种观点在实践中很难成立。如前所述，资助者在决定是否对某个案件进行资助时会进行尽可能全面的尽职调查，综合评估案件的胜诉率以及投资回报率，从而做出理性的投资决策。因此一旦第三方决定不对某个案件予以资助时，当事人会对第三方的评估意见慎重考虑，从而决定是否提起仲裁程序，这在一定程度上反而起到了防止滥用仲裁程序的目的。

第四，可能对特权与保密产生侵蚀。一般说来，律师与当事人之间存在的委托关系受到法律的一定保护，具体而言，律师与当事人之间就案件的沟通意见是可以不予披露的。但是由于当事人的律师与第三方之间并不存在这样的委托关系，并且在实践中律师会代表当事人，也就是被资助方与第三方就案件情况进行沟通，甚至发表法律意见。如果在这种情形下律师的沟通意见得不到特权保护的话，那么应当通过第三方与被资助方签订的资助协议对此提供保护，也就是限制第三方将这些沟通意见予以披露。针对这种情况，第三方一致认为比较明智的做法是在进行尽职调查时主要进行事实调查和分析，而减少与被资助方律师关于法律意见的沟通。

就可能涉及的保密性问题而言，主要因为第三方对自己投资的关注，而要求被资助方将仲裁程序的进展向其披露，这有可能对仲裁程序的保密性产生侵蚀。这使得被资助方处于两难境地，如果披露有关信息，特别是披露与对方当事人有关的信息，则可能违背仲裁的保密性，如果拒绝披露，则有可能丧失第三方的资助。

第五，其他可能的问题。比如资助方武断地终止资助，从而使整个仲裁程序陷入僵局，这种僵局将导致被资助方无法继续实现其可能的合法利益。为了避免这种情况发生，被资助方有时不得不听从于第三方的指令，在很大程度上丧失对案件处理策略的控制。在实践中第三方有时中断资助的原因是自己的资金出了问题，客观上无力支付有关仲裁费用。由于信息不对称，被资助方在很多时候不知道第三方同时资助了多少案件，对第三方的资金实力往往缺乏客观正确的判断。因此，第三方的资本充足与否在资助中显得至关重要。

### 三、对第三方资助仲裁的规制

如前所述，第三方资助仲裁可能对仲裁程序的自洽性提出挑战，在一定程度上对仲裁的一些基本原则产生不利影响，本书主要以对第三方资助仲裁的披露为切入点，从仲裁规则、国内立法以及投资协定三个方面对该问题进行讨论。

（一）仲裁规则

1. 2022 年《ICSID 仲裁规则》

2022 年《ICSID 仲裁规则》第 14 条是有关披露资助的条款。第 14 条第 1 款规定"当事人应该提交书面通知，披露该方直接或间接通过捐赠、赠款或根据争端结果取得报酬方式获得资助用于辩护的非争端当事人的名称和住址"，该规则采用了强制当事人披露资助的基本模式，要求当事人以提交书面通知方式履行，并给出了第三方资助的定义、资助披露的主体和基本范围。该条款使用的资助定义很宽泛，涵盖了无偿的、慈善的和其他不以营利为动机的财务安排。披露主体是受到资助的一方当事人。

2.《UNCITRAL 规则》

UNCITRAL 第三工作组针对第三方资助规制问题制定了初步草案。草案第 7 条第 1 款规定被资助方应该向仲裁庭和争议其他当事人披露包括：资助者姓名、地址；资助者实际控制人以及为资助者代表或拥有资助者决策权的任何自然人或法人的名称、地址；资助协议或其条款。除第 1 款规定的内容外，仲裁庭可要求披露的范围包括：资助者是否同意承担不利费用裁决；资助者的预期回报金额；资助者控制或影响索赔和仲裁程序管理以及终止资助协议的任何权力；资助者针对被申请人索赔进行资助的案件总数；第三方出资人与代表受资助方的律师或律师事务所之间达成的协议等信息。与《ICSID 仲裁规则》相比，《UNCITRAL 仲裁规则》明显扩张了披露的范围，将当事人资助协议及其条款纳入了强制披露的范围。而仲裁庭有权要求披露的信息范围则更为广泛。其第 7 条第 3、4 款还规定了受资助方尽快、持续的披露义务，要求当事人应在提交索赔申请时披露第 1 款所列的信息。

### 3.《CIETAC 仲裁规则》

《CIETAC 仲裁规则》第 27 条第 2 款规定:"获得第三方资助的当事人应在签署资助协议后,毫不迟延地将第三方资助安排的事实、性质、第三方的名称与住址,书面告知对方当事人、仲裁庭及管理案件的投资争端解决中心或香港仲裁中心。仲裁庭也有权命令获得第三方资助的当事人披露相关情况。"

### (二)国家立法

新加坡 2017 年通过了《民法修正案》,取消了帮讼和助讼获利的侵权责任,自此国际投资仲裁中的第三方资助在新加坡成为一项合法行为。2017 年新加坡《法律职业(职业行为)(修订)规则》中专条规定了关于第三方资助披露义务的内容,要求在进行任何争议解决程序时,法律从业人员必须向法院或仲裁庭以及所有当事方披露是否存在与诉讼费用有关的任何第三方资助安排,以及第三方资助者的身份和地址。

### (三)投资协定

随着第三方资助仲裁情形的增多,很多国家对该法律资本的运作模式予以高度关注,并在其投资协定中对该问题进行了规制。

《荷兰 2019 年 BIT 范本》中对第三方资助作了规定,第 19 条第 8 款规定了第三方资助的披露义务,"申请人应当向另一方当事人和仲裁庭披露第三方资助者的姓名和地址。披露时间为提交仲裁申请时,或在提交仲裁申请后资助安排达成时"。

《加拿大 2021 年 BIT 范本》中,也对第三方资助作了全面详细的规定。首先,该示范 BIT 第 1 条对第三方资助作了界定:"'第三方资助'系指非争议方人士为支付部分或全部诉讼费用而提供的任何资助或其他同等支持,包括通过捐赠或赠款,或根据争议结果换取报酬。"其次,仲裁庭在决定是否作出费用担保的临时措施时,第三方资助应当是重要的考量因素。最后,该 BIT 第 42 条对第三方资助的内容和时间作了规定:"①申请人应向被申请人和仲裁庭披露第三方资助者的名称和地址。②申请人应当在依据第 27 条的规定提出仲裁申请时依据上述第 1 款进行披露,若第三方资助安排是在提出仲裁申请后达成的,则应当在第三方资助安排达成后十日内进行披露。③申请人有义务持续披露在首次披露后发生的第 1 款所述信息的任何变更，包括第三方资助安排的终止。"

欧盟与加拿大签订的 CETA 也对第三方资助作了专门规定，第 8.26 条要求受资助的当事人应向另一方当事人和仲裁庭披露第三方资助者的名称和地址，披露时间为当事人提出仲裁申请时，若第三方资助安排于提出仲裁申请之后达成，则应在达成资助协议即时进行披露。

不过也有投资协定禁止当事人利用第三方资助，比如《阿根廷－阿联酋 BIT》中，第 24 条规定了完全禁止第三方资助。

## 四、案例研究

*Muhammet Cap v. Turkmenistan* 案通过程序令方式就被申请人提出的披露第三方资助申请作出了决定，该案详细列举了仲裁庭在考虑是否批准第三方资助披露申请时应考虑的要素，并将要求披露的范围从第三方资助者的名称和详细信息扩展到了当事人与第三方资助者签订的资助协议的相关条款，对于确定第三方资助披露的标准具有重要意义。

（一）案情概要

本案申请人为 Sehil Inşaat Endustri ve Ticaret Ltd. Sti.（以下简称 Sehil 公司）和 Muhammet Çap 先生（以下简称 Çap 先生），Sehil 公司是一家土耳其建筑公司，Çap 先生拥有 Sehil 公司的多数股权；被申请人是土库曼斯坦政府。

2000 年至 2004 年间，Çap 先生通过 Sehil 公司在土库曼斯坦的重大建筑项目上进行了大量投资，其中 33 个项目顺利竣工，32 个项目出现问题，这 32 个项目构成此次争议的基础。Sehil 公司认为，在土库曼斯坦总统去世、2007 年选举新总统之后，Sehil 公司的投资业务遭受了阻碍。Sehil 公司指出，土库曼斯坦政府通过拖延工程妨碍其管理投资，如故意不支付所需的临时款项，不支付 Sehil 公司因政府单方行政命令而开展的额外工作的费用，以及向其强加复杂的审批程序，此外土库曼斯坦政府非法终止了 6 个项目，撤回了 4 个已批复许可的项目，强迫 Sehil 公司参与一些项目，并对 Çap 先生及其家人、员工进行骚扰和暴力威胁。2012 年 2 月 21 日，Sehil 公司向 ICSID 提出仲裁申请，指控土库曼斯坦政府违反了土库曼斯坦和土耳其 BIT 的若干条款。

2014 年 4 月 11 日，土库曼斯坦政府向仲裁庭提出申请，要求 Sehil 公司披露①其是否存在第三方资助安排；②若是，资助安排的具体条款是什么；③是否与律师或第三方资助者达成了败诉后的不利费用安排。但仲裁庭在第 2 号程序令中拒绝了该申请。

2015 年 4 月 10 日，土库曼斯坦政府依据 2014 年《国际律师协会国际仲裁利益冲突指引》再次向仲裁庭提出了披露申请，理由是 Sehil 公司更换了律师，而该名律师同时正在代理土库曼斯坦政府为当事人的另一案件 *Kılıç v. Turkmenistan* 案，因此可能存在利益冲突的情形。土库曼斯坦政府还表示将考虑申请费用担保。2015 年 4 月 20 日，应仲裁庭要求，Sehil 公司就土库曼斯坦政府的披露申请作出答复，称不存在利益冲突问题，被申请人的指控毫无根据。2015 年 4 月 21 日，土库曼斯坦政府答复指出 Sehil 公司未否认其接受了第三方资助，认为有必要"披露对本案决定可能存在直接经济利益的第三方出资人，以便确定是否存在任何冲突，并使本案中所有利益相关方的信息完全透明"。

（二）争议焦点

本案的争议焦点主要是当事人披露第三方资助的条件，以及披露义务的范围。

（三）仲裁庭意见及裁决

被申请人先后向仲裁庭提出了两次披露申请，仲裁庭分别在第 2 号和第 3 号程序令中作出了决定。

在第 2 号程序令中，仲裁庭首先认为其有权在必要时就披露申请作出决定，以维护当事人的权利和仲裁程序的完整性。其次本案当事各方没有就仲裁庭在决定披露申请时应考虑哪些因素向仲裁庭提供指引，因此，仲裁庭结合本案具体情况认为作出披露命令应考虑以下因素：其一，第三方资助是否可能会导致仲裁员利益冲突。若第三方资助可能导致仲裁员利益冲突，则应对第三方资助进行披露。其二，第三方对案件的参与程度如果过高，则可能会改变案件真正的当事人，若有迹象表明存在这种情况，则应对第三方资助进行披露，以提高仲裁程序的透明度。其三，若披露第三方资助有助于仲裁庭在裁决中公平地决定仲裁费用分担问题，则应当予以披露。其四，由于第三方资助是仲裁庭决定是否作出费用担保决定的重要考量因素，因此若东道国提出费用担保申请，则需对第三方资助情况进行披露。其五，如果第三方资助的存在可能会影响仲裁的保密性，则可能需对第三方资助情况进行披露，以避免有关保密信息被别有用心的第三方利用。

在本案中，被申请人要求申请人披露是否存在第三方资助，若存在，则要求披露具体的资助条款。然而被申请人未能证明第三方资助存在的可能性，或证明第三方资助与仲裁庭正在审查的问题有关。此外，被申请人没有给出其要求披露的信息与本案相关的理由，以及被申请人需要披露这些信息的理由。据此仲裁庭认为，目前没有任何迹象表明本案因存在第三方资助而可能产生仲裁员利益冲突问题，不存在泄露保密信息的风险，也不存在其他应当批准被申请人披露申请的正当理由。

仲裁庭虽然据此驳回了被申请人的披露申请，但同时指出，若被申请人有更充分的证据证明其申请的合理性，其有权在之后的仲裁程序中进一步提出披露申请。在第2号程序令作出后一年，被申请人再次提出了披露申请。

在第3号程序令中，仲裁庭重申了第2号程序令中关于仲裁庭权限的论述以及作出披露决定应考量的因素。在该程序令中，仲裁庭认为申请人本可以直接了当地否认存在第三方资助安排，但是申请人却没有这样做，这说明确实可能存在第三方资助安排。另外，本案申请人的律师在被申请人为当事人的另一仲裁案件中也代理了该另一案申请人。在该另一案中，仲裁庭作出了有利于被申请人的费用裁决，但该案的申请人仅支付了撤诉费用，并未向被申请人支付其他相关费用。在这种情况下，仲裁庭理解被申请人的担忧，即其若赢得仲裁，第三方可能会退出资助，导致申请人无力负担不利费用，从而致使被申请人支出的有关仲裁费用无法得到赔偿。据此仲裁庭决定，在本程序令发出之日起15天内，申请人需披露其是否有第三方资助安排，若有，则应披露第三方的名称、详细信息，以及资助安排的性质，还包括第三方是否享有以及在何种程度享有申请人的裁决成果。

（四）案例评析

从两个程序令可见仲裁庭对于是否作出披露申请的决定分为两步，首先判断仲裁庭是否拥有决定披露申请的权力，随后列举披露第三方资助安排的所考量因素，从而作出决定。

就仲裁庭是否拥有决定披露申请的权力而言，仲裁庭的权力源自当事人约定或仲裁机构规则。审理该案时有效的 2006 年《ICSID 仲裁规则》并未直接规定第三方资助披露，仲裁庭认为其对相关问题进行决定的权力来源于其为维护当事人利益和程序完整性而拥有的固有权力。同时在两次披露申请中，当事人均未对仲裁庭的固有权力提出质疑。因此，仲裁庭的权力来源同时具有当事人认可和《华盛顿公约》第 44 条赋予的双重合理性。

就披露第三方资助安排的所考量因素而言，第 2 号程序令从整体出发，全面列举了第三方资助安排给仲裁带来负面影响的可能性，第 3 号程序令则具体从案件本身出发，给出了更具针对性的考量因素。但是两份决定中均未对各考量因素进行细致分析，仅有第 2 号程序令进行了简单的三段论推理。综合两份决定，在本案中仲裁庭作出披露命令所重点考察的因素如下：

第一，防范利益冲突对仲裁程序的影响。该因素在两次决定中都被仲裁庭列在考量因素的首位。在有第三方资助安排的情况下，第三方很可能会与仲裁员存在利益冲突，但由于第三方的隐秘性，第三方与仲裁员的关系很难被发现，从而损害仲裁的公正性。在第一次披露申请中，被申请人没有提出防范利益冲突的观点和理由；相比第一次披露申请，在第二次披露申请时被申请人提出了防范利益冲突的观点，并提供了两个依据，一是《IBA 利益冲突指引》，该指引提供了关于评估利益冲突的披露要求和指导；二是申请人更换了律师，而该名律师正在同时代理被申请人为当事人的另一案件，从决定的结果来看，被申请人提供的依据具有相当的说服力。基于防范利益冲突这一要素，仲裁庭决定的披露义务范围为第三方的基本信息，即名称和地址等，这些初步信息足以使被申请人和仲裁员注意到可能存在的利益冲突。

第二，费用问题，包括被申请人是否申请费用担保以及费用支付的决定是否能得到遵守。第三方通常对投资者的部分或全部仲裁费用予以资助，但出于获取最大利润的考量，其也可能会与申请人约定不承担不利费用，致使东道国即使胜诉也无法获得应有的费用补偿，因此是否存在第三方资助安排逐渐成了仲裁庭作出费用担保的考虑因素。在 *RSM v. Saint Lucia* 案中，仲裁庭认为 RSM 公司接受第三方资助的事实增加了仲裁费用决定不被遵守的风险，成为仲裁庭作出费用担保决定的理由之一。虽然仲裁中存在第三方资助安排的事实并不能单独作为申请人必须提供费用担保的理由，但仍是一个需要考量的因素，而要求披露第三方资助安排是对该因素进行考量的前提，因此，被申请人是否申请费用担保也反过来成为作出披露决定的考量因素成为程序上的要求。基于费用问题这一考量因素，第三方资助披露义务的范围也随之扩大到了申请人与第三方签订的资助协议，资助协议中关于第三方对仲裁结果享有的利益的约定对仲裁费用决定的遵守具有重大意义，能够判断申请人是否可以承担不利裁决的结果，因此，仲裁庭最终决定除第三方资助者的名称和其他详细信息外，还需披露资助协议的相关内容。

值得注意的是，本案要求对资助协议安排进行披露是国际投资仲裁实践现状的一个重大突破。在以往的第三方资助案件中，仲裁庭要求披露的第三方资助信息仅限于第三方的姓名等基本信息。

我国对第三方资助尚未在法律上作出明确规定，但该问题已经在司法实践中出现。2022 年 11 月，北京市第四中级人民法院首次在裁定中肯定了第三方资助的合法性，并对第三方资助相关的利益冲突、披露义务、与仲裁保密性的冲突等相关问题进行全面解读，对第三方资助在我国的发展具有重大意义。北京市第四中级人民法院认为"现行法律对第三方资助机构支持资助当事人进行仲裁，并无禁止性规定"，肯定了第三方资助中当事人的意思自治原则。而对披露的义务范围，北京市第四中级人民法院则从仲裁员履行信息披露义务、遵守回避规定和第三方资助机构在仲裁中的披露两方面进行了分析，认为其审理的案件中现有证据不足以证明仲裁员与案涉第三方资助机构存在利害关系，被申请人披露的存在第三方资助的事实也足以保障仲裁庭和各方当事人的相关权利。该司法实践对我国第三方资助仲裁的立法与实践都具有重要的参考价值。

**思考题**

1. 平行程序产生的原因及解决方案。

2. 为什么在投资仲裁中东道国提起反请求具有特殊性？

3. 保护伞条款的适用问题。

4. 第三方资助仲裁可能产生的问题及解决方案。

# 第五章

# 投资保护条款

为鼓励资本的跨境流动，促进东道国的经济发展，国际投资协定为投资者设定了较为广泛的实体保护条款，以保障其投资安全，主要包括国民待遇、最惠国待遇、FET 以及 FPS 等。这些条款一方面为投资者的投资安全提供了条约保障，但另一方面也为东道国施加了条约义务，甚至可能影响东道国的主权规制权，从而可能引起投资者与东道国之间利益的冲突，最终引发争议。本章将结合仲裁实践，对投资保护几个主要条款进行分析研究。

## 第一节　公平公正待遇条款

### 一、概述

公平公正待遇（FET）是国际投资中常见的投资者保护标准之一，多数 BIT 或 MIT 中均有 FET 条款，它强调东道国应给予投资者公平公正的待遇，不得存在歧视或迫害。但 FET 具体包含哪些内容，国际文件、仲裁实践以及学者们的论述均有所不同。根据 UNCTAD 于 2012 年做出的关于 FET 的报告，结合国际投资仲裁实践，FET 一般包括如下内容：保护投资者的合理期待、正当程序、东道国应避免歧视和专断行为以及东道国不得采取胁迫和骚扰行为等。[1]

截至 2023 年 7 月 31 日，根据 UNCTAD 的官方统计显示，在已记录的 776 起案件中，投资者指控东道国拒绝公正司法、违反 FET 或最低待遇标准的多达 673 起。在 1997 年至 2019 年已统计的 184 件涉及 FET 条款的仲裁案件中，支持投资者的裁决接近九成。[2] 由此可见，FET 条款在国际投资仲裁中的适用率非常高，几乎到了每案必涉的程度。正是因为投资者高频率的适用和东道国高频率的违反，投资者与东道国对于 FET 的态度出现了两极分化，一方面是投资者在投资仲裁中对 FET 条款的滥用；另一方面是东道国因 FET 条款频繁败诉导致他们对 FET 条款产生了警惕和抵触，这种两极分化的态度也是 FET 在仲裁实践中面临的主要困境。另外，由于国家间投资协定的修订、更新速度较慢，所以投资协定的条款无法完全满足不断发展的现实需求。早期的投资协定条款内容多为鼓励和保护投资者而设计，FET 条款因为其规定、解释和使用的任意性更是被广泛适用，这使得发展中国家面临的压力越发明显，所以出现了以维护国家经济规制权为目的的 ISDS "退回机制" 改革主张。[3] 虽然发展中国家在投资领域的实力无法与发达国家相比，这种 "退回机制" 现象也不太可能影响 ISDS 发展的大方向，但是 FET 条款在实践中的适用情况所体现出的东道国与投资者之间的深刻矛盾值得反思。

## 二、FET 与最低待遇标准

近年来，FET 在国际投资仲裁实践中几乎达到无案不涉的程度，许多仲裁庭频繁援引国际最低待遇标准对 FET 进行解释。然而，FET 是否为国际最低待遇标准的一部分或是否完全等同于该待遇标准是理论和实践中争议较大的问题。

最低待遇标准是习惯国际法中有关外国人待遇的一项规范，规定不论国

---

[1]　See UNCTAD, Fair and Equitable Treatment, UNCTAD Series on Issues in International Investment Agreements II: A Sequel, 2012, p. 62.

[2]　数据来源 https://investmentpolicy. unctad. org/investment-dispute-settlement，最后访问日期：2024 年 1 月 19 日。

[3]　靳也：《投资者—国家争端解决机制改革的路径分化与中国应对策略研究》，载《河北法学》2021 年第 7 期。

家的国内立法和实践如何，在对待外国国民及其财产时都必须尊重一套最低待遇原则。[1]美墨求偿委员会于 1926 年审理的 *Neer* 案被认为是国际最低待遇标准的标志性案件。该案关涉东道国墨西哥当局未对一名美国国民非自然死亡进行适当调查而构成"拒绝司法"，从而违反了国际法。[2]从案件的判决结果来看，*Neer* 案为违反国际最低待遇标准设置了极高门槛，申诉方的举证责任需要达到相当高的证明标准才能认定东道国存在不法行为。

西方国家最初提出在投资条约中引入最低待遇标准，以应对发展中国家保护水平不足的问题，但却遭到发展中国家的普遍反对。为了更广泛地被接受，西方国家转而倡导更为中立的 FET。最为典型的是 NAFTA 第 1105 条的规定，将 FET 等同于国际最低待遇标准，并进一步限定为习惯国际法下的最低待遇标准。但实践中，仲裁庭经常通过援引先前仲裁裁决和学者学说进行扩张解释，由此导致 FET 标准往往高于最低待遇标准。

鉴于大部分投资条约已很少将 FET 与国际最低待遇标准挂钩，大量新近的国际投资仲裁实践表明 FET 正逐渐成为一项独立自主的外资待遇标准。而对于独立的 FET 是否需要参照最低待遇标准进行解释也存在一定争议，主要可分为两种观点：一种观点认为，无论条约中是否明确规定，都应当参照习惯国际法下的最低待遇标准。依照这种解释，缔约国提供给投资者的待遇不超过国际最低待遇标准。另一种观点则认为 FET 应当是独立的待遇标准，在无条约明确表示的情况下不需要参照最低待遇标准进行解释，如果条约缔约方想要参照习惯国际法，则应当在条约中指明，而非制定不附加条件的 FET 条款。

FET 与习惯国际法下的最低待遇标准是意义不同的两个概念，二者有较强的不相容性。其一，两种标准的适用范围不同。最低待遇标准的确立是为

---

〔1〕 OECD, *Fair and Equitable Treatment Standard in International Investment Law*, Working Papers on International Investment, September, 2004, p. 5, available at http://www. oecd. org/daf/inv/Investment-policy/WP-2004_ 3. pdf，最后访问日期：2023 年 12 月 17 日。

〔2〕 委员会在审理该案时认为："政府行为是否适当应该根据国际标准进行衡量。要构成拒绝司法，政府行为必须达到'暴行''恶意'或'故意漠视'的程度方能构成国际不法行为；如果相关行为极大偏离国际标准，以至于任何理性公正的人都会毫不迟疑认为该行为是不适当的，那么做出该行为的政府即违反了国际责任。"

了满足对外国人的人身及其财产保护，而非直接针对外国投资者及其投资的保护。虽然二者在某些要素上有所重合，例如在歧视、任意性等方面，但在投资条约中出现的 FET 条款不宜简单地理解为最低待遇标准，两项标准所针对的国际法领域不同，因而具有不同的功能和作用。其二，FET 要求东道国提供比最低待遇标准更高的保护。一般而言，违反最低待遇标准的门槛极高，因此该标准仅适用于极端案件，不利于保护外国投资者。相反，FET 能为外国投资者提供更普遍并更具可操作性的保护。其三，两项标准体现的共同意愿不同。习惯国际法下的最低待遇标准强调其普遍的约束作用，已有物质要素和内心确信为其强制力提供基础。投资条约中的 FET 条款，是条约缔约方或争议各方对"公平""公正"的共同理解，其含义需要根据缔约方或案件的具体情况来确定，共同意愿的主体确定且有限。[1]

事实上，FET 与最低待遇标准的关系，在很大程度上取决于投资协定中 FET 标准的规定方式。[2]在条约未明确表明参照最低待遇标准时，应从投资条约本身出发进行解释。并且，若缔约国的真实意思表示为参照后者解释前者，那么使用 FET 指代最低待遇标准明显不具有必要性。此外，VCLT 第 31、32 条明确规定了条约的解释方法，并且此种解释方法已形成习惯国际法。在条约没有对 FET 作出解释时，应当依据条约上下文并参照条约的目的和宗旨，善意解释 FET 的通常含义，避免想当然地参考习惯国际法下的最低待遇标准。

### 三、国际投资协定对 FET 条款的规定

国际投资协定对 FET 条款的规定模式并不一致，有些规定参照习惯国际法，对 FET 的规定较为抽象概括，比如 CPTPP 第 9.6 条第 1 款规定："每一缔约方应依照适用的习惯国际法原则给予涵盖投资包括公平公正待遇及充分保护和安全在内的待遇。"该条第 2 款 a 项规定："公平公正待遇"包括依照世界主要法律制度中所包含的正当程序原则，在刑事、民事或行政裁决程序

---

〔1〕　邓婷婷：《国际投资协定中的公平与公正待遇研究》，法律出版社 2017 年版，第 78~79 页。

〔2〕　闫旭：《论公平公正待遇与最低待遇标准的关系——兼评 RCEP 投资待遇规则》，载《西部法学评论》2022 年第 1 期。

中不拒绝司法的义务。该规定与 2012 U. S. Model BIT 关于 FET 的规定如出一辙。这种将 FET 与最低待遇标准结合起来规定的模式在实践中存在问题，即若参照最低待遇标准，对于限定解释 FET 内涵的实际效果有限；若脱离最低待遇标准，仅依照"法官造法"，难免导致仲裁庭解释条款时出现宽泛化、不可预测性和类案不统一。[1]FET 与最低待遇标准之间的关系未有定论，而不管采用哪种标准，仲裁庭审理的实质都应在 FET 标准的实际内容。从目的角度来看，FET 标准究竟属最低、最高或平均待遇标准并非主要问题，裁决的关键应是在任意情形下，判断所争议的行为性质是否为"公平公正"。[2]

在此背景下，国际投资实践更加关注 FET 的具体内涵及其所包含的子要素，开始运用内容清单模式对 FET 进行解释，新近订立的一些投资协定也体现了仲裁实践。比如，CETA 第 8.10 条第 2 款通过清单式列举方式对 FET 作了规定：一项或一系列措施构成下列情形的，当事方违反第 1 款所述的 FET 义务：①在刑事、民事或行政诉讼中拒绝司法公正；②在司法和行政程序中根本违反正当程序，包括根本违反透明度；③明显的任意性；④针对基于明显错误理由的歧视，如性别、种族或宗教信仰；⑤滥权对待投资者，诸如强制、威胁和骚扰；⑥违反了缔约方根据本条第 3 款所通过的 FET 义务的任何进一步要素。该条第 3 款规定了缔约方对 FET 的具体内容进行复审的程序，即"缔约方应定期或应一缔约方请求评审公平公正待遇的义务内容，根据第 26.2.1 条（b）（专门委员会）设立的服务和投资委员会可以在此方面形成建议并提交给贸易委员会作出决定。"同时该条第 4 款对投资者合理期待也做了较为明确的规定，在限定投资者产生合理期待的条件时，也给与仲裁庭一定的自由裁量权，即"当适用公平与公正待遇义务时，仲裁庭可以考虑一缔约方是否对投资者作出了特别陈述以吸引此种投资，而该特别陈述造成了正当期待，投资者依赖此种特别陈述据以决定作出或维持投资，但该缔约方后来破坏了此种期待。"《欧盟-新加坡的投资保护协定》

---

〔1〕 左海聪、闫旭：《论国际投资协定中公平公正待遇的义务要素》，载《中国高校社会科学》2022 年第 1 期。

〔2〕 F. A. Mann, British Treaties for the Promotion and Protection of Investment, in F. A. Mann, *Further Studies in International Law*, Clarendon Press, 990, p. 244.

第 2.4 条对 FET 的规定与 CETA 几乎一致。这种规定模式一方面使 FET 的内容相对明确，在一定程度上能避免该待遇条款的抽象性、模糊性以及适用结果的不确定性，另一方面通过复审程序考虑实践的发展，为 FET 与时俱进提供了程序机制。这种封闭式清单加复审机制的规定模式也被欧盟运用到其提出的 ECT 现代化方案中。[1]

不过需要注意的是，有些投资协定对 FET 内涵的规定虽然也较为确定，但是与 CETA 相比，内容则单一很多。比如《中国-东盟自由贸易协定》第 7 条第 2 款规定："为进一步明确：（一）公平和公正待遇是指各方在任何法定或行政程序中有义务不拒绝给予公正待遇。"

## 四、案例研究

本节案例分析选取了近几年中关于确定 FET 具体内容的典型案例，即 *Crystallex v. Venezuela* 案。本案仲裁庭明确区分 FET 和习惯国际法下的最低待遇标准，坚持从投资条约文本出发，依据 VCLT 对案涉投资条约中 FET 的具体内涵进行解释。该案在明晰 FET 内涵、平衡投资者和东道国利益方面具有重要意义。

（一）案情概要

本案申请人是 Crystallex International Corporation（以下简称"Crystallex 公司"），系依据加拿大法律注册成立的公司。被申请人为委内瑞拉玻利瓦尔共和国（以下简称"委内瑞拉"）。

位于委内瑞拉的 Las Cristinas 拥有世界上最大的未开发金矿矿床之一，可分为四个采矿特许地区。2002 年 5 月 16 日，委内瑞拉矿业部和委内瑞拉国有企业 Corporación Venezolana de Guayana 公司（以下简称"CVG"）签订了关于管理该矿床的行政协议，矿业部授权 CVG 勘探、开采和出售 Las Cristinas 四个特许经营区内矿床中发现的金矿，并允许 CVG 在事先通知矿业部的前提下与第三方签订合同。2002 年 9 月 17 日，Crystallex 公司和 CVG 缔结了矿山

---

〔1〕 参见 https://ccsi.columbia.edu/sites/default/files/content/docs/tradoc_158754%20（1）_0.pdf，最后访问日期：2023 年 12 月 17 日。

运营合同，Crystallex 公司由此获得开发该金矿的权利。为实际开采矿产，Crystallex 公司必须获得委内瑞拉政府的一系列授权许可，包括土地占用许可证、可行性研究报告、环境影响报告、施工合规担保债券并支付环境税。在 2003 年至 2007 年期间，Crystallex 公司满足了后三项手续要求。但委内瑞拉环境部以开采活动对当地环境和热带雨林保护区原住民造成不利影响为由，拒绝了 CVG 提出的土地占有许可证申请，进而否定了 Crystallex 公司开采涉案矿产资源的权利。随后，Crystallex 公司通过提起行政复议、分级上诉等救济手段，均未改变拒绝授予许可证的结果。2009 年 2 月，Crystallex 公司向 CVG 询问项目进展状态，CVG 回复合同完全有效，正在从主管部门获得项目开发所需的许可证。而 2008 年到 2010 年间，委内瑞拉总统在多种场合表示，已将涉案矿产资源收归国有，政府已接管该金矿的开采控制权。2011 年 2 月，CVG 单方面通知 Crystallex 公司，决定撤销双方之间的矿产经营合同。2011 年 3 月，Las Cristinas 金矿开采工作正式移交至委内瑞拉政府。

基于上述事实，并依据《加委 BIT》，Crystallex 公司于 2011 年 2 月向 ICSID 正式提起针对委内瑞拉的投资仲裁。申请人 Crystallex 公司主张，委内瑞拉政府违反了《加委 BIT》第 2 条第 2 款关于 FET 的规定，未能给予申请人在委内瑞拉的投资以 FET。双方围绕 FET 条款展开了辩论。

第一，就 FET 的内容而言，申请人认为《加委 BIT》第 2 条第 2 款中"公平公正待遇"是自主的条约标准，且较为宽泛和灵活，旨在当国家行为可能被认定为不公正时对投资者提供保护。申请人进一步援引先前裁决，主张违反该标准不以恶意为条件，并根据以往仲裁庭的实践，总结出与本案相关的 FET 标准的具体要素，认为违反其中任何要素的措施都是不公平的。被申请人则认为，《加委 BIT》中的 FET 是习惯国际法项下的国际最低待遇标准。其一，从文义解释来看，该 BIT 第 2 条第 2 款通过参照"国际法原则"对 FET 标准作了规定，由此纳入了习惯国际法对外国人及其财产的最低待遇标准。其二，被申请人援引案例说明，其行为需达到一定程度方能构成违反 FET 标准。其三，被申请人主张，NAFTA 第 1105 条关于 FET 的规定纳入了最低待遇标准，而《加委 BIT》以其为基础签订，故可推定案涉 FET 条款也应包含最低待遇标准。

第二，就 FET 条款的具体判断因素而言，在投资者合理期待方面，申请人认为委内瑞拉政府的答复和承诺使 Crystallex 公司产生了能顺利获得许可证并从事开发活动的合理期待，但最终委内瑞拉政府拒绝授予 Crystallex 公司许可证并通过 CVG 撤销合同，这些行为损害了 Crystallex 公司作为投资者的合理期待。被申请人则辩称，委内瑞拉政府从未作出具体承诺或承诺授予许可，或者就 CVG 而言，从未承诺不行使其撤销合同的权利。另外，申请人还主张委内瑞拉政府拒绝发放许可证的决定缺乏一致性和透明度，因为该决定既没有技术分析做基础，也没有解释委内瑞拉政府之前核准环境影响报告的原因，并且与委内瑞拉政府官员的说辞也不一致。被申请人则辩称委内瑞拉当局从未玩忽职守，且不存在前后矛盾。

（二）争议焦点

本案与 FET 相关的争议焦点包括两个方面：其一，关于 FET 与最低待遇标准的关系问题；其二，如何确定 FET 的构成因素。

（三）仲裁庭意见及裁决

仲裁庭围绕争议焦点发表了如下意见：

第一，FET 不同于最低待遇标准。仲裁庭通过检视发现，与 NAFTA 等明确纳入国际最低待遇标准的条约不同，《加委 BIT》中并未提及最低待遇标准。因此可以认为《加委 BIT》第 2 条第 2 款所规定的 FET 是一项自主的条约标准，"根据国际法原则"并不能推出其直接等同于习惯国际法下的国际最低待遇标准。仲裁庭接着援引了 *Vivendi v. Argentina*[1]、*Arif v. Moldova*[2] 以及 *EDF v. Argentina*[3] 三起非 NAFTA 案中仲裁庭的说理以支持其意见。仲裁庭认为自上世纪初发生的 *Neer* 案以来，国际最低待遇标准不断发展，FET 标准现已远比最低待遇标准宽泛灵活，因此被申请人援引 Neer 案并不具有说服力。从目前实践来看，投资条约中的"根据国际法原则"不能理解为必然适

---

〔1〕　Compañía de Aguas del Aconquija S. A. and Vivendi Universal S. A. v. Argentine Republic，ICSID Case No. ARB/97/3。

〔2〕　Franck Charles Arif v. Republic of Moldova，ICSID Case No. ARB/11/23。

〔3〕　EDF International S. A.，SAUR International S. A. and León Participaciones Argentinas S. A. v. Argentine Republic，ICSID Case No. ARB/03/23。

用习惯国际法下的最低待遇标准。

第二，应依据 VCLT 对投资条约进行解释。仲裁庭认为 FET 的具体内容需依据 VCLT 予以确定。虽然委内瑞拉并非 VCLT 的缔约国，但其所载的条约解释规则反映了习惯国际法，故委内瑞拉需受该习惯国际法的约束，因此《加委 BIT》第 2 条第 2 款应依据条约解释规则进行解释。仲裁庭接着援引了 *Rumeli v. Kazakhstan* [1]、*Lemire v. Ukraine* [2] 和 *Bayindir v. Pakistan* [3] 案，在个案基础上提炼出不同仲裁庭的共同解释，结合本案情况归纳出 FET 的具体要素包括保护合理期待、非专断与非歧视、透明度和一致性，并且声明国家行为的恶意性并不是判断其是否违反 FET 的因素。此外，仲裁庭赞同 *Mondev v. United States* 案 [4] 的说理，认为违反 FET 不需要达到难以容忍或令人震惊的程度，应具体情况具体分析。

第三，FET 构成要素之检视。就申请人是否产生合理期待而言，根据本案事实，2007 年 5 月，委内瑞拉环境部致信要求 Crystallex 公司支付一笔保证金，以保证执行该项目环评报告等文件中的措施。仲裁庭认为该信函的陈述是一种积极陈述，特定针对 Crystallex 公司，表述精确。信中提到"一旦保证书被寄出，经本办公室检查符合要求……则（许可证）将被移交"，该内容足以引起投资者的合理期待，如果预期落空，Crystallex 公司将受到 FET 标准的保护。此外，仲裁庭认为申请人合法地依赖委内瑞拉环境部的行为，环境部在同一天提出的支付环境税的要求进一步巩固了该种信赖。就委内瑞拉政府的决定是否存在任意性、是否缺乏透明度和一致性而言，被申请人在双方多年来的往来文件中并未分析或提及任何对全球变暖和碳排放等环境问题的关切，这使得申请人无从对该类问题做出适当反应。2007 年 5 月的信函事件之后，委内瑞拉的国家政策发生变化，被申请人却在该阶段双方往来信件中出现了前后不一致的表态，且多数决策缺乏透明度。同时，政治环境对申请人

---

〔1〕 Rumeli Telekom A. S. and Telsim Mobil Telekomunikasyon Hizmetleri A. S. v. Republic of Kazakhstan, ICSID Case No. ARB/05/16。

〔2〕 Joseph Charles Lemire v. Ukraine, ICSID Case No. ARB/06/18。

〔3〕 Bayindir Insaat Turizm Ticaret Ve Sanayi A. S. v. Islamic Republic of Pakistan, ICSID Case No. ARB/03/29。

〔4〕 Mondev International Ltd. v. United States, ICSID Case No. ARB (AF) /99/2。

也愈发不利，并最终导致了 CVG 与申请人之间合同的撤销。该撤销行为带有明显的任意性，并非以预期稳定的法律为依据。

综上所述，仲裁庭认为委内瑞拉政府损害了 Crystallex 公司依其具体承诺产生的合理期待，且其拒绝继续颁发许可证的行为缺乏透明度，故判定委内瑞拉政府违反了 FET 条款。

（四）案例评析

第一，仲裁庭明确区分了 FET 和最低待遇标准。仲裁庭没有直接根据之前的仲裁实践将 FET 与最低待遇标准等同，而是根据案涉 BIT 本身规定对二者做了区分，充分尊重了缔约双方的真实意图。具体而言，《加委 BIT》与 NAFTA 等典型投资条约中关于两大标准的规定不同，《加委 BIT》文本中并未明确将 FET 与国际最低待遇标准挂钩，仅表述为"根据国际法规则"。因此仲裁庭不能一味地依赖最低待遇标准来对 FET 作出界定，而应当基于 BIT 文本，根据已经形成习惯国际法规则的条约解释方法来对其进行解释，从而能确定《加委 BIT》第 2 条第 2 款所指的"公平公正待遇标准"是自主的条约标准。这进一步巩固了该标准的独立性，使 FET 发挥其应有的利益平衡作用。在此基础上，仲裁庭充分结合 BIT 特殊文本与案情实际状况，援引关联性强的在先裁决归纳总结出 FET 的构成要素，增强了本案关于认定被申请人违反 FET 标准的说服力，同时提高投资者和东道国对于裁决结果的可预测性。

第二，仲裁庭对违反 FET 的构成要素作了深入分析。在近期的国际投资仲裁实践中，由于投资者合理期待的宽泛适用，东道国的公共管理职能受到严重影响。[1]本案仲裁庭严格限制投资者合理期待的判断标准，指出"为证明产生这种合理期待，政府当局的承诺或陈述需针对个别投资者且足够具体，即其内容必须精确，形式必须明确"。在认定 2007 年 5 月信函中被申请人构成对信赖利益的侵害之外，仲裁庭否定了申请人所提出的其认为不符合 FET 标准的其他期待。可见，虽然最终结果仍认定投资者合理期待落空，被申请人违反 FET，但仲裁庭在判断被申请人的国家行为是否引起申请人合理期待时采审慎态度，一定程度上缓解了投资者保护与东道国利益间的严重失衡。

---

〔1〕　邓婷婷：《国际投资协定中的公平与公正待遇研究》，法律出版社 2017 年版，第 132~133 页。

FET 标准中的任意性、缺乏透明度和缺乏一致性要素在某些情况下可能会重叠，如一种行为可能同时被认为是任意的和缺乏透明度的。本案仲裁庭认为，FET 的构成要素仅是评估具体案件事实的工具，审理的真正目的在于确定国家行为是否符合"公平公正"。因此，仲裁庭并未关注大量的细节，或直接分析委内瑞拉政府某具体行为是否涉嫌违反标准，而是综合被申请人在多时间段中的多种行为，构建一个整体的行为模式标准来判断被申请人在整体上是否违反 FET。这样就避免对各个构成要素进行单独审查，一方面可以减轻各方举证负担，符合效率原则；另一方面从行为整体角度判断是否违反 FET，避免偏颇，使认定过程更具合理性。

第三，仲裁实践对 FET 条款认定的趋势。近年来为实现 ISDS 改革目标，平衡"投资者—东道国"二元结构中双方利益关系，投资仲裁庭开始重新检视 FET 在个案中的适用。以二元结构为基础，可以从 UNCTAD 的报告中发现两大新趋势：一是对投资者合理期待予以限制；二是判断东道国规制权行使时是否符合比例原则。

从投资者的角度出发，投资者合理期待的适用标准正在进一步细化。首先，投资者在投资前应就东道国的国内信息和投资相关领域进行充分的调查和了解，这是产生合理期待的基础。其次，投资者产生合理期待的时间和范围也应予以考察，也就是说应当对合理期待在时间和范围上加以限制，不能仅靠投资者主观意志确定，而需要在个案中根据具体情况加以分析。最后，还应考察投资者的合理期待与东道国法律稳定性之间的关系。一方面，投资者的合理期待要求东道国保持其法律法规的稳定性，不能因法律法规的变更影响投资者的合理期待，但另一方面，东道国作为主权国家，有权基于国家利益或情势变迁修改或制定法律。此时如何平衡投资者的合理期待和东道国规制权是仲裁庭应当慎重考虑的问题。

从东道国角度看，实践中仲裁庭开始采用比例原则分析判断东道国规制权的行使。早期仲裁庭主要将比例原则用于判断东道国的征收行为或政府行为的透明度。近年来比例原则在判断东道国行使规制权时否违反了 FET 条款同样发挥了作用。按照国内行政法的概念，比例原则通常考虑四个方面：目的的正当性、措施的必要性、措施的合理性以及狭义比例原则。据此，国际投资仲裁庭在个案中对东道国行为进行评价和判断时也分四步：东道国行使规制权的目的是否正当、措施是否必要、措施是否合理以及投资者和东道国的利益权衡。

### 五、我国关于 FET 条款的规定及完善

（一）我国关于 FET 的规定

目前我国已签订 145 个 BIT，其中生效 107 个。[1]经梳理各协定具体条文可知，我国签订的 BIT 中将 FET 条款与国民待遇和最惠国待遇结合规定的占比最多，其次是概括性规定，与国际法原则或习惯国际法下的最低待遇标准关联的规定共计 9 个，列入 FET 实际标准的协定仅有 5 个，且集中在拒绝公正司法、明显的歧视性或专断措施，另有少部分协定未纳入 FET 条款。综合来看，中国现有的国际投资协定多数将 FET 规定为独立的条约保护条款，对 FET 的规定普遍简单，概括性强，增加了当事方过度援引和仲裁庭扩张解释的风险，虽然我国在国际投资领域尚未有关于 FET 的涉诉案件，但仍不容忽视该"帝王条款"可能带来的危机和挑战。[2]

我国新近签订的部分投资协定正逐步引入与习惯国际法最低待遇标准相结合的 FET 条款。RCEP 第十章投资章节的第 5 条对投资待遇作出了专门规定。[3]其第 1 款采用习惯国际法上的最低待遇标准与 FET 条款相结合的规制方式，从文义解释来看，相比于"可以"和"参照"而言，"应当"（shall）和"依照"（accord to）均具有更强约束力，理论上能够更有效地抑制当事方

---

〔1〕 数据来源 https://investmentpolicy.unctad.org/international-investment-agreements/advanced-search，最后访问日期：2024 年 3 月 12 日。

〔2〕 有学者认为，FET 是可以确保投资法律框架根本稳定的无所不包、至高无上的帝王条款、黄金规则和根本规范。参见 Roudolf Dolzer, Christoph Schreuer, Principles of International Investment Law, OUP, 2008, p. 122.

〔3〕 RCEP 第十章第 5 条规定，1. 每一缔约方应当依照习惯国际法外国人最低待遇标准给予涵盖投资公平公正待遇以及充分保护和安全。2. 为进一步明确：①公平公正待遇要求每一缔约方不得在任何司法程序或行政程序中拒绝司法；②充分保护和安全要求每一缔约方采取合理的必要措施确保涵盖投资的有形保护与安全；以及③公平公正待遇和充分保护和安全的概念不要求给予涵盖投资在习惯国际法关于外国人最低待遇标准之外或超出该标准的待遇，也不创造额外的实质性权利。3. 认定一项措施违反本协定其他条款或另一单独的国际协定并不能证明该措施构成对本条的违反。

和仲裁庭随意扩大对公平公正待遇的解释。[1]RCEP 在第 2 款第 1 项列举了 FET 项下内容，东道国拒绝公正司法将构成对该待遇的违反。此外，RCEP 第 2 款第 3 项进一步对 FET、FPS 以及习惯国际法上的最低待遇标准三者的关系加以说明："公平公正待遇和充分保护和安全的概念不要求给予涵盖投资在习惯国际法下关于外国人最低待遇标准之外或超出该标准的待遇，也不创造额外的实质性权利。"RCEP 第 10 章的附件 1 也对习惯国际法作了详细阐述。[2]不过从现行趋势来看，RCEP 第 10 章的相关规定虽意在限制解释的肆意扩张，规定 FET 的投资保护标准不得高于习惯国际法上的外国人最低待遇标准，但实际效果上，两种标准对投资者的保护程度应等同。同时，RCEP 第 5 条于第 2 款采用封闭式的清单列举方式确定 FET 的内容，在众多具体要素中仅纳入了拒绝正当司法，不排除是多国协商或妥协的结果，虽然兼有进步性与保守度，但缺乏具体细化处理及例外规定，存在待遇内容被扩张解释的风险。

（二）中国优化 FET 条款的路径

目前，我国处于清洁能源基础矿物供应链的核心地位。由于与碳中和相关的基础矿物在全球的储藏集中度非常高，远高于石油、天然气等这些传统化石能源，而我国在基础矿物富裕国有大量的投资，因此制度完善的着力点应该是 BIT。[3]为此可以从以下几个方面考虑完善 FET 条款及其适用。

第一，设置独立的 FET 条款。如前所述，我国大部分投资协定中都对 FET 有所规定。习惯国际法下的最低待遇标准是否应适用于解释 FET，主要取决于条约的规定方式。若为明示参照，则受约束方应当将二者结合，但实际限制效果在仲裁实践中存在争议。若未表明两种标准的关系，此时 FET 应

---

〔1〕 闫旭：《论公平公正待遇与最低待遇标准的关系——兼评 RCEP 投资待遇规则》，载《西部法学评论》2022 年第 1 期。

〔2〕 第十章附件 1，习惯国际法缔约方确认以下共同理解，即一般意义上的"习惯国际法"和第十章第 5 条（投资待遇）中特别提及的"习惯国际法"，包括与外国人待遇有关的习惯国际法最低待遇标准，是源于各国对法律义务的遵循而产生的普遍和一致的实践。

〔3〕 陈红彦：《碳中和目标下全球气候治理的竞争转向与中国对策》，载《法商研究》2023 年第 3 期。

为独立的绝对待遇标准。由此看来，我国应采取将 FET 与其他待遇标准相分离的规制方式，且避免"根据国际法原则"等此类表述，以减少两种标准关系理解不一造成的纠纷。[1] 对于已将习惯国际法下的最低待遇标准和 FET 相关联的投资协定，可在充分协商的基础上，通过议定书等方式对二者关系及最低待遇的确认标准予以明确。

第二，采用列举式清单方式确定 FET 条款内容。随着最低待遇标准的不断演进，其自身内涵已不明朗，使用一种模糊标准解释另一标准，恐将造成更大歧义。因此，无论独立规定还是与其他标准结合，FET 的内涵都存在扩张解释的风险。我国应该采取列举式清单的方法以穷尽 FET 的全部范围，但我国目前现有的 BIT 仅局限于拒绝公正司法、明显的歧视性或专断措施三个要素，适用情形过于狭窄，不符合我国对外投资扩大的现实需要，并且缺乏兜底条款的设置。欧盟在 ECT 现代化方案中的做法值得借鉴，其采取封闭式的列举清单方式，将国际上普遍承认且已成熟的要素纳入到 FET 范畴，既能有效保障条约解释的确定性和从严标准，又能均衡保护投资者和东道国利益，被公认为是可取的改革路径。[2] 因此，中国应结合国际投资仲裁实践，进一步优化 FET 的具体内涵，纳入更多国际社会普遍接受的义务要素，在现有基础上增加不得根本性违反正当程序、歧视等，以适应国际投资条约的发展趋势，平衡国家主权和投资者的私人利益。[3] 同时，应采用封闭列举式清单和兜底条款并用的方式，通过缔约双方的共同磋商以便于未来扩展 FET 范围，兼顾 FET 的灵活性与平衡性。

第三，平衡利益保护，明确规定 FET 适用的例外。当前国际投资仲裁实践表明，一味侧重保护投资者的风向正在悄然改变，伴随全球气候变化和经济全球化的发展，东道国的合法规制权越来越成为投资领域关注的新兴热点。中国兼具世界第一大资本输入国和第二大资本输出国的双重身份，为避免在

---

[1]　比如在 Crystallex v. Venezuela 案中，双方当事人关于 FET 的争议焦点集中在 FET 与最低待遇的关系以及 FET 的构成要素。

[2]　王彦志：《国际投资法上公平与公正待遇条款改革的列举式清单进路》，载《现代法学》2015 年第 6 期。

[3]　岳树梅、黄秋红：《〈能源宪章条约〉中的公平公正待遇条款现代化：欧盟方案及中国因应》，载《国际商务研究》2023 年第 6 期。

相关投资争端中处于劣势，需重视 FET 条款的合理设计，平衡保护我国投资者海外权益和我国国家利益。首先，我国应在 BIT 的序言部分增加东道国与投资者利益平衡条款，特别应强调东道国针对国内环境保护、气候变化以及公共安全和社会福利方面享有的规制权。特别是仲裁庭在解释投资协定条款尤其是 FET 时，会频繁通过协定的序言来解释条约的目的和宗旨，序言部分的优化就尤为重要。[1]在当前 FET 条款内涵不断扩张的情况下，增加投资者与东道国利益平衡条款既可以化解仲裁庭在相关利益平衡方面的解释困境，为仲裁庭作出投资者和东道国利益平衡的解释提供文本支撑，同时也为东道国正当行使职权奠定基础。其次，东道国签订投资条约吸引外资，并不意味着完全牺牲其公共目标。[2]为保障东道国的国家利益，有必要规定例外情形以排除适用 FET，为东道国采取紧急措施，维护国家利益提供合法依据。可结合比例原则，规定东道国实现优先目标应采取适度的、对投资者损害最小的措施和手段，并提供相应补偿或赔偿。[3]

（三）加强国际合作，积极参与国际规则的制定

如前所述，气候变化问题是目前国际社会遇到的最具全球性、复杂性和全局性的重大挑战之一。在投资仲裁领域，现行的仲裁规则对许多积极推动能源转型的政府构成"寒蝉效应"。德国就为了避免因投资仲裁引发的巨额索赔而选择主动向外国投资者支付 43.5 亿欧元，作为要求其提前关闭褐煤电厂的补偿。[4]意大利、西班牙、法国、德国等欧洲国家相继宣布退出 ECT 表明，面对来自能源转型和现行投资仲裁规则的双重但反向的压力，即便是大国也无力应对。[5]中国是具有剩余经济寿命和搁浅风险的燃煤电厂的最大投资者，并且投资额大幅领先其他国家。仅仅在印尼，就要逐步淘汰 12 座受

〔1〕 Megan Wells Sheffer, "Bilateral Investment Treaties: A Friend or Foe to Human Rights?", *Denver Journal of International Law and Policy*, Vol. 39, 2011, p. 503.

〔2〕 徐崇利：《公平与公正待遇：真义之解读》，载《法商研究》2010 年第 3 期。

〔3〕 秦晓静：《论比例原则在公平公正待遇有关仲裁案件中的适用》，载《东方法学》2021 年第 2 期。

〔4〕 See Kyla Tienhaara and Lorenzo Cotula, *Raising the Cost of Climate Action? Investor-state Dispute Settlement and Compensation for Stranded Fossil Fuel Assets*, IIED, 2020, p. 21.

〔5〕 陈红彦：《碳中和目标下全球气候治理的竞争转向与中国对策》，载《法商研究》，2023 年第 3 期。

《中国-东盟自由贸易协定》保护的电厂。[1]我国政府已经意识到了这个问题。2021 年 9 月，习近平总书记以视频方式出席联合国大会一般性辩论的发言中已经明确提出，坚持完善全球环境治理，积极应对气候变化，构建人与自然生命共同体，同时中国将大力支持发展中国家能源绿色低碳发展，不再新建境外煤电项目。更重要的是，中国需要在全球经济制度重构尤其是"一带一路"倡议的实施过程中，体现"人类命运共同体"的理念，将中国智慧融入到全球治理包括气候治理和减缓的过程中。[2]由此可见，应对气候变化是一个全球性系统工程，需要各国协同努力。中国目前作为资本输出和输入大国，同时也是温室气体排放大国，无论从哪个角度都应积极加强国际合作，深度参与有关气候变化国际规则的制定，特别是投资气候争端解决机制的制定与完善。

# 第二节　充分保护与安全条款

## 一、概述

FPS 条款的理论依据可以追溯到 18 世纪中后期沃尔夫默示理论，即外国人和东道国之间存在默示契约，外国人承诺遵守东道国的法律，而东道国承诺对外国人提供保护，据此东道国应阻止它的臣民造成外国人的损失或者对外国人实施不法行为。如果东道国未能阻止它的臣民这样做，就应该惩罚实施该行为的臣民并要求他们赔偿所造成的损失，否则将视为该东道国自身造成了外国人的损失或者对外国人实施了不法行为。[3]同一时期德国古典实证主义者通过归纳分析将保护外国人财产定性为习惯法上的义务。1959 年德国和巴基斯坦

---

〔1〕　See Kyla Tienhaara and Lorenzo Cotula, *Raising the Cost of Climate Action? Investor-state Dispute Settlement and Compensation for Stranded Fossil Fuel Assets*, IIED, 2020, pp. 28-30.

〔2〕　刘雪芹、黄世席：《国际气候友好型投资争端的解决与国家安全例外抗辩》，载《新疆社会科学》2022 年第 3 期。

〔3〕　Christian Wolff, Jus Gentium Scientifca Pertractum（1749）, in 2 CLASSICS OF INT'L L. 536（Joseph H. Drake trans. , James Brown Scotted. , 1934）.

签订了第一个双边投资条约，即《德国-巴基斯坦 BIT》。该条约第 3 条第 1 款明确纳入了 FPS 条款："任何一方的国民或公司的投资应在另一方的领土上享有保护和安全"。如今 FPS 条款已经成为国际投资协定和其他包含投资条款的国际条约中的常见条款，东道国因此对外国投资者及其投资承担相应的保护义务。

一般说来，FPS 要求东道国不通过国家机关的行为或其他可归因于国家的行为损害投资者及其投资，以及保护投资者和投资不受诸如内乱等私人行为的影响。FPS 条款主要涉及警察权力（police power）的行使。[1]它在国际投资协定中还有其他类似表述，比如"通常保护与安全""持续保护与安全""保护与安全"等。从这些表述可以看出 FPS 条款的核心词是"保护"和"安全"，二者内涵宽泛，为仲裁实践留下了较大的解释空间。"充分"作为修饰语，主要发挥两个作用，即强调保护义务包含补救义务并具有法律约束力。"持续"表明保护义务不会因为东道国内部发生内乱等而改变。

审慎注意义务是 FPS 条款的核心要素。经济与合作发展组织（OECD）1976 年起草的《保护外国人财产的公约（草案）》第 1 条"notes and comments"将 FPS 解释为："任何缔约一方的公共当局针对此种财产采取行动及其他措施时都有义务谨慎行事。"这被认为是对 FPS 的通行理解，即要求东道国采取积极行动保护投资免受负面影响。通常情况下，FPS 为东道国设立了保护投资及投资者免受物理伤害的义务。但是随着国际投资的不断深化、仲裁实践的不断发展，对 FPS 认定标准的争议越来越突出，仲裁庭对 FPS 认定标准、保护范围、是否免受第三方的损害等问题尚没有达成统一意见。

## 二、国际投资协定对 FPS 条款的规定

国际投资协定虽然一般都会对 FPS 条款进行规定，但是规定模式并不完全一致。有些规定模式相对简单，比如仅规定东道国应对投资者及其投资提供保护和安全，而不作任何解释或限制，比如《中国-葡萄牙 BIT》第 3 条第 1 款规定，缔约一方投资者在另一缔约方领域内的投资和与投资有关的活动应

---

〔1〕 Mariana Zhong, Ning Fei, Zeyu Huang and Xueyu Yang, "Full Protection and Security", *The Investment Treaty Arbitration Review*, 7th Edition, 2022.

受到公平的待遇和保护。而有些规定模式则相对全面或完善，除了对 FPS 进行简单规定外，还对 FPS 作了进一步解释说明，比如 2015 年《中国-土耳其 BIT》第 2 条第 2 款规定缔约一方投资者的投资在缔约另一方领土内应一直得到与国际法原则一致的 FET，并应享有充分保护与保障。缔约方不得通过任何不合理或歧视性的措施损害对上述投资的管理、维持、使用、享有或处置；第 4 款规定"充分保护与保障"要求缔约方在履行确保投资保护与保障职责时，采取合理和必要的治安措施；第 5 款规定认定违反本协定其他条款或其他条约的条款，不构成对本条款的违反。这种规定模式也可以称为解释性规定模式。

在实践中，不同投资协定援引的解释规范也可能存在不同，有的援引习惯国际法，比如 NAFTA 第 1105 条第 1 款规定："每一缔约方应按照国际法给予另一缔约方投资者的投资相应待遇，包括公正公平的待遇以及充分的保护和安全。"援引习惯国际法的目的是希望限制仲裁庭的自由裁量权，使得对 FPS 的解释更加严格。许多投资协定都借鉴了这种做法，一般表述为："各缔约方应根据习惯国际法外国人最低标准待遇给予所涉投资充分保护与安全待遇"且"FPS 条款并不要求在外国人的习惯国际法最低标准待遇之外的待遇，也不产生额外的实质性权利"。2012 U. S. Model BIT 第 5 条也体现了这种规定模式："各缔约方应根据习惯国际法给予所涵盖的投资以公正公平待遇以及充分的保护和安全。为更加明确起见，其第 1 款将习惯国际法的外国人最低待遇标准规定为给予涵盖投资的最低待遇标准。FET 以及 FPS 的概念并不要求提供该标准所要求的待遇之外的待遇，也不产生额外的实质性权利。其第 1 款中"提供'充分保护和安全'的义务是要求每个缔约方提供习惯国际法所要求的警察保护。"另外，新近订立的区域性 MIT 也体现了这种规定模式，并且更加详细。比如 CPTPP 第 9.6 条第 1、2 款的规定也采用这种模式：每一缔约方应依照适用的习惯国际法原则给予涵盖投资包括公平公正待遇及充分保护和安全在内的待遇。"充分保护和安全"不要求每一缔约方给予额外的或超出该标准所要求的待遇。又如 RCEP 第十章第 5 条规定："一、每一缔约方应当依照习惯国际法外国人最低待遇标准给予涵盖投资公平公正待遇以及充分保护和安全。二、为进一步明确：（一）公平公正待遇要求每一缔约方不得在任何司法程序或行政程序中拒绝司法；（二）充分保护和安全要求每一缔约方采取合理的必要措施确保涵盖投资的有形保护与安全；以及（三）公平公正待遇和充分保护和安全的概念不要求给予涵盖投资在习惯国际法关于外国人最低待遇标准之外或超出该标准的待遇，也不创造额外的实质性权利。三、认定一项措施违反本协定其他条款或另一单独的国际协定并不能证明该措施构成对本条的违反。"

有些投资协定在援引最低待遇标准的同时，还列举了违反 FPS 的行为，比如《加拿大示范投资双边协定》第 8 条规定："各缔约方应在其领土内按照习惯国际法外国人待遇最低标准给予另一缔约方的关于投资及其投资者的投资待遇。只有在以下情况下，缔约方才违反这一义务：（a）在刑事、民事或行政诉讼中拒绝司法；（b）从根本上违反司法和行政诉讼的正当程序；（c）存在明显的任意性；（d）以性别、种族或宗教信仰等明显错误的理由进行有针对性的歧视；（e）虐待投资者，如人身胁迫、胁迫和骚扰；或（f）未能提供充分的保护和保障。"这种规定模式有助于限制仲裁庭的自由裁量权，提高法律适用的确定性与可预见性。

## 三、FPS 适用中的问题

### （一）东道国审慎注意义务与其实际履行能力之间的张力

根据 FPS 条款的要求，东道国对外国投资者及其投资提供充分的保护与安全时，应满足审慎注意义务标准，但是在某些情况下东道国缺乏履行该义务的能力，那么仲裁庭在判断东道国是否满足审慎注意义务标准时，是否需要对东道国的实际履约能力进行考察，这在实践中并未形成一致做法。在 *Pantechniki v. Albania* 案[1]中，阿尔巴尼亚政府由于缺乏足够的权力和警力因而未能向投资者提供保护，仲裁庭最终裁决阿尔巴尼亚政府因此不承担责任。但是在 *Ampal v. Egypt* 案[2]中，埃及军队由于需要处理国内政变而无法对投资者的财产提供保护，仲裁庭却没有考虑东道国实际履约能力，因此认定埃及政府没有履行审慎注意义务，需要承担责任。事实上，一个国家能否为外国投资者

---

[1] Pantechniki Contactor & Engineers v. Albania, ICSID Case No. ARB/07/21.

[2] Ampal v. Arab Republic of Egypt, ICSID Case No. ARB/12/11.

提供保护是与其资源、能力、政局稳定性等因素密不可分的，因此在判断东道国是否履行了审慎注意义务时，这些因素都应当予以考量，否则将会使本就处于主权规制权危机当中的东道国政府更加雪上加霜，陷入更深的政治经济危机当中。

（二）FPS 条款的适用范围

东道国是否有义务保护投资者免受非国家实体的损害是 FPS 条款适用时需考虑的一个重要问题。随着实践的发展，仲裁庭的裁决有时倾向于 FPS 条款为东道国设立的审慎注意义务不仅仅局限于由东道国政府造成的损害，还应当延伸至第三方造成的损害。但是在扩大解释的时候还应当考虑到东道国政府的能力。在 *Eastern Sugar Czech v. Czech* 案[1]中，仲裁庭认为，BIT 涉及东道国保护投资者免受第三方实体损害的义务，因此捷克应当保护投资者免受第三方的损害。但是在 *Tecmed v. Mexico* 案[2]中，仲裁庭却持相反观点，因为东道国政府采取了合理的行动，且申请人无法证明第三方实体造成的损害应当归因于东道国，因此不应适用 FPS 条款。关于 FPS 条款的适用范围的考量，具体可以分为以下三个层面。

第一，东道国的保护义务限于物理安全抑或包括法律安全？从仲裁实践来看，东道国对投资者及其投资应当提供物理安全保障基本没有争议，有学者对物理安全的主要形式作了归纳：①内乱、内斗、内部骚乱和人身暴力；②对投资的威胁和攻击；③对商业场所或投资地点的物理损害；④暴乱和抢劫；⑤对财产的攻击和扣押；⑥通过武力干涉对投资实体完整性造成的损害；⑦破坏、抢劫和拆毁设备和财产；⑧强行征用投资；⑨杀戮和毁坏财产；⑩占领建筑物并对首席执行官进行人身攻击。物理损害的一个新形式是对投资造成的环境损害，如对生态旅游景点造成的自然损害。[3]

所谓法律安全，主要是指东道国应保障投资者诉诸司法的权利以及保

---

〔1〕　Eastern Sugar B. V. （The Netherlands） v. The Czech Republic，SCC Case No. 088/2004.

〔2〕　Tecnicas Medioambientale TECMED SA v. United Mexican States，ICSID Case No. ARB（AF）/00/2.

〔3〕　See Nartnirun Junngam, The Full Protection and Security Standard in International Investment Law：What and Who Is Investment Fully Protected and Secured From，7 AM. U. Bus. L. REV. 1 （2018）.

持投资法律环境的稳定性。就投资者诉诸司法的权利而言，在 *A. M. F. Air-craftleasing v. Gzech* 案[1]中，投资者 AMF 认为破产管理人的行为以及捷克法院不干涉破产管理人的行为使捷克共和国违反了 1992 年《德国-捷克BIT》项下的 FPS 义务。对此仲裁庭认为，FPS 要求东道国有责任维持一个正常运作的司法系统，并将其开放给寻求救济的外国投资者，因此为投资者提供法律救济手段是 FPS 待遇的应有之义。就保持法律环境的稳定性而言，在 *CME v. Gzech* 案[2]中，申请人认为捷克媒体委员会对相关法律的修改破坏了申请人投资的电视广播公司的经营管理。对此仲裁庭认为，东道国有义务确保其法律的修改和行政部门的行为不会撤销或贬损其同意和批准给予外国投资者投资的安全和保护，因此捷克违反了 FPS 条款。尽管认为 FPS 条款的适用范围包括法律安全的仲裁实践屡见不鲜，但是这种理解容易导致 FPS 条款与 FET 条款的混淆，并且对东道国行使规制权造成了不当限制，因此应当严格根据条约进行文义解释，不得随意扩张其适用范围。现行有些投资协定除了明确规定"充分保护和安全要求各缔约方提供习惯国际法下的警察保护水平"以外，还会明确排除投资者对法律稳定性的期待，比如《香港-智利 BIT》第 6 条第 4 款规定："仅仅是采取或不采取可能与投资者预期不符的行动，即使造成损失也不构成对本条约的违反。"[3]

第二，FPS 和 FET 条款的关系问题。虽然二者都源于外国人最低待遇标准这一习惯国际法，但随着仲裁实践的发展，二者的关系却存在争议。一种观点认为，没有必要区分 FPS 和 FET。例如，东道国通过改变税法来削弱投资的法律稳定性，投资者因此遭受损失，东道国的这一行为会被认定为既违反了 FET 条款，也违反了 FPS 条款，因为不公平不公正的待遇意味着投资无法得到充分保护，这种解释方式暗含了两个条款的融合。这种观点还有一种

---

〔1〕 A. M. F. Aircraftleasing Meier & Fischer GmbH & Co. KG v. Czech Republic，PCA Case No. 2017-15，Award，11 May 2020.

〔2〕 CME Czech Republic B. V. v. The Czech Republic，UNCITRAL.

〔3〕 参见《香港-智利 BIT》第 6 条第 4 款原文：For greater certainty, the mere fact that a Party takes or fails to take an action that may be inconsistent with an investor's expectations does not constitute a breach of this Article, even if there is loss or damage to the covered investment as a result.

解释，即 FET 条款是概括性的，需具体运用到 FPS 条款中。[1]在 *Stati v. Ka-zakhstan* 案中，申请人认为，"最持续的安全与保护"（most constant protection and security）比"充分安全与保护"（full protection and security）范围更大，同时涵盖物理保护与法律保护。但是仲裁庭认为这种观点浮于表面，他们认可 FET 与 FPS 标准存在重叠，但是重叠程度尚存争议。[2]

　　第三，FPS 和 FET 存在较大差别。首先，违反 FET 条款并不必然导致违反 FPS 条款，反之亦然。因此，申请人有义务分别证明被申请方在确定违反 FET 条款之后也违反了 FPS 条款，否则将违反 VCLT 规定的有效性原则。其次，有些仲裁庭认为这两者虽然不存在内在联系但是相互补充，适用于不同的加害主体。FET 条款保护投资免受东道国的损害，而 FPS 条款保护投资在存在武力的情况下免受不归责于政府的第三方的损害。后者不保证投资免受第三方的不公平不公正待遇。[3]再次，还有一些仲裁庭认为 FET 和 FPS 适用于不同的情形。前者侧重于维护营商环境、提供法律安全，而后者则侧重于在物理损害发生时对东道国的惩罚和对投资者的救济。[4]最后，一些仲裁庭还认为，FPS 条款内容的扩大可能会不当限制国内规制权。为了保护投资者对东道国法律稳定性的预期，法律安全禁止东道国修改或者制定不利于投资的法律。这种合理期待经历了从宽泛向狭窄的演变。在 *Tecmed v. Mexico* 案中，投资者合理期待的对象为"在投资作出时的整个监管框架"[5]，该定义是模糊且宽泛的。后来在 *Crystallex v. Venezuela* 案中，合理期待被限制在具体的承诺中[6]，有利于平衡投资者的可预见性和东道国

---

〔1〕　See Noble Ventures, Inc. v. Rom., ICSID Case No. ARB/01/1 1, Award, 12 October 2005, para. 182.

〔2〕　See Anatolie Stati, Gabriel Stati, Ascom Group SA and Terra Raf Trans Traiding Ltd v. Kazakhstan, SCC Case No. V 116/2010, Award, 19 December 2013, para. 1095.

〔3〕　See Oxus Gold v. Uzb., UNCITRAL, Final Award, 17 December 2015, para. 353-54; E. Sugar B. V. v. Czech, SCC Case No. 088/2004, Partial Award, 27 March 2007, para. 204-07. 335.

〔4〕　See Suez, Sociedad Gen. de Aguas de Barcelona S. A. v. Arg., ICSID Case No. ARB/03/19, Decision on Liability, 30 July 2010, para. 170-71.

〔5〕　See Tecnicas Medioambientales Tecmed S. A. v. United Mexican States, ICSID Case No. ARB (AF) /00/2, Award, 29 May 2003.

〔6〕　See Crystallex International Corporation v. Bolivarian Republic of Venezuela, ICSID Case No. ARB (AF) /11/2, Award, 4 April 2016.

政府的监管权力。

目前学术界的主流观点以及大部分仲裁实践都认可 FPS 条款内容仅限于物理安全，FPS 条款与 FET 条款差别较大。FPS 条款要求东道国在合理预期的范围内履行审慎注意义务，积极努力创造旨在保障投资者和投资安全环境，强调的是积极义务，受制于东道国的实际履约能力。而 FET 条款要求东道国避免采取可能对投资者及其投资产生损害的措施或行为，强调的是东道国的消极义务，旨在填补其他更具体的标准可能留下的空白，以实现条约意图对投资者提供的保护。但是 FPS 条款措辞的模糊性使得其内容延伸至法律安全变得可能，这将不可避免地造成仲裁实践的不一致性。

## 四、案例研究

本节选取的 *AAPL v. Sri Lanka* 案是第一个在 BIT 中全面适用 FPS 条款的经典案例。仲裁庭在该案中明确了 FPS 条款为东道国设立的审慎注意义务不应当局限于习惯国际法下的最低标准，不履行义务意味着东道国需要承担国家责任，但是该责任并非严格责任。

（一）案情概要

本案申请人是位于中国香港的亚洲农产品有限公司（Asian Agriculture Products Ltd.，以下简称"AAPL"），经批准以参股方式投资了在斯里兰卡设立的 Serendib Seafoods Ltd 公司（以下简称"SERENDIB 公司"），本案被申请人是斯里兰卡共和国。

1983 年，AAPL 经批准以参股方式投资 SERENDIB 公司，该公司是一家在斯里兰卡设立的从事虾类养殖的公司。1987 年 1 月 28 日，作为该公司主要生产中心的 SERENDIB 公司养殖场，在斯里兰卡特派部队发起的代号为"黎明"的军事行动中被摧毁。AAPL 声称其投资因此军事行动遭受全部损失，要求斯里兰卡政府予以赔偿。申请人提起仲裁依据是 1980 年《英国-斯里兰卡 BIT》，1981 年经由换文适用于中国香港。申请人自 1987 年 3 月 9 日提出请求后未得到被申请人答复，认为超过了《英国-斯里兰卡 BIT》规定的 3 个月友好协商期限，因此根据《英国-斯里兰卡 BIT》第 8 条第 3 款的规定，即"如果出现任何此类争端，而争端各方无法在三个月内通过寻求当地救济或其他方式解决，那么，如果受影响的国家或公司也书面同意将争端提交至 ICSID 并根据《华盛顿公约》通过调解或仲裁来解决，任何一方均可根据《华盛顿公约》第 28 条和第 36 条的规定向中心秘书提出仲裁申请"，这启动了 ICSID 仲裁程序。

申请人在仲裁程序中围绕 FPS 条款发表了如下主张：①根据《英国-斯里兰卡 BIT》第 2 条第 2 款，即"缔约任何一方国民或公司的投资在任何时候均应在缔约另一方领土内得到公正和公平的待遇，并应享有充分的保护和保障。缔约任何一方均不得以任何不合理或歧视性的措施损害缔约另一方国民或公司在其境内的投资的管理、维护、使用、占有或处置。缔约一方应遵守其对缔约另一方的国民或公司的投资可能承担的任何义务"。此条款中东道国承担的是一种无条件的义务，超越了习惯国际法的最低标准。也就是说习惯国际法下的"审慎注意义务"（due diligence）标准已经被"严格责任"（strict or absolute liability）标准取代。因此斯里兰卡政府应对申请人遭受的损失承担严格责任。②结合《英国-斯里兰卡 BIT》的上下文、宗旨和目的以及斯里兰卡与其他国家签订的 BIT 可知 FPS 条款具有独立性，不能等同于习惯国际法。③参考斯里兰卡和瑞士缔结的 BIT 并未规定将"战争条款"或"内乱条款"作为 FPS 的例外，因此，根据《英国-斯里兰卡 BIT》第 3 条中的最惠国待遇条款，斯里兰卡政府不能因为战争或内乱就不给予申请人的投资以保护。这意味着为了便利英国投资者的投资，斯里兰卡政府需要承担严格责任。

针对申请人的主张，斯里兰卡政府提出了如下答辩意见：①FPS 条款在 BIT 中十分常见，它包含在习惯国际法中，据此东道国政府需履行审慎注意义务，对被破坏的投资财产作出合理解释，而不是承担严格责任。②《英国-斯里兰卡 BIT》第 2 条第 2 款和第 4 条第 2 款[1]项下的责任标准本质上是一致的。在这两种情况下，东道国政府的行为需要有合理性。根据第 2 条第 2 款，

---

　　[1]　参见《英国-斯里兰卡 BIT》第 4 条第 2 款：在不违反本条第 1 款规定的情况下，缔约任何一方的国民和公司，如在缔约另一方领土内由于下列原因而遭受损失，应得到适当赔偿；其财产被缔约另一方的军队或当局征用；或其财产被缔约另一方的军队或当局毁坏，而这些损失不是在战斗中造成的，也不是情况所必需的。赔偿金可自由转让。

东道国政府在其没有履行审慎注意义务的时应承担责任，根据第 4 条第 2 款，东道国政府的行为如果不合理或不必要，则应承担责任。③《英国-斯里兰卡 BIT》第 4 条第 2 款规定了东道国政府在违反第 2 条第 2 款项下责任时需要承担赔偿的标准。在这种情况下，东道国政府应通过审慎注意义务避免 SERENDIB 公司养殖场遭到摧毁。如果申请人能够证明斯里兰卡政府因不履行审慎注意义务导致了不必要的损害，那么斯里兰卡政府就违反了第 2 条第 2 款项下的义务，并且需要根据第 4 条第 2 款承担恢复原状和赔偿损害的责任。④申请人需要承担举证责任，证明斯里兰卡政府本应通过履行审慎注意义务避免相关地区落入恐怖分子的控制之下。如果申请人不能证明斯里兰卡政府本可以避免此次军事行动，那么就需要证明被申请人在此次军事行动中造成了大规模的损害。

（二）争议焦点

本案的争议焦点有二：其一，《英国-斯里兰卡 BIT》第 2 条的 FPS 条款是否为东道国设定了严格责任？其二，斯里兰卡政府是否违反了《英国-斯里兰卡 BIT》第 2 条 FPS 条款中的审慎注意义务？

（三）仲裁庭意见及裁决

仲裁庭首先对案涉条约的解释规则和证据规则作了充分论述。仲裁庭认为，对本案 FPS 条款的解释应当遵循 VCLT 第 31 条，具体规则如下：①当条约不需要解释时，则不允许进行解释。也就是说，当条约文本明确无误时，其含义不言自明，且不会导致荒谬的结论，那么就没有理由拒绝承认该条约所自然呈现出来的含义。②在解释条约时，我们不应偏离语言本身的通常含义，除非有更加具有说服力的理由。③在语义解释不充分或者言辞模糊时，需要诉诸条约的整体进行上下文解释。④除了考虑条约上下文、条约的目的与宗旨、条约精神、条约的整体性外，还应以习惯国际法确立的规则与原则对条约解释进行指导。⑤遵循广义的"有效性"原则，也就是在解释条款时要赋予其含义而不是剥夺其含义。⑥参考与条约主题类似的其他在先或在后订立的条约是非常必要的，同时还应通过比较法的方法考察有关实践。与此同时仲裁庭还考察了证据规则，提出了如下观点：①原告承担举证责任是一般法律原则。②谁主张，谁举证。③负有举证责任的一方不仅需要举证证明其主张，还需令仲裁庭信服其主张的真实性，否则可能被视为举证不能或证据不充分从而对其主张不予支持。④国家承担国际责任是不可推定的，主张国家因违反国际法需要承担国际责任的一方负有相应的举证责任。⑤国际仲裁庭无需严守司法程序中的证据规则，仲裁庭有权决定证据的证明力。⑥国际仲裁庭根据双方提供的证据的证明力作出裁决，如果一方提供的证据初步看可支持其主张时，举证责任则转移至另一方。⑦当证明某项事实极端困难时，仲裁庭也可以接受证明力相对较弱的证据，比如接受表面证据。

关于斯里兰卡政府是否应当根据 FPS 条款承担严格责任的问题，仲裁庭认为，斯里兰卡政府在本案中不应承担严格责任，理由如下：

根据 VCLT 的解释规则②，FPS 条款需要根据其"通常含义""自然而明显的含义""公平含义"来解释。为了鼓励经济交流、给予缔约国国民及其财产提供适当待遇，诸如"最经常的保护"（most constant protection）等类似的表述自 20 世纪以来被大量用于投资协定中。但仲裁庭认为，东道国政府因违反 FPS 而承担严格责任的情形尚未有先例。此外，虽然在"安全与保护"前面加上"经常"和"充分"等用语能合理表明缔约双方意图承担比习惯国际法下"最低标准"更高的"审慎注意义务"，但是这些用语并没有实质性改变缔约双方的义务，东道国并不因此而承担严格责任。

根据解释规则③，由于缺乏《英国-斯里兰卡 BIT》谈判准备资料，几乎无法确定斯里兰卡和英国在协商过程中是否考虑摒弃以往条约中关于 FPS 的习惯性规定，亦无法确定在条约签订时两国是否要为东道国政府设立严格责任以此来鼓励外商投资。同样，也没有英国或斯里兰卡学者在其对《英国-斯里兰卡 BIT》的评注中主张应当提高习惯国际法下对投资者的保护标准，亦未提及东道国政府在投资受损的情况下承担严格责任。

根据解释规则④和⑤，如果东道国政府对 FPS 条款的违反需要承担严格责任，《英国-斯里兰卡 BIT》第 4 条在逻辑上就是多余的。对第 2 条第 2 款的解释不应当剥夺第 4 条的含义和适用范围。此外，《英国-斯里兰卡 BIT》第 2 条第 2 款并没有提及可以引用习惯国际法的原则和规则，但这并不表明缔约国具有不希望适用习惯国际法的意图。

根据解释规则⑥，在与本案相关的 Sambiaggio 案[1]和 Elettronica Sicula 案[2]中，仲裁庭未将"充分保护和安全"一词解释为对东道国施加"严格责任"。

最后仲裁庭就斯里兰卡政府是否违反了 FPS 条款中的审慎注意义务问题发表了意见。根据国际仲裁实践和权威学说，形成了关于东道国政府审慎注意义务的规则，即外国投资者因在东道国领土范围内发生的叛乱遭受的损害，东道国政府对此不承担赔偿责任，除非有证据表明东道国政府没有为投资者提供条约规定的或者习惯国际法下的保护。也就是说，如果东道国政府没有提供以上保护，就意味着必须承担国际责任，赔偿投资者因此遭受的损失，无论这种损失是出于反叛者的进攻行为亦或是政府为了镇压反叛者所采取的行动。

本案仲裁庭也认为东道国政府为投资者提供保护是其首要义务，如若无法履行该项义务必须承担国际责任。基于此，仲裁庭审查了双方提供的证据以确定斯里兰卡是否违反了 FPS 条款中的审慎注意义务。经过审查，仲裁庭得出以下结论：

第一，双方都认同一个事实：反叛军涌入的地方，即 SERENDIB 公司养殖场早在 1987 年 1 月时已经不受政府控制了。虽然从逻辑上讲，上述情形会引发一个问题，即在此期间，政府是否需按照建议适用的客观标准提供"充分保护和安全"，但由于在此期间申请人没有声称由于缺乏政府保护而遭受了损失，因此上述问题仅停留在理论层面。

第二，根据证人证言，仲裁庭认为：在合理情况下，东道国政府至少可以尝试使用和平可利用的沟通渠道来排除养殖场工作人员中的可疑分子。当政府计划在该地区采取大规模制止叛乱的军事行动以夺回失去的控制权时，这种排除可疑分子的做法对于减少杀戮和破坏至关重要。因此，仲裁庭认为，斯里兰卡政府的不作为违反了审慎注意义务，该项义务要求东道国政府采取

〔1〕 See Sambiaggio Case, Italy. Venezuela Mixed Claims Commission—U. N. Reports of International Arbitral Awards, vol. X, p. 512 ss., 1903.

〔2〕 See Elettronica Sicula S. p. A. （ELSI）（United States of America v. Italy）, ICJ Judgment, 20 July 1989.

一切可能的、投资者可预期的措施来防止投资者遭受杀戮、其财产遭到毁坏。

第三，斯里兰卡政府主张养殖场变成了一个恐怖分子基地，在战斗中与政府的特派部队发生激烈对抗。仲裁庭认为，这与证据严重不符，故不采纳。

第四，鉴于无法取得确切证据查明养殖场遭受破坏的原因，依据证据规则⑦，仲裁庭认为斯里兰卡需要承担国家责任。

综上，仲裁庭认为斯里兰卡政府违反了 FPS 条款中的审慎注意义务，因此需要承担国家责任。

（四）案例评析

在判断斯里兰卡政府是否应当基于 FPS 条款承担严格责任时，首先，仲裁庭根据 VCLT 第 31 条、权威学者对第 31 条的评注、案例、期刊总结出了 6个关于条约解释的规则。其次，仲裁庭根据 FPS 条款的通常含义、BIT 订立的准备资料、目的与宗旨、类似的裁决等逐条分析基于 FPS 条款东道国政府是否应当承担严格责任。最后，认定没有依据要求东道国政府基于 FPS 条款承担严格责任。

在判断东道国政府是否违反了 FPS 条款中的审慎注意义务时，仲裁庭首先根据重要学者著作、案例等总结出了关于证据的国际法规则。根据这些证据规则，如果需要适用《英国-斯里兰卡 BIT》第 4 条第 2 款，申请人则需对下列事项承担举证责任：政府武装力量造成了此次损失；此次损失是出于"战斗"；对申请人造成的损失不是不可避免的。但由于申请人提供的证据不充分，仲裁庭认为申请人举证不能，无法证明存在以上三种情况，所以申请人不能主张适用第 4 条第 2 款。在证明申请人可以根据《英国-斯里兰卡BIT》第 4 条第 1 款[1]向斯里兰卡索赔时，仲裁庭首先根据判例和重要学者学说认为发生叛乱的东道国对于外国投资者的损失不承担责任，除非东道国政府未能提供条约或习惯国际法规定的保护标准。通过审理仲裁庭认为东道国政府没有采取必要的预防措施，从而违反了审慎注意义务，需要承担国家责任。

---

〔1〕《英国-斯里兰卡 BIT》第 4 条第 1 款：缔约一方的国民或公司在缔约另一方领土内的投资因缔约另一方领土内的战争或其他武装冲突、革命、国家紧急状态、叛乱、暴动或骚乱而遭受损失时，缔约另一方在返还原物、补偿、赔偿或其他解决方式方面给予该国民或公司的待遇，应不低于缔约另一方给予其本国国民或公司或任何第三国的国民或公司的待遇。

该案确立了 FPS 条款规定的东道国义务不局限于习惯国际法下的最低标准。该条款为东道国设置了一项审慎注意义务，不履行审慎注意义务意味着东道国需要承担国家责任。此外，在本案中，仲裁庭明确了基于 FPS 条款东道国无需承担严格责任，为后来仲裁庭裁决与 FPS 条款相关的案件提供了重要参考。

### 五、我国关于 FPS 条款的规定及完善

（一）我国关于 FPS 条款的规定及特点

据统计，我国目前已有 104 个生效的 BIT 和 24 个 FTA。[1]我国生效的 128 个 BIT 和 FTA 中，规定了 FPS 条款的有 110 个，占比约 86%。FPS 待遇在我国 IIA 中具有重要地位，在国际投资实践中被援引的概率很大。我国签订的 IIA 中的 FPS 条款有以下特点：

第一，FPS 条款在条约中的位置不一致。有些条约将 FPS 放在"投资的促进与保护"（Promotion and Protection of Investment）中，如《中国-德国 BIT》，第 2 条第 1、2 款规定："一、缔约一方应鼓励缔约另一方的投资者在其境内投资，并依照其法律和法规接受这种投资。二、缔约一方投资者在缔约另一方境内的投资应享受持续的保护和安全。"有一些 IIA 将 FPS 与 FET 放在同条甚至同款中，如《中国-丹麦 BIT》第 3 条第 1 款规定："一、缔约一方国民或公司的投资在缔约另一方领土内应始终受到公平合理的待遇，并享受保护和保障……"还有一些将 FPS 的内容纳入征收条款中，如《中国-印度 BIT》第 5 条规定了税收相关的内容，FPS 条款放在该条第 1 款。

第二，FPS 表述不一致。我国 IIA 中关于 FPS 条款的表述主要有以下几种：充分的保护及保障、保护与保障、保护、持久的保护和保障、全部的完整的保护和安全、充分和全面的安全保障、持续的保护、充分的保护与安全等。虽然大部分仲裁庭认为这些表述没有实质区别，但在 *Azurix v. Argentina* 案中，仲裁庭认为，当"保护与安全"被"充分"限定的时候，东道国承担的义务就扩大至物理保护以外。[2]

---

〔1〕 数据来源 https://investmentpolicy.unctad.org/international-investment-agreements/adva-nced-search，最后访问日期：2024 年 2 月 6 日。

〔2〕 Azurix Corp. v. The Argentine Republic, ICSID Case No. ARB/01/12.

第三，FPS 保护标准不一致。有些条约规定 FPS 仅限于国内法要求的保护水平，如《中国-俄罗斯 BIT》第 2 条第 2 款规定："缔约一方应根据其法律法规在其领土上对缔约另一方投资者的投资提供完全的保护。"有些条约规定 FPS 的保护水平不得超过国际最低待遇标准，如《中国-毛里求斯 FTA》第 8 章第 5 条第 1、2 款规定："各方应当依据习惯国际法，为涵盖投资提供公平公正待遇与充分保护和安全。"为进一步澄清，第 1 款规定了习惯国际法对外国人的最低待遇标准，作为涵盖投资的最低待遇标准。"公正和公平待遇"和"全面的保护和安全"的概念不要求该标准以外的待遇，也不产生额外的实质性权利。

第四，FPS 条款较模糊，未明确责任标准。从前述的案例分析可知，判断 FPS 的标准之一是东道国是否履行了审慎注意义务，有些仲裁庭还会考虑东道国的能力、东道国是否有义务保护投资者免受第三方实体的损害、FPS 是否仅限于物理安全。但是在中国签订的 IIA 中，没有条款明确规定 FPS 下东道国承担的责任标准。

（二）我国关于 FPS 条款的完善

第一，明确 FPS 条款的定位，厘清 FPS 与 FET 的区别。为了更好地明晰 FPS 条款在条约中的定位，本书统计了中国同其他国家签订的 104 个 BIT，摘出其中的 FPS 条款，将 BIT 分为 4 类：①无 FPS 条款，这一类有 4 个，分别是《中国-瑞典 BIT》《中国-白俄罗斯 BIT》《中国-科威特 BIT》与《中国-阿曼 BIT》；②FET 和 FPS 在同一条同一款，例如，"缔约一方国民或公司的投资在缔约另一方领土内应始终受到公平合理的待遇，并享受保护和保障"，[1]这一类有 75 个；③FPS 与 FET 在同一条但是不同款，例如，"一、缔约各方应鼓励缔约另一方的投资者在其领土内投资，并依照其法律法规接受此种投资。二、缔约一方的投资者的所有投资在缔约另一方的领土内应享受公正和公平的待遇。三、缔约一方的投资者的投资在缔约另一方的领土内应享受持续的保护和保障"，[2]这一类有 3 个；④FPS 与 FET 不在同一条，例如，"缔约一

---

〔1〕　参考《中国-丹麦 BIT》第 3 条第 1 款。
〔2〕　参考《中国-比利时 BIT》第 2 条。

方应保护缔约另一方投资者在其领土内的投资并保障其安全",〔1〕这一类有 22 个。这说明,我国同外国签订的 BIT 大部分是将 FPS 与 FET 条款放在同一条款下。在 FTA 方面,中国同其他国家签订了 24 个 FTA,其中有 14 个没有 FPS 条款,FET 和 FPS 在同一条同一款的 FTA 有 9 个,FPS 与 FET 不在同一条的 FTA 仅有 1 个。但是,FPS 待遇是一项独立的、绝对的投资待遇标准,它与 FET 存在侧重点上的差异,国际最低待遇标准只是在规定 FPS 待遇具体内容时的一种选择。将 FPS 待遇置于 FET 条款下会造成二者关系的混淆,从而使投资者对二者的关系产生错误的认识。

第二,统一 FPS 条款的术语表达。术语的统一有助于更好地进行国际交流,也有助于更好地促进国际投资协定的实践发展,还有助于更好地保持国家后续条约与实践的一致性。目前我国条约关于 FPS 的表述之间没有实质的区别,出于一致性的考虑,应当统一使用一种表述,便于理解和使用。本书建议使用"充分保护与安全"。"充分保护与安全"是此类条款的经典表述,在 BIT 和 FTA 中最为常用。这种表述表明 FPS 标准规定的是东道国采取保护性措施以防止投资者及其投资遭受物理损害的义务。〔2〕此外,其他表述方式有可能会产生歧义,例如,仲裁庭对"持续保护"的解释不一致。在 *AES v. Hungary* 案中,仲裁庭认为,当 FPS 条款被表述为"持续保护"时,可以延伸到物理安全之外。〔3〕但在 *BG v. Argentina* 案中,适用的 BIT 中使用了"保护和持续安全"(protection and constant security)这一术语,基于此,仲裁庭认为该条约条款仅适用于物理安全。〔4〕

第三,明确 FPS 的适用范围。明确 FPS 的含义要求我国在签订 IIA 时考虑 FPS 的适用范围。首先,应当明确 FPS 仅适用于物理保护,而不适用于法律保护。目前学术界和实务界都存在将 FPS 条款从物理安全扩张至法律安全的主张,但是一旦扩张至法律安全,就会导致 FPS 与 FET 之间的界线不明。

---

〔1〕 参考《中国-荷兰 BIT》第 3 条第 3 款。

〔2〕 Rudolf Dolzer and Christoph Schreuer, *Principles of International Inve estment Law*, Oxford University Press, 2012, p. 231.

〔3〕 AES Summit Generation Ltd. and AES-Tisza ErönüKft. v Hungary, Award, ICSID Case No. ARB/07/22.

〔4〕 BG Group v Argentina (UNCITRAL), Final Award (24 December 2007).

其次，出于吸引外资的角度考量，我国应当在 IIA 中明确 FPS 保护投资者免受第三方实体损害。尽管 FPS 约束的是东道国与投资者之间的关系，但是第三方对投资者造成的损害可能归责于东道国，归责原因可能是东道国的消极行为或者不作为。在 *Wena v. Egypt* 案中，仲裁庭认为，东道国应当采取措施使外国投资者及其投资免受伤害或伤害的可能，而这种伤害或伤害可能的来源是不限于国家机关的。[1]

## 第三节　最惠国待遇条款

### 一、概述

根据 1978 年通过的《联合国国际法委员会关于最惠国条款的规定（草案）》第 5 条，最惠国待遇是指"给惠国给予受惠国或与之有确定关系的人或事的待遇不低于授予国给予第三国或与之有同于上述关系的人或事的待遇。"最惠国待遇和国民待遇一样，体现的都是非歧视原则，即禁止在不同的外国投资者之间产生歧视。因此，最惠国待遇属于一种相对保护标准，对其判定需要以第三国投资者待遇为依据，在这一点上，国民待遇也同样是一种相对保护标准，对它的判定需要以国内投资者待遇为参照。此外，最惠国待遇是一种条约义务，不属于习惯国际法的范畴，因此，最惠国待遇的适用取决于具体条约中的规定。

最惠国待遇出现在大量的 BIT 中，是国际投资法重要的组成部分。它的主要功能是确保来自不同国家的外国投资者在东道国获得平等的竞争机会。尽管其在实体领域的适用鲜少发生争议，但最惠国待遇条款在程序领域的适用自产生之初就颇具争议。这种适用多体现为投资者基于基础条约中最惠国待遇条款援引第三方条约中的争端解决条款，因此这一问题多与仲裁庭管辖权紧密相关。最惠国待遇适用于程序事项源起于 1997 年的 *Maffezini*

---

〔1〕　Wena Hotels v. Egypt, ICSID Case No. ARB/98/4, Award, December 8, 2000.

*v. Spain* 案[1]，该案投资者主张援引第三方条约中的争端解决条款以规避需将争议事先提交东道国国内法院审理的前置条件，从而达到直接将争议提交国际仲裁的目的，仲裁庭最终支持了申请人的这一主张。在之后的仲裁案件中，仲裁庭对最惠国待遇在程序领域的适用遵循 *Maffezini v. Spain* 案的裁判思路，直到 Plama v. Bulgaria 案[2]，该案基础条约的最惠国条款采用了"待遇"这一表述，同时条约中还规定了提交国际仲裁的特定事项，投资者主张基于最惠国待遇条款援引第三方条约中的争端解决条款，后者规定了更为宽泛的国际仲裁事项。仲裁庭认为，仲裁合意必须是明确且清晰的，最惠国待遇条款包含争端解决条款的意图必须清晰地表达。因此，仲裁庭否定了申请人的主张。近年来，仲裁庭否定最惠国待遇适用于程序事项的裁决越来越多。如 *A11Y LTD. v. Czech* 案 [3] 和 *Beijing Urban Construction v. Yemen* 案[4]。由此可以看出，不同仲裁庭对该问题的态度是不一样的，这导致了仲裁裁决的不一致性，加剧了投资仲裁制度的危机，值得引起关注和研究。即便对该问题采取相同态度，不同的仲裁庭在法律推理和裁判思路上也不尽相同，如 *Plama v. Bulgaria* 案的仲裁庭关注仲裁合意的明确性；*A11Y LTD. v. Czech* 案仲裁庭则强调对缔约者意图的尊重；而 *Beijing Urban Construction v. Yemen* 案仲裁庭则更关注条约的文本。因此，对这一问题值得进一步有针对性的比较研究。

## 二、国际投资协定对最惠国待遇条款的规定

最惠国待遇条款的存在使得投资协定给予缔约国投资者的待遇水平有了动态提高的可能。目前，各国签订的绝大多数国际投资条约都规定了最惠国待遇条款。但是，最惠国待遇条款在投资协定中并不存在一个统一的表述。

---

〔1〕 Emilio Agustin Maffezini v. The Kingdom of Spain, ICISD Case No. ARB/97/7, Decision on Jurisdiction, 25 January 2000.

〔2〕 Plama Consortium Limited v. Republic of Bulgaria, ICSID Case No. ARB/03/24, Decision on Jurisdiction, 8 February 2005.

〔3〕 A11Y LTD. v. Czech Republic, ICSID Case No. UNCT/15/1, Decision on Jurisdiction, 9 February 2017.

〔4〕 Beijing Urban Construction Group Co. Ltd. v. Republic of Yemen, ICSID Case No. ARB/14/30, Decision on Jurisdiction, 31May 2017.

各国在订立投资协议时出于本国利益和投资者保护的不同考量，往往会就最惠国待遇条款的适用制定或宽泛或严格的范围。

（一）BIT 中的最惠国待遇条款

1. 类型划分：BIT 中最惠国待遇条款的四种类型

实践中，投资条约的最惠国待遇条款可以分为四种类型：宽泛型、普遍型、与 FET 条款相连型以及限制型。[1]

宽泛型最惠国待遇条款使用了较为宽泛的语言描述最惠国待遇条款的适用范畴，如"所有事项""所有权利""待遇"。以《西班牙-阿根廷 BIT》为例，该 BIT 第 5 条规定"在涉及本协定涵盖的所有事务上，缔约国给予另一缔约国投资者的待遇不得逊于其对任何第三国投资者的待遇。"此类条款虽未明确指出条款的适用范围是否包括争端解决程序，但根据文义解释的规则，实践中仲裁庭往往倾向于认定该条款的适用范围包括争端解决程序。

普遍型条款的措辞较为笼统，即规定最惠国待遇的适用范围为"投资和相关活动的待遇"，[2]或以列举的方式说明最惠国待遇的适用范围，但并未明确是否涵盖争议解决等程序性事项。鉴于此，有一种限缩解释认为条款中提及的"待遇"仅包括东道国国内给予投资者的政策性优惠而不包括东道国签署的投资协定中的规则，因为只有规则落实到国内才可能变成"待遇"。[3]与之相反，另一种宽泛解释的观点认为，只要影响到投资者权利义务关系的措施或规则都属于"待遇"的范畴。东道国给予投资者的实体权利与争端解决方式密切相关，争端解决机制直接影响投资者，故如果第三方条约中包含的争端解决条款对外国投资者权益的保护更加有力则可直接及于受益者。[4]

与 FET 条款相连型的最惠国待遇条款，我国缔结的 BIT 往往呈现两种文本

〔1〕　See Maupin，"Julie A. MFN-based Jurisdiction in Investor-State Arbitration：Is There Any Hope for a Consistent Approach？"，*Journal of International Economic Law*，2011，14. 1，pp. 157-190.

〔2〕　例如《中国-土耳其 BIT》第 3 条："一、在东道国缔约方的法律法规框架内，缔约一方应以不低于在相同情势下给予任何第三国投资者投资的待遇为基础，准许在其领土内的投资……四、缔约一方给予缔约另一方投资者的投资和相关活动的待遇不得低于在相同情势下给予任何第三国投资者投资和相关活动的待遇……"

〔3〕　温耀原：《国际投资政策新动态下 MFN 条款适用问题》，载《法律适用》2023 年第 10 期。

〔4〕　See Emilio Agustin Maffezini v. Kingdom of Spain，ICSID Case No. ARB/97/7，Award on Jurisdiction，2000，para. 54.

模式。第一种文本模式将 FET 与最惠国待遇在不同的款项中独立论述：通常在其第一款明确要求缔约方给予彼此投资者公正和公平的待遇，并在第二款进一步规定，这种待遇和保护应不低于其给予任何第三国投资者的相同投资及与投资有关的相同活动的待遇和保护。[1]第二种文本模式则在同一款中同时规定了公平待遇和最惠国待遇。[2]这类条款将最惠国待遇的相对标准与公正公平待遇的客观标准相挂钩，但并未明确两者应如何相互协调，导致了适用的混乱。在争议解决领域，FET 条款仅要求存在公平合理的救济措施，而并未比较各争议解决手段的"优惠"程度。因此，此类与 FET 条款相连的最惠国待遇条款往往能够产生限制扩张至争议解决事项的效果。

限制型最惠国待遇条款则明确指出其适用范围并不涵盖争端解决程序。例如，《中国-加拿大 BIT》规定，其他国际投资条约和其他贸易协定中的争端解决机制并不在此条款的涵盖范围内。[3]《中国-坦桑尼亚 BIT》对最惠国待遇作出限制，其规定："本条第一款不适用于本协定或其他缔约一方签署的类似国际协定中规定的争端解决条款。"[4]这种严格的限制，旨在明确最惠国待遇的适用范围，避免对条款的扩张解释。

2. 各国 BIT 中最惠国待遇条款表述不一

最惠国待遇条款在不同国家的 BIT 中的文本表述各异。一些 BIT 采取宽泛型的最惠国待遇条款，典型的如前述《西班牙-阿根廷 BIT》。然而，也有一些 BIT 采用了更为笼统的表述方式，形成普遍型的条款，即规定"缔约国给予另一缔约国投资者的待遇不得逊于其对任何第三国投资者的待遇"，如我

---

〔1〕 例如《中国-卡塔尔 BIT》第 3 条："一、缔约任何一方的投资者在缔约另一方的领土内的投资和与投资有关的活动应受到公正与公平的待遇和保护。二、本条第一款所述的待遇和保护不应低于其给予任何第三国投资者的投资及与投资有关的相同活动的待遇和保护。三、本条第一款和第二款所述的待遇和保护，不应包括缔约另一方依照关税同盟，自由贸易区，经济联盟，避免双重征税协定和为了方便边境贸易而给予第三国投资者的投资的任何优惠待遇。"

〔2〕 例如《中国-伊朗 BIT》第 4 条第 1 款："缔约一方应对在其领土内投资的缔约另一方的投资者的投资给予充分的法律保护和公平待遇，该保护和待遇依照东道国缔约一方的法律和法规在可比较情况下应当不低于其给予本国投资者或任何第三国投资者投资的保护和待遇。"

〔3〕 参见《中国-加拿大 BIT》第 5 条第 3 款。

〔4〕 参见《中国-坦桑尼亚 BIT》第 4 条第 3 款。

国于 1998 年签订的《中国-也门 BIT》。[1] 除此之外，部分 BIT 还特别强调了最惠国待遇仅适用于"相似情况"或"东道国领域内的投资"，如 1997 年加拿大与泰国签订的 BIT。[2]

关于最惠国待遇是否适用于争端解决程序，各国的投资协定范本也存在分歧。例如，2008 年的《英国 BIT 范本》中明确规定了最惠国待遇适用于争端解决条款，[3] 而 2008 年的《哥伦比亚 BIT 范本》则排除了这一适用。[4] 最惠国待遇条款的适用范围不同，可能会对当事人的实体权利义务产生重大影响，因此投资者、投资者母国、东道国以及仲裁庭都应对此高度关注。

（二）多边或区域性投资协定中的最惠国待遇条款

最惠国待遇条款不仅见于 BIT 中，在区域贸易协定有关投资保护的专章专节中，一般也对最惠国待遇作了相关规定。如 2022 年 1 月 1 日生效的 RCEP 在第 10 章规定了投资事项，第 4 条规定了最惠国待遇，其中第 1、2 款规定：在相同情况下，任何一方应给予其他方就其领域内的与投资有关的设立、收购、扩张、管理、运营、销售、处置方面的待遇不低于其给予任何第三方的待遇；同时第 3 款规定上述两款不包含争端解决程序。[5]

2017 年美国宣布退出 TPP，2018 年除美国外的日本、加拿大、澳大利亚、智利、新西兰、新加坡、文莱、马来西亚、越南、墨西哥和秘鲁等 11 国签署了新的自由贸易协定，即 CPTPP。2020 年 11 月 20 日，习近平总书记表示中方将积极考虑加入 CPTPP。2021 年 9 月 16 日，中国正式申请加入这一协定。CPTPP 并未改动 TPP 的大部分条款，其中最惠国待遇还是采用 TPP 中的规定，该条将最惠国待遇的适用范围限定在有关投资的设立、收购、扩张、管理、运营、销售、处置方面，并且存在"相似情况"和"在东道国领域内的投资"的限制条件。值得注意的是，第 3 款亦将争端解决程序从此条款的适用中排除。[6]

---

[1] 参见《中国-也门 BIT》第 3 条。
[2] See Canada-Thailand BIT (1997) Article 3.
[3] See the UK Model BIT (2008) Article 3; also see the UK Model BIT Article 8.
[4] See Columbia Model BIT (2008) Article 4.
[5] See RCEP Chapter 10 Article 4.
[6] See CPTPP Article 9.5.

USMCA 取代了之前的 NAFTA，二者在最惠国待遇的规定上，并无较大差异，都将最惠国待遇表述为在相似情况下，任一缔约方应给予其他缔约方就有关投资的设立、收购、扩张、管理、运营、销售、处置方面的待遇不低于其给予任何第三方的待遇。较为不同的是新一代 USMCA 就"相似情况"的判断增加了新的规定，即根据综合整体的情况判断是否是基于合理的公共政策而对不同投资给予了差别待遇。[1]在 2016 年加拿大与欧盟签订的 CETA 中，最惠国待遇也限定在相似情况下有关投资的设立、收购、扩张、管理、运营、销售、处置方面，并且排除了最惠国待遇适用于争端解决程序。[2]

综上所述，目前投资条约中对最惠国待遇的适用都加入了一些如"相似情况"的限制条件，这是一种对同类规则的强调，更有 CETA 明确排除了最惠国待遇在程序事项上的适用，体现了各国对最惠国待遇适用的谨慎态度。

（三）限制最惠国待遇条款扩大适用至争端解决程序成为立法趋势

在新自由主义思想的影响下，国际仲裁实践中曾普遍存在对投资条约进行扩张性解释的趋势。一方面这虽然能扩大对投资者私人利益的保护，但另一方面也会导致对于东道国行使规制权的限制乃至过度干预。出于维护自身规制权的考量，近年来各国开始采取措施以避免对外国投资者的过度保护。这种平衡国家与投资者之间权利义务的趋势被学者称为"国际投资新动态"。[3]在新动态下，最惠国待遇的内涵与形式也产生了变化，兼顾东道国的利益和主权、限制最惠国待遇条款扩大适用至争端解决机制成为主流观念。如前所述，RCEP 在投资章节中明确禁止将最惠国条款应用于"其他现存或未来国际协定项下的任何国际争端解决程序或机制"。[4]此外，CPTPP 也在其最惠国条款中明确指出不适用于争端解决机制。

欧盟限制最惠国待遇扩大适用的态度较为强硬，制定了最惠国待遇条款适用的例外规定，明确将争端解决程序排除在外。[5]2020 年 12 月谈判结

---

〔1〕 See USMCA Article 14.5.

〔2〕 See CETA Article 8.7.

〔3〕 温耀原：《国际投资政策新动态下 MFN 条款适用问题》，载《法律适用》2023 年第 10 期。

〔4〕 See RCEP Chapter 10 Article 4.

〔5〕 See CETA Article 8.7; also see JEEPA in Principle, Investment Chapter.

束的 CAI 即规定了对最惠国待遇的限制。此外，为避免投资者"条约挑选"（treaty shopping）削弱欧盟新一代投资协定实体规则和程序规则的改革成效，欧盟在 CETA、JEEPA 中还设有"反条约挑选"机制，对最惠国待遇、投资者-东道国争端解决程序进行了改革。[1]

还有国家直接激进地取消了最惠国待遇条款，彻底解决了扩张适用的问题。印度在多份国际投资协定中即采取了这一做法。比如，2005 年《印度-新加坡全面经济合作协定》、2009 年《韩印全面经济伙伴关系协议》、2011 年《印度-马来西亚全面经济合作协定》以及 2014 年《印度-东盟全面经济合作框架协议》皆不存在涉及最惠国待遇的规定。此外，《印度 2015 年 BIT 范本》也取消了最惠国待遇。在此基础上，印度之后与白俄罗斯、巴西等国家签订的 BIT 同样取消了这一待遇。值得注意的是，新加坡也在一些国际投资协定中采取了相同的做法。

### 三、最惠国待遇条款在投资争端解决程序中的适用

2000 年初的 *Maffezini v. Spain* 案是 ICSID 处理的第一个涉及最惠国条款和仲裁管辖权的裁决，展现了支持最惠国待遇扩张适用于程序性事项的积极态度。[2]自 *Maffezini v. Spain* 案裁决作出后，多个国际仲裁案的裁决遵循其裁判思路，支持将最惠国待遇扩大适用于投资争端解决程序事项。但是，2005 年 *Plama v. Bulgaria* 案中仲裁庭对最惠国待遇适用于投资争端解决的程序事项开始作出否定裁决。[3]自此，以上述两个案件为代表的有关最惠国待遇能否扩张适用的立场成为理论界和实务界争议的热门话题。

（一）最惠国待遇条款适用于程序事项的仲裁实践

在仲裁实践中，根据投资者主张的最惠国待遇适用于程序性权利的不同种类，可以将最惠国待遇条款在程序方面的适用分为三种类型：利用最惠国

---

〔1〕　王燕：《欧盟新一代投资协定"反条约挑选"机制的改革——以 CETA 和 JEEPA 为分析对象》，载《现代法学》2018 年第 3 期。

〔2〕　See Emilio Agustin Maffezini v. The Kingdom of Spain, ICISD Case No. ARB/97/7, Decision on Jurisdiction, 2000.

〔3〕　See Plama Consortium Limited v. Republic of Bulgaria, ICSID Case No. ARB/03/24, Decision on Jurisdiction, 2005.

待遇条款规避提交国际仲裁的前置条件；利用最惠国待遇扩大提交仲裁的事项范围；以及利用最惠国待遇规避争端解决的时效规定。

1. 利用最惠国待遇规避提交国际仲裁的前置条件

在这类案件中，基础条约规定发生投资争议后投资者应先诉诸国内法院，一定期限后争端仍未得到解决才能提交国际仲裁。申请人往往试图通过援引第三方条约中的争议解决条款，绕过基础条约中前置条件。*Maffezini v. Spain* 案件中，《西班牙-阿根廷 BIT》（基础条约）规定有关投资争议须先提交一国国内法院审理，经过 18 个月后仍未得到解决的方能提交国际仲裁。[1] 该案中，阿根廷的投资者 Maffezini 在未首先寻求西班牙国内法院救济的情况下，将争议径直提交 ICSID 仲裁，主张基于《阿根廷-西班牙 BIT》中的最惠国待遇条款援引《西班牙-智利 BIT》中的争端解决机制，后者规定投资者可以直接将争议提交 ICSID 仲裁。值得注意的是，基础条约中使用的是宽泛型的最惠国待遇条款。仲裁庭支持了 Maffezini 的请求，认为最惠国待遇条款可以适用于争端解决，因为对投资者争端解决权利的保护与投资者的实体权利保护紧密相关，相对于诉诸国内法院而言，直接提起国际仲裁可以更好地保投资者权利。

*Maffezini v. Spain* 案裁决作出之后，仲裁庭纷纷遵循该案的裁判思路，形成了支持最惠国待遇扩张适用的实践趋势，如 *Siemens v. Argentina*，*Gas Natural v. Argentina* 等案件。[2] 与 *Maffezini v. Spain* 案不同，*Siemens v. Argentina* 案中所涉及的最惠国待遇条款为普遍型，仅使用"待遇"一词。虽然存在这一差异，但仲裁庭仍然对"待遇"一词进行了扩张解释，并且从条约目的即促进和保护投资的角度，认为国际仲裁解决投资争端可以更好地保护投资者，从而支持了投资者的申请。此外，在这一案件中，德国投资者 Siemens 主张援引《阿根廷-智利 BIT》中的争端解决机制，但是该 BIT 的争端解决条款中还规定了岔路口条款，据此阿根廷政府主张应整体引入而不能只引入对投资者

---

〔1〕 See Emilio Agustin Maffezini v. The Kingdom of Spain, ICISD Case No. ARB/97/7, Decision on Jurisdiction, 2000.

〔2〕 See Simens A. G. V. The Argentine Republic, ICSID Case No. ARB/02/8. Decision on Jurisdiction, 2004; also see Gas Natural SDG, S. A. v. Argentine Republic, ICSID Case No. ARB/03/10, Decision on Jurisdiction, 2005.

有利的条款。对此仲裁庭认为，最惠国待遇，正如其名称所表明的那样，只与更优惠的待遇有关。如果通过最惠国待遇引入了对投资者不利的待遇，将会违背最惠国待遇的本质，因此阿根廷政府的主张不能被采纳。在 *Gas Natural v. Argentina* 案中，仲裁庭更是从国际仲裁对于投资者保护的重要性角度，支持了投资者通过最惠国待遇条款援引第三方条约的争端解决条款从而规避基础条约中提交国际仲裁的前置条件这一主张。

2. 利用最惠国待遇扩大提交国际仲裁的事项范围

这种情形表现为，基础条约中规定了提交仲裁的事项，申请人主张基于其最惠国待遇条款援引第三方条约中更宽泛的争端解决条款从而将其他事项提交国际仲裁。对于这一类型的主张，仲裁庭在实践中一般不予支持。早期的案例如 *Plama v. Bulgaria* 案，由于《保加利亚-塞浦路斯 BIT》中规定只有因征收引起的赔偿争端可以提交国际仲裁，投资者主张基于《保加利亚-塞浦路斯 BIT》中的最惠国待遇条款援引《芬兰-保加利亚 BIT》中的争端解决条款，后者规定了宽泛的争端解决事项。[1] 仲裁庭首先分析了基础条约中最惠国待遇条款的表述，该条款用了"待遇"这一表述，未包含也未排除争端解决条款。仲裁庭则认为，合意是提交仲裁解决争端的前提，并且这种合意需是明确且清晰的。最惠国条款包含争端解决条款的意图必须清晰地表达，或者用"所有事项"这样的表述。其次对于一项条约中的争端解决条款，它们是由缔约方在特定背景下进行协商的，不得轻易地引入其他条约中的争端解决条款来扩大其范围。因此，仲裁庭驳回了申请人的主张。同样，*Salini v. Jordan* 案也遵循了这样的裁判思路，基础条约中约定了合同纠纷应提交国内司法解决，但投资者主张基于最惠国条款适用《约旦-美国 BIT》将合同纠纷提交国际仲裁。[2] 仲裁庭认为，基础条约并未明确规定将最惠国待遇条款适用于争端解决，也未用"所有权利或所有事项"这样的表述，并且明确规定了合同纠纷的解决程序，因此，申请人主张不能得到支持。

---

〔1〕　See Plama Consortium Limited v. Republic of Bulgaria, ICSID Case No. ARB/03/24, Decision on Jurisdiction, 2005.

〔2〕　See Salini Costruttori S. p. A. and Italstrade S. p. A. v. Hashemite Kingdom of Jordan, ICSID Case No. ARB/02/13, Decision on Jurisdiction, 2004.

在近几年的案例中，如 2017 年 *A11Y LTD. v. Czech* 案和 *Anglia v. Czech* 案，来自英国的投资者均主张通过《捷克-英国 BIT》中的最惠国待遇条款援引捷克与其他国家 BIT 中的争端解决条款，后者规定所有争端都可以通过仲裁解决。[1]《捷克-英国 BIT》第 8 条规定了可以提交仲裁的事项，其中不包含投资者申请的事项，此外，基础条约中最惠国待遇条款限定为有关投资的经营、维持、适用、收益和处置。仲裁庭认为，缔约双方仲裁的意图是有限的，只有基于该条款规定事项的争端才可以提交仲裁，双方并没有就第 8 条规定事项之外的争端提交仲裁的合意，最惠国待遇条款因而不能创造出一种合意。此外，在 *A11Y LTD. v. Czech* 案中，仲裁庭区分了两种情况，即基础条约中规定了投资者有权申请仲裁时，通过最惠国待遇条款援引更优惠的争端解决条款与借助最惠国待遇条款创制一个不存在的仲裁合意，前者是可能的，而后者则不能被支持，因此仲裁庭驳回了申请人的主张。与此案类似的还有 *Beijing Urban Construction v. Yemen* 案。[2]值得注意的是，该案中仲裁庭重点考察了《中国-也门 BIT》中最惠国待遇条款的语义表述，该条款规定：缔约一方应依据其法律和规章，确保其给予另一缔约方在其领域内与投资有关活动的待遇不低于国内投资者或最惠国投资者的待遇。仲裁庭重点关注了"领域内"这一表述，认为领域内的活动只涉及投资待遇相关的实体条款，不适用于国际投资仲裁这种程序性安排，最终驳回了申请人的主张。

3. 利用最惠国待遇规避争端解决的时效规定

部分 BIT 中的争端解决条款规定了仲裁时效，即超过一定期限不能再提起国际仲裁，而如果这些 BIT 的一方当事国在与其他国家签订投资协定时未作这样的规定，那么在这种情况下，一方投资者能否依据基础条约中的最惠国待遇援引第三方条约以规避基础条约中的时效规定呢？ *In Ansung Housing v. China* 案中，来自韩国的投资者 Ansung Housing 与中国政府就在中国的投资发生争端，根据《中国-韩国 BIT》，如果投资者自首次知晓或应当知晓发生损

---

〔1〕 See A11Y LTD. v. Czech Republic, ICSID Case No. UNCT/15/1, Decision on Jurisdiction, 2017; also see Anglia Auto Accessories Ltd v. The Czech Republic, SCC Case No. 2014/181, 2017.

〔2〕 See Beijing Urban Construction Group Co. Ltd. v. Republic of Yemen, ICSID Case No. ARB/14/30, Decision on Jurisdiction, 2017.

失之日起超过 3 年，则不能提出索赔。[1]韩国投资者主张依据《中国-韩国BIT》中的最惠国条款援引中国与其他国家签订的 BIT 以便绕开 3 年时效的规定，这一主张遭到了仲裁庭的反对。仲裁庭考察了基础条约第 3 条投资待遇的表述，其中第 5 款规定，最惠国待遇适用于程序性事项仅限于司法和行政法庭的救济，即国内救济，不包括国际争端解决，因此，仲裁庭认为最惠国待遇不能适用于提起国际仲裁的时效规定。该案仲裁庭在对最惠国待遇进行考察时严格采用了文义解读的方式，即严格根据基础条约对最惠国待遇适用范围的规定，未包括在内的则不能适用。

（二）最惠国待遇适用于程序事项分析

通过对上述案例的分析，可以得出这样的结论：最惠国待遇条款适用于程序事项需要分类讨论。首先，利用最惠国待遇规避提交仲裁的前置条件是被允许的；而利用最惠国待遇扩大仲裁庭管辖权范围和规避争端解决的时效规定则不被允许。这样的结论使得最惠国待遇条款在程序方面的适用似乎不存在争议，然而仔细观察仲裁庭的推理就会发现虽然仲裁庭作出了一致的裁决，但其推理及关注点各不相同。在 *Plama v. Bulgaria* 案之后，仲裁庭多强调仲裁合意的明确性，而在近几年，仲裁庭更关注对缔约者意图的探究。其次，仲裁庭对同一条款的解释也各不相同，同样在对基础条约规定的最惠国待遇条款中用"待遇"一词进行论述时，*Siemens v. Aregentina* 案仲裁庭采取了扩张解释，使其适用于争端解决程序，而 *Plama v. Bulgaria* 案仲裁庭则采取了限缩解释。

1. 对最惠国待遇条款的解释与缔约者意图的探究

近年来，仲裁庭在审理有关适用最惠国待遇的案件时，都显示出了对条约文本含义的关注以及对缔约者意图的探究。VCLT 第 31、32 条规定的条约解释方法作为一项习惯法，被大多数仲裁庭采用。但公约规定的解释方法只是较为宽泛的原则，留给解释者过大的裁量权空间。该公约第 31 条第 1 款规定："条约应依其用语根据上下文并参照条约目的及宗旨所具有的通常含义善意解释。"该条规定了文义解释和目的解释两种解释方法，在文义解释无法判

---

〔1〕 See Ansung Housing Co., Ltd. v. People's Republic of China, ICSID Case No. ARB/14/25, Award, 2017.

断条约含义时，应采取目的解释，而采取目的解释往往会扩大最惠国待遇适用范围。[1]正如在上文提到的 *Siemens v. Argentina* 案和 *Gas Natural v. Argentina* 案中，仲裁庭都从条约的目的即保护和促进投资角度进行分析，但是几乎每一个 BIT 的订立都是为了促进和保护投资，这样的分析显然不具有说服力。在考虑条约目的时，有必要将最惠国待遇条款的目的和投资条约的目的区分开来，因为给予投资者更好的保护总是与条约目的一致的。[2]因此，在解释最惠国待遇条款时，首先应重点关注其文义表述，在无法确定文义的含义时，不应仅以促进和保护投资这样泛泛的目的来得出结论，而是应结合条约其他条款，特别是争端解决条款从而探究缔约者的真实意图。

当基础条约采取宽泛型的最惠国待遇条款，即含有"所有事项"这样广义的表述时，可以认为将其适用于程序事项是不违背缔约方意图的；然而当基础条约中采取普遍型最惠国待遇条款限定了最惠国待遇的范围（如就投资的维持、使用、收益之类的表述），或者仅仅以"待遇"这样的词汇进行表述，同时基础条约又对可以提交仲裁的事项范围作出了规定，那么对于未规定在仲裁范围内的事项，当事方不可以基于基础条约中的最惠国待遇条款援引第三方条约中更宽泛的争端解决机制。因为此时基础条约中的争端解决条款已经限制了缔约方可以提交仲裁的事项，如将约定之外的事项提交仲裁就有违背缔约方意图之嫌。而利用最惠国条款规避提交仲裁的前置条件只是把仲裁程序提前了，仲裁合意是存在的，并不违反缔约者意图。除此之外，如果基础条约中的争端解决条款未限定提交仲裁的事项范围，同时最惠国待遇条款又未明确排除适用于程序事项，那么在这种情况下最惠国待遇条款适用于程序事项是可能的。

条约解释和缔约者意图是紧密联系的，不存在先后次序关系。一方面，在对条约进行解释时，最终的结果不能违反缔约者的意图；另一方面，对缔约方意图的探究建立在对条约的解释上，换句话说，应从条约文本而不是其他途径探究缔约者意图，二者相辅相成，VCLT 规定的解释方法也是为了帮助

---

〔1〕 郭桂环：《论 BIT 中最惠国待遇条款的解释》，载《河北法学》2013 年 6 期。

〔2〕 乔娇：《论 BIT 中最惠国待遇条款在争端解决上的适用性》，载《上海政法学院学报（法治论丛）》2011 年 1 期。

理解缔约方的意图。因此，不论是限缩解释，还是扩张解释，最终都不得违背缔约者的意图。

2. 对于"更优惠"的理解

正如前文所述，最惠国待遇是一种相对保护，需要以东道国给予第三国投资者的待遇为参照。因此，最惠国待遇的适用隐含着一个内在条件，即基础条约中规定的相关待遇标准不如第三方条约中对应的待遇优惠。

第一，一个"更"字表明最惠国待遇的适用首先要符合同类规则，即基础条约中包含一项与引入条款本质相同的条款。这一规则要求不能通过最惠国待遇条款创制一项全新的义务或待遇。而"优惠"一词则要求第三方条约中的待遇较之基础条约更优惠。通说认为，将争议提交国际仲裁比提交国内法院审理更优惠。但是，将争议提交 UNCITRAL 仲裁与 ICSID 仲裁相比，就无法确定哪种方式更优惠。因此，如果基础条约中的争端解决条款规定将有关争议提交 UNCITRAL 仲裁，而投资者基于最惠国条款主张第三方条约中的 ICSID 仲裁，此时申请人的主张就很难获得支持。

第二，该条件规定，在基于最惠国待遇条款援引第三方条约相关条款后，投资者所得待遇不得优于第三方投资者。在上文提到的 *Siemens v. Argentina* 案中，仲裁庭允许申请人只援引第三方条约中对其有利的部分，而不适用其中的岔路口条款，最终结果是本案中的德国投资者获得了一个比智利投资者更优惠的程序安排，这样将有损最惠国待遇为各国投资者提供平等地位的功能。

这一要求也是避免投资者挑选条约（treaty shopping）的有效手段，最惠国条款适用于程序权利之所以一直存在争议，其中有一种顾虑是它可能导致投资者挑选条约，即投资者从东道国与其他国家缔结的条约中挑选对自己有利的条款进行拼凑组合，这种做法不仅会极大损害东道国的合法利益，而且会造成国际投资秩序的混乱，应当被禁止。因此，当最惠国条款适用于争端解决程序时，应当将整个争端解决机制引入，这种方式可以更好地服务于最惠国条款的目的和功能，即促进国际投资保护的一体化。[1] 此外，不同的 BIT

---

〔1〕 See Scott Vesel, "Clearing a Path Through a Tangled Jurisprudence: Most-Favored-Nation Clauses and Dispute Settlement Provisions in Bilateral Investment Treaties", *The Yale Journal Of International Law*, 2007, Vol. 32: 125.

约定的不同争端解决程序是缔约国之间协商的结果，该结果取决于缔约时的具体情况和缔约者谈判力量。

## 四、案例研究

本节选取的 *Ansung Housing v. China* 案[1]是中国政府通过 ICSID 解决投资争议的首案，并取得了胜诉结果。该案对最惠国待遇能否扩张适用于时效问题进行了集中探讨，体现了仲裁庭拒绝将最惠国待遇扩张适用于程序性问题的倾向，为我国后续的投资实践和缔约实践提供了参考。

（一）案情概要

本案申请人是 Ansung Housing Co., Ltd.（以下简称安城公司），系依据大韩民国法律注册的有限责任公司，被申请人是中华人民共和国政府。

2006 年 12 月 12 日，安城公司与江苏省射阳港口产业园区管委会签订关于高尔夫球场及豪华附属设施开发的投资协议，项目分两期进行，一、二期工程各用地 1500 亩，项目用地共 3000 亩。项目动工建设不久，中国房地产开发政策发生变化，园区管委会表示不能按照投资协议约定的价格向安城公司提供一期工程所需 1500 亩土地，要求其公开竞买。一期工程竣工后，园区管委会未及时提供二期用地。安城公司于 2011 年 10 月将项目低价转让给了一家中国公司。2014 年 10 月 7 日，安城公司根据《中国-韩国 BIT》向 ICSID 申请仲裁。

中国政府主张，根据《中国-韩国 BIT》第 9 条第 7 款之规定，安城公司应从首次知道或者应该知道其受到损失或损害之日起 3 年内提起仲裁。[2]而安城公司是在其得知投资遭受损失的 3 年后才提起仲裁程序，因此其主张已过诉讼时效，仲裁庭应当驳回；安城公司则辩称，根据《中国-韩国 BIT》第 3 条第 3 款关于最惠国待遇的规定，第 9 条第 7 款规定的时效要求可以据此豁免。[3]

---

〔1〕 See Ansung Housing Co., Ltd. v. People's Republic of China, ICSID Case No. ARB/14/25, Award, 2017.

〔2〕《中国-韩国 BIT》第 9 条第 7 款规定："尽管存在本条第三款的规定，如果从投资者首次知道或者应该知道其受到损失或损害之日起已经超过三年，则投资者不能根据本条第三款提起请求。"

〔3〕《中国-韩国 BIT》第 3 条第 3 款规定，在投资和商业行为方面，包括投资准入上，每个缔约方将在其领土上给予缔约另一方投资者、他们的投资及由缔约另一方投资者作出的投资相关的活动不低于类似条件下其给予任何第三国投资者、他们的投资及与投资相关活动的待遇（简称"最惠国待遇"）。

安城公司坚称仲裁时效是重要的实体性规则，可以适用最惠国待遇条款。即使仲裁时效被视为程序性事项，ICSID 的仲裁实践亦倾向于对最惠国待遇条款作广义解释，可以将其适用范围扩大至程序保护方面。例如，在 *Siemens v. Argentina* 案中，基础条约《德国-阿根廷 BIT》以"待遇"一词对最惠国待遇的适用范围进行表述，仲裁庭认为利用国际仲裁解决投资争端可以更好地保护投资者，从而支持了投资者在争议解决事项上援引最惠国待遇的申请。[1] *AWG v. Argentina* 案中仲裁庭亦同意申请人援引最惠国条款以避免基础条约规定的东道国法院的诉讼前置程序。[2]

而在本案中，《中国-韩国 BIT》最惠国待遇条款的适用范围为"投资和商业活动"，由于仲裁是投资保护的关键机制，因此宜对该表述作广义解释，将争议解决程序纳入最惠国待遇条款的适用范畴内。相较于《中国-韩国 BIT》所规定的 3 年仲裁时效，中国与其他国家签订的 BIT 在仲裁时效方面多数未作明确规定，后者为投资者提供了更为优惠的待遇。根据最惠国待遇条款，安城公司不应受基础条约 3 年时效的限制。

中国政府强调《中国-韩国 BIT》中的最惠国待遇不适用于投资者与国家之间的争端解决机制，理由如下：

第一，根据《中国-韩国 BIT》第 3 条第 1 款的规定，最惠国待遇仅适用于与投资相关的扩张、运营、管理、维持、使用、享有、销售和其他投资处理等活动，争议解决程序并未被纳入其适用范围。而该条第 5 款接着对最惠国待遇适用于争议解决事项范围作了特别规定，即适用于向东道国司法机关或行政机构、主管机关寻求救济途径的待遇，并未包含提交至 ICSID 仲裁的程序。[3] 该条款从侧面排除了最惠国待遇条款适用于在 ICSID 进行仲裁的可能。此外，缔约国的缔约实践表明，缔约国倾向于限制最惠国待遇适用于争

---

〔1〕　See Siemens A. G. v. Argentine Republic, ICSID Case No. ARB/02/8, Decision on Jurisdiction, 2004, para. 32.

〔2〕　See AWG Group Ltd. & Suez, Sociedad General de Aguas de Barcelona S. A. , and Vivendi Universal S. A. v. Argentine Republic, ICSID Case No. ARB/03/19, Decision on Jurisdiction, 2006, para. 56.

〔3〕　《中国-韩国 BIT》第 3 条第 5 款规定："缔约一方的投资者可就在缔约另一方领土内受到的待遇寻求司法机关或者行政机构、主管机关的救济，包括诉求与申辩的权利，而且上述待遇不低于缔约另一方给与其本国投资者或者任何第三国投资者的待遇。"

议解决事项。例如，2012 年《中日韩三方投资协定》和 2015 年《中国-韩国 FTA》都明确规定最惠国待遇不适用于争议解决等程序性事项。

第二，案涉仲裁时效条款作为一项明确的条约条款，是中国政府表示同意仲裁的基础条件之一，不等于国际法下的诉讼时效规则。在时效问题上适用最惠国待遇有违中国的真实意思表示。

第三，仲裁时效是程序性规定。根据习惯国际法，时效规则主要涉及管辖权问题。在本案中，仲裁时效规则明确规定了缔约国同意进行仲裁的条件，本质上是一个管辖权事项，而非实体性事项。

第四，中国政府指出安城公司未能提供含有更为优惠的仲裁时效条款的具体条约，因此无法证明存在更优惠的第三方条约。

（二）争议焦点

本案争议焦点包括是否适用审前异议程序、安城公司的仲裁请求是否超过仲裁时效以及仲裁时效是否适用最惠国待遇条款。本书主要探讨最惠国条款能否扩张适用于仲裁时效的问题。

（三）仲裁庭意见及裁决

仲裁庭首先通过文义解释确定了最惠国待遇条款的适用范围。根据《中国-韩国 BIT》第 3 条的规定，最惠国待遇主要适用于投资的扩张、运营、管理、维护、使用、收益以及销售等环节。[1]基于此，仲裁庭得出结论，该条款并未涉及争端解决程序，也就是说，最惠国待遇条款并不适用于国际投资争端解决的程序性事项。就本案而言，最惠国待遇并不适用于第 9 条第 7 款所涉及的仲裁时效问题。

仲裁庭接着结合基础条约第 3 条第 5 款的内容，采用上下文解释的方法加强了自己的论证。第 3 条第 5 款清楚明确地规定在"寻求司法机关或者行政机构、主管机关的救济"方面应给予最惠国待遇，而反观第 3 款却并未明确指明最惠国待遇适用争端解决程序。这也从反面证明了《中国-韩国 BIT》

---

〔1〕《中国-韩国 BIT》第 3 条第 1 款规定，在扩张、运营、管理、维持、使用、享有、销售和其他对于投资的处理（以下称"投资和商业行为"）方面，每一个缔约方应在其领土内提供给缔约另一方的投资者和他们的投资不低于在相似条件下其提供给其本国投资者和他们的投资的待遇（简称"国民待遇"），投资者在缔约另一方的领土内的投资应始终享受公正与公平的待遇。

未将最惠国待遇条款适用于 ICSID 仲裁。

此外，关于安城公司提出的其他最惠国待遇条款扩张适用的仲裁实践，仲裁庭回应称，《中国-韩国 BIT》中最惠国待遇条款的适用范围规定明确，无需参照其他条约中最惠国待遇条款的解释和适用实践。

综上，仲裁庭认为案涉最惠国待遇条款在时效问题上并不适用。安城公司因此无法依据基础条约中的最惠国待遇条款规避 3 年仲裁时效的限制，仲裁庭进而以申请人的仲裁请求超出仲裁时效为由予以驳回。

（四）案例评析

投资条约中最惠国待遇条款的主要功能在于消除歧视待遇，确保外国投资者受到无差别的公平对待。在过去的实践中，最惠国待遇主要集中适用在实体性事项上。然而，自 *Maffezini v. Spain* 案以来，仲裁裁决开始突破这一传统，引发了关于最惠国待遇是否应进一步拓展至投资争端解决程序领域的广泛讨论。结合各国的缔约实践来看，有关最惠国待遇的表述并不统一，这也为 ICSID 仲裁实践中最惠国待遇条款的适用范围问题带来了挑战。因此，在这一问题上应结合个案情况及相关投资协定文本进行具体分析，充分尊重缔约方的真实意图。

在阐述和适用最惠国待遇条款过程中，大多数仲裁庭均遵循 VCLT 第 31 条和第 32 条规定的条约解释方法。在本案中，仲裁庭便是依据 VCLT，通过文义解释和上下文解释相结合的方式，对《中国-韩国 BIT》中最惠国待遇条款进行了解读。经过审慎分析，仲裁庭认为案涉最惠国待遇条款适用范围措辞清晰明确，无需进一步考察其他关于解释最惠国待遇条款适用范围的论据或仲裁实践。最终，仲裁庭拒绝通过最惠国待遇条款引入对时效限制更为宽松的其他条约，该裁决充分体现了仲裁庭对条约解释的严谨性和对缔约国缔约意图的尊重。

## 五、我国关于最惠国待遇条款的规定及完善

（一）我国 BIT 中最惠国待遇条款的规定

中国自 1982 年与瑞典签订第一个 BIT 开始，已与一百多个国家或地区签订 BIT。总体而言，我国 BIT 中最惠国待遇条款主要表现为普遍型和与 FET 条

款相连型，不存在宽泛型的最惠国待遇条款。换言之，我国大部分 BIT 并未明确规定争端解决程序是否属于最惠国待遇条款的适用范围，只有近年来与加拿大、刚果、乌兹别克斯坦、坦桑尼亚的 BIT 中明确限制最惠国待遇条款扩张适用至争端解决等程序性事项。

表 5-1 中国缔结的 BIT 中最惠国待遇条款设置情况（单位/个）[1]

| BIT 类型<br>签订时间 | 宽泛型 | 普遍型 | 与 FET 相连型 | 限制型 |
|---|---|---|---|---|
| 2011-2015 | 0 | 1 | 0 | 4 |
| 2006-2010 | 0 | 14 | 0 | 1 |
| 2001-2005 | 0 | 26 | 1 | 0 |
| 1996-2000 | 0 | 6 | 20 | 0 |
| 1991-1995 | 0 | 10 | 35 | 0 |
| 1983-1990 | 0 | 16 | 9 | 0 |
| 总计 | 0 | 73 | 65 | 5 |
| 占比 | 0% | 51.05% | 45.45% | 3.50% |

参照表 5-1，我国缔结的 BIT 中，普遍型和与 FET 相连型的最惠国待遇条款几乎各占一半，大部分最惠国待遇条款只是模糊地规定给予另一缔约国投资和投资者的"待遇"不低于第三国，文本本身却未明确"待遇"本身的内涵是否包括争端解决等程序性权利。长远来看，最惠国待遇条款内涵模糊将导致仲裁庭扩张解释的风险，使得裁决存在背离缔约国签署 BIT 真实意图的可能，因此我国在升级或新签 BIT 时有必要对最惠国待遇条款的文本模式进行审慎考虑。

（二）面临的问题

1. 投资身份定位转变

近年来，随着"走出去""一带一路"等倡议的实施，中国在国际投资

---

〔1〕 数据来源参见 http://tfs.mofcom.gov.cn/article/Nocategory/201111/20111107819474.shtml，最后访问日期：2024 年 3 月 8 日。

领域中的角色发生了深刻转变。以"吸引外资为主"的资本输入大国的定位已成过去，我国正逐步转变为吸引外资与对外投资并重的混合型定位。[1] UNCTAD 2023 年数据统计手册显示，2022 年中国利用外商直接投资流入资金量（1890 亿美元）位列美国（2850 亿美元）之后，居全球第 2 位。中国对外直接投资量（1470 亿美元）位列美国（3730 亿美元）和日本（1610 亿美元）之后，居全球第 3 位。[2] 我国投资身份定位的转变要求一方面要加强落实对海外投资利益的保障，另一方面也需要提高对东道国规制权的尊重，促进国家利益的实现。最惠国待遇条款作为投资保护协定的重要组成部分，对于实现投资者保护与东道国规制权之间的平衡至关重要。

2. 现有规则内涵模糊

我国现有 BIT 中的最惠国待遇条款存在条款内涵模糊，例外规则缺位的问题。如前所述，我国 BIT 中的最惠国待遇条款绝大多为普遍型和与 FET 相连型，仅有近年来签订的 4 个 BIT 明确排除了最惠国待遇条款在争议解决领域的适用。值得注意的是，最新签订的《中国－土耳其 BIT》仍采取的是普遍型的文本模式，并未明确限制最惠国待遇的扩张适用，反映出我国对于是否将最惠国待遇条款适用于争议解决等程序性事项的态度尚不清晰。这很有可能会造成仲裁实践的不一致甚至混乱，有必要给予高度关注和研究，从而提升国际投资仲裁的稳定性和可预测性，最终更好地促进两国投资贸易的发展。

3. 仲裁庭肆意解释的风险

在 BIT 相关规则不够明确时，对最惠国待遇条款的理解和适用就成了一个条约解释的问题，仲裁庭往往采取逐案分析的方法并综合考虑多种背景因素对最惠国条款能否扩张进行不同的判断，这种判断有可能对我国的规制权形成实际上的限制乃至过度干预。尽管近年来的国际投资仲裁实践显示了对东道国规制权的尊重，但东道国与外国投资者权益失衡的问题仍然存在。

---

〔1〕 参见朱明新：《最惠国待遇条款适用投资争端解决程序的表象与实质——基于条约解释的视角》，载《法商研究》2015 年第 3 期。

〔2〕 See UNCTAD, Handbook of Statistics 2023, 2023, pp. 48-49.

目前 ICSID 共审理的 20 起涉华案件中，有 4 起案件涉及最惠国待遇的扩张适用。[1]

表 5-2　有关最惠国待遇条款扩张适用至程序性事项的涉华案例情况

| 案件名称 | 事项类型 | | | 仲裁决议 | |
|---|---|---|---|---|---|
| | 规避前置条件 | 扩大事项范围 | 规避时效规定 | 同意 | 反对 |
| 谢业深案 | | √ | | | √ |
| 韩国安城案 | | | √ | | √ |
| 北京城建案 | | √ | | | √ |
| 新加坡亚化集团案 | | √ | | | √ |

如表 5-2，这 4 起案件涉及利用最惠国待遇扩大仲裁庭管辖权范围和规避争端解决时效规定，ICSID 仲裁庭皆表现出了反对最惠国待遇扩张适用的态度。但是国际上关于这一问题有进一步发展的趋势。因此，我国应当对这一问题做好应对准备，根据自身形势适当地采取防范措施，审慎平衡投资者权益保护和东道国国家规制权。

（三）因应之道

1. 审慎平衡投资者权益和国家利益

国际投资法在处理投资者与国家之间的经济关系时，公私主体之间的利益平衡是现下投资实践的目标。过于倾向保护投资者则有损东道国的立法主权和国家利益，而投资者保护力度减轻则有碍跨境资本流动和国际投资的发展。鉴于此，我国可以从缔约实践、仲裁实践、事后预防几个方面加以应对。

第一，在缔约实践方面，我们应全面考虑最惠国待遇条款的纳入，以增强中国海外投资利益保护的周全性和应变能力。然而，在涉及争端解决程序

---

〔1〕　分别为 Tza Yap Shum v. Republic of Peru, ICSID Case No. ARB/07/6; Ansung Housing Co., Ltd. v. People's Republic of China, ICSID Case No. ARB/14/25; Beijing Urban Construction Group Co. Ltd. v. Republic of Yemen, ICSID Case No. ARB/14/30 ; AsiaPhos Limited and Norwest Chemicals Pte Ltd v. People's Republic of China, ICSID Case No. ADM/21/1.

时，应用最惠国待遇条款需要审慎。考虑到缔约国相对方的接受程度与最惠国待遇条款的"自动传导效应"，针对不同国家采用不同的 BIT 范本在实践中实现的可能性很低。[1]采用单一的 BIT 模板作为与各国进行谈判的基础，有助于提高各个 BIT 结构和内容之间的统一性，明确展示我国特定立场。在具体缔约过程中，在国家立场和基本精神不变的前提下，可以根据缔约相对方的特定需求，对范本的相应规定进行适度调整。因此，我国应坚持单一的文本形式，并通过排除性条款或保留性规定厘清最惠国待遇条款的适用范围，限制对最惠国待遇的扩张解释。

值得关注的是，鉴于我国兼备海外投资大国的身份定位，对于前述问题的立场应保持适度灵活。倘若他国对基于最惠国待遇条款引入更优惠的争端解决程序并无异议，反而能为我国海外投资者提供更多维权途径，此时我国不应予以反对。

第二，在仲裁实践方面，中国作为被诉方或投资者母国可以强调前述VCLT 所确立的条约解释规则，向仲裁庭传达订立 BIT 时的立法原意，以限制仲裁庭自由裁量的空间。具体而言，对于限制型和与公平公正条款相连型的最惠国待遇条款，其本身已直接或间接排除了争议解决等程序性事项的扩张适用，我国可以通过强调依据文义解释，直接限制最惠国待遇条款的扩张适用。对于普遍型的最惠国待遇条款，我国可提供缔约时的谈判文件或背景材料，以及后续的缔约实践，作为缔约意图的辅证。在 *Ansung Housing v. China* 案中，中方除了强调案涉 BIT 中最惠国待遇条款不得扩张适用以外，还提供了多个相同缔约国后续签订的 IIA 文本，以进一步厘清中国在签订案涉 BIT 时的立法原意。[2]这种方法一定程度上可以降低仲裁庭肆意扩张适用最惠国待遇条款的风险。

第三，在事后预防方面，在重新修订相关投资条约不可能或不现实的情况下，中国可以通过对文本的字面含义作扩大解释或缩小解释并形成趋势，

---

〔1〕　参见梁咏：《国际投资仲裁中的涉华案例研究——中国经验和完善建议》，载《国际法研究》2017 年第 5 期。

〔2〕　See Ansung Housing Co., Ltd. v. People's Republic of China, ICSID Case No. ARB/14/25, Award, 2017, para. 132.

或就最惠国待遇条款的范围和适用与相关国家发布联合声明或单方声明。依据 NAFTA 第 11 章第 2001 条，美国、加拿大和墨西哥三国组建自由贸易委员会可以就 NAFTA 相关条款的解释与适用发表解释声明，包括具有拘束力和非具有拘束力的声明。这些声明无论是否具有法律拘束力，都可以构成 VCLT 第 31 条第 1 款第 2 项意义上的关于某些投资条约中最惠国待遇条款具体内涵的后续实践或后续协议，从而影响投资仲裁庭的认定。参照上述做法，我国可以通过声明的方式，预防仲裁庭对宽泛型和普遍型最惠国待遇条款进行扩张解释。在未来的缔约实践中，我国应关注并善于运用此类联合解释机制，防范因文本表述模糊所导致的适用范围扩大的风险，提升争议解决机制的稳定性和可预期性。

2. 投资者利用最惠国待遇条款在投资仲裁上争取主动权

在进行海外投资之前，投资者应全面掌握东道国投资法律法规、我国与东道国签署的 BIT 以及我国与东道国共同参与的 MIT 等相关内容。如果东道国政府或者其职能机构采取的行为使投资者的海外权益受损，中国企业应该积极利用投资保护机制解决，维护自己的权益。若东道国与第三国签署了标准更高的投资协议，投资者可以考虑利用最惠国待遇条款将该协定中的保护标准"移植"到其和东道国政府的争议中，作为解决争议的策略之一。但是，投资者需要注意投资协定是否通过特定语言表述限定了最惠国待遇的适用范围。例如，在 MIT 中，缔约一方加入自由贸易区、关税同盟、共同市场或其他区域经济组织以及基于税收协定所给予第三国投资者的优惠待遇，均被排除在协定范围之外。

此外，一些协定明确了最惠国待遇不应溯及既往，如《中国-瑞典 BIT》即规定，投资者不能根据最惠国待遇条款，主张获得在该协定缔结前缔结的其他双边条约项下的保护或待遇。

值得注意的是，投资者应审慎利用此类优惠条款。在裁决正式作出之前，往往无法实际比较各争议解决方式之间的优惠程度，以及仲裁前置程序是否一定会损害投资者的利益。因此，当东道国保护本身就可以达到投资者保护需求时，投资者可以先考虑在东道国保护范围内尽可能达到解决争议的需求，从而有利于争议解决结果的顺利执行。

# 第四节　征收

## 一、概述

自 19 世纪以来，对外国人的保护已被纳入国际法中。对待外国人保护的最低标准有两个方面：人身及其财产。财产权的基本权利受到《欧洲人权公约》等国际公约的广泛承认和保护。并且国际公法也力求更具体地保护外国人的权利，以避免他们的财产受到东道国的征收。

风险是投资的内在因素，投资者会尽量避免在一个随时可能征收其资产的国家进行投资。因此，大多国家选择在其签署的双边和多边协定中列入关于征收的规定。这一规定与习惯国际法并存，而仲裁裁决都试图在规定的要件内明确征收发生的确切时间从而计算补偿数额。

与征收并存的是国家为保障公共利益而进行监管的规制权。许多发展中国家为了吸引外资、促进经济发展，签署了保障投资者不受征收的协定。此外，其中一些国家因其立法较为宽松并赋予了投资者更广泛的经营自由权，而对外国投资者有着额外的吸引力。然而，经济发展的另一个重要组成部分是可持续性，当国家日益意识到环境、公共卫生等问题的重要性并颁布旨在改善环境状况和社会福利的立法时，往往会对投资者的权利产生消极影响。投资者在遵守更加严格的新法的过程中也可能会付出比以往更大的代价。

国际法将征收区分为直接征收与间接征收。在直接征收中，投资者被剥夺其财产所有权。而在间接征收中，投资者虽得以保留其财产，但其投资价值会因国家采取的征收措施而受到严重影响。

## 二、征收的概念与形态

### （一）概念

征收是东道国对投资者权利或财产的剥夺。部分征收的形成可能是对投资者的财产明确占有，另一部分征收则是采取剥夺投资者对其财产控制、使用、收益和处分的权利的形式来实现的。

在进一步探讨征收的形式之前，有必要对征收与国有化进行区分。虽然许多投资协定会在有关"征收"的条款或章节下同时对"征收"和"国有化"这两个术语进行定义，但这两个术语内涵不同、各有侧重，不可随意互换使用。尽管国有化确实涉及个人所有者失去其所有权的内容，但这一行为最终的目的是将所有征收活动毫无例外地作为一个整体进行规制。正如UNCTAD所指出的："国有化通常是指在所有经济部门或在特定行业或部门的基础上大规模地征收私有财产。"相比之下，征收适用的范围较窄，在大多数情况下更侧重于针对某一特定投资者的利益。

最著名的国有化案例之一发生在 1973～1974 年的利比亚，当时利比亚政府从私营企业手中接管了位于其领土之上的石油业务。利比亚政府的征收行为导致了三次仲裁，在仲裁过程中关于国有化的一些最重要的习惯国际法原则得以阐明。在 Texaco/Calasiatic 案中，独任仲裁员 Jean-René Dupuy 宣称1962 年 12 月的联合国第 1803 号决议反映了该领域习惯国际法的状况。此后这一结论被其他学者普遍接受。第 1803 号决议确认了各国对自然资源的永久主权，及其必然的国有化主权。然而，它也规定了国有化的界限，即国有化应以公共利益为基础，国家应提供及时和充分的补偿。

三次仲裁的仲裁员一致认为，国有化虽是一项主权权利，但并非绝对权利。更具体地说，三位仲裁员分别得出结论，主权国家需以在国际法中作出的承诺约束自身。他们重申了国际法的另一项基本原则，即条约必须遵守原则，这一原则也得到利比亚法律的支持。利比亚在与外国石油公司签订的所有特许权合同中都纳入了限制国有化的稳定条款。仲裁员认为，利比亚不顾这些承诺实行国有化，违反了其国际义务，必须向石油公司进行赔偿。

（二）直接征收和间接征收

1. 直接征收

直接征收意为国家以剥夺投资者的投资价值为目的采取的某种措施，这类措施通常包括颁布法令或采取武力等形式。2012 U. S. Model BIT 提及征收只有在"干扰有形或无形的产权或财产利益"的时候才得以认定。仲裁庭之间也形成了一个共识，即撤销许可或特许权构成一种直接征收。

在区分直接征收与间接征收时，*Metalclad v. Mexico* 案的仲裁庭阐述了直接征收的某些特征，即"公开、蓄意和得到承认的对财产的占有，例如直接扣押或正式或强制性地将所有权转让给东道国"。直接征用最经典的例子是政府派遣军队接管外国投资者所有的工厂。这种概念也被称为法律上的征收。在 *Feldman v. Mexico* 案中，仲裁庭表示："认定直接征收相对容易：政府当局接管一座矿山或工厂，剥夺投资者所有或控制下的利益。"

尽管直接征收如今已并不常见，但在一些拉丁美洲国家（如委内瑞拉）实施国有化之后，也仍有一些案例。例如，在 *Tidewater v. Venezuela* 一案中，政府颁布了一项法律（储备法），规定只有国家有权进行油气活动。该法公布之日，一家名为 Petróleos de Venezuela, S. A. 的国有公司（以下简称 PDVSA）接管了若干公司的业务和资产，其中包括 Tidewater 公司。投资者的船只也被实际扣押。在 *Venezuela Holdings v. Venezuela* 案中，由于未能就创建新的混合所有制企业达成协议，美孚在委内瑞拉境内的权益自动转让给 PDVSA 的一家附属公司。在 PDVSA 提出的混改协议中，PDVSA 或其一家附属公司将持有至少 60% 的权益。

上述两种情况中，发生直接征收这一事实毫无争议。仲裁中讨论的问题则侧重于对征收合法性要求和投资者在这种情况下应享有的补偿。

2. 间接征收

大多数投资协定在征收条款中也提到了间接征收或等同于征收的措施。这种类型的征收可以被定义为"对财产使用的隐蔽或偶然干扰，其效果为剥夺所有者全部或大部分的财产使用权或预期经济利益，即使这一行为不一定明显有利于东道国"。这一概念涵盖了事实上的征收，该措施的主要或表面目的是出于公共利益考量而对某个部门进行规范。例如，在 *Metalclad v. Mexico* 一案中，政府表面上以环境保护为由撤销了危险废物处理厂的经营许可证，但仲裁庭却将之认定为征收。

相关条约和仲裁庭也提到，"逐步征收"或"相当于征收的措施"是间接征收的子类。逐步征收的特殊之处在于，它是指在一段时间内，可归因于国家的一系列行为最终导致对该财产的征收。虽然国家采取的第一个行为没有侵犯投资者的权利，但多项措施的效力累加最终导致投资价值的剥夺。正如伊朗-美国求偿仲裁庭所阐明的那样，"法庭更倾向于使用'剥夺'而不是

'占有'一词，尽管它们大意相同，然而后者可能被理解为暗示政府获得了有价值的东西，而这并非必需要件"。在 Starrett v. Iran 案中仲裁庭进一步澄清："国际法承认，当国家行为对财产权造成过度干预，以至于该财产对投资人而言近乎失去作用，即使国家并无征收意图且财产所有权未被剥夺，此种行为仍应视为征收。"

2012 U. S. Model BIT 将间接征收定义为产生有效征收的两种情形之一。在这种情况下，"一方的一个或一系列行为具有等同于间接征收的效果，而无需正式转让所有权或直接扣押"。尽管在案件审理中决定某一行为是否构成间接征收时需要进行个案分析，但根据 2012 U. S. Model BIT 附件 B，有部分因素必须纳入考量：①政府行为的经济影响；②政府行为在多大程度上干扰了明确的、合理的投资回报预期；③政府行为的性质。

一般来说，国家根据政府机构作出的决定或立法机关通过的法律来实施征收行为。很多时候，国家行为的实施手段可能不会自动地对投资产生直接影响，而是会造成一些情况，使得投资者保留或出售其投资的程序变得更加繁重或成本变得更高。此外，针对特定投资或投资者的歧视性的监管措施也可能是一种征收。

1992 年 6 月生效的 1986 年《美国-埃及 BIT》提供了一系列可能构成征收行为的例子，譬如：征税，强制出售全部或部分此类投资，损害或剥夺有关国家或公司对此类投资的管理、控制或其经济价值等。通常，某些措施可能既构成征收又违反法律规定的平等保护或条约规定的国民待遇条款。

### 三、与间接征收有关的特别问题

随着许多资本输入国商业监管规模的扩大和复杂性的增加，间接征收在如今的国际投资中更为普遍，这种通过非直接方式剥夺投资者财产的间接征收行为，也常常被表述为"蚕食征收""事实征收""推定征收""逐步征收"或"与征收类似的行为"。然而大多数的国际投资协定都没有对征收，尤其是间接征收，进行直接定义。随着跨国投资的不断发展和国际投资仲裁实践的不断丰富，国际条约对间接征收的定义界定也朝着愈加开放而非封闭的方向发展。国际投资条约中所列举的典型的间接征收行为包括：课以过高或武断的税收；禁止分配利润；强制性贷款；安插管理人员；禁止解雇职员；拒绝供应原材料；拒绝发放必要的许可证等。间接征收表现形式众多不仅使得国际条约难以穷尽列举，更为仲裁庭认定是否存在间接征收带来困难。因此，国际投资仲裁中发展出多个判断标准辅助仲裁庭予以认定。

一般来说，所有条约都涉及间接征收的规范，但对于非补偿性政府管制措施的规定却寥寥无几。只有少数几个条约真正涉及非补偿性管制措施，这其中包括《欧洲人权公约》、NAFTA 以及美国和加拿大双边投资协定范本。仲裁庭在决定哪些措施构成需要补偿的征收以及哪些措施属于不需要补偿的非歧视性政府管制措施方面所采用的标准并不一致。为此，学术界提出多种理论，其中主要的理论学说包括单纯效果论、投资者合理预期、国家治安权说、实质性剥夺和比例原则。

（一）单纯效果论

单纯效果论将"对所有者的影响"作为判断征收存在与否的主要标准。该原则源于 *Metalclad v. Mexico* 一案，该案仲裁庭认为，无需"考虑政府采取措施的动机或意图"，产生剥夺投资者利益的效果就足以满足征收的条件。换句话说，意图不如结果重要，Tippetts 案中明确指出："政府的意图不如措施对所有者的影响重要，控制或干预措施的形式不如其实质的作用重要。"

同样，*Santa Elena v. Costa Rica* 一案仲裁庭在认定国家的补偿义务时，拒绝听取该国关于其保护案涉独特生态土地国际义务的陈述。仲裁庭认为，"以保护环境为目的进行的财产征收，并不影响其征收的性质，因此必须支付适当的补偿"。其他仲裁庭也表明了他们对单纯效果论的支持，如 *Tokios Tokelés v. Ukraine* 案和 *Telenor v. Hungary* 案。

作为认定征收的标准，征收行为对所有者影响的重要性无可非议。然而，对于这一因素是否应当作为唯一考量因素却争论不绝。事实上，国家和学术界试图为行使出于公共管制的主权权力进行辩护。例如，*Saluka v. Czecho* 案仲裁庭声明将考虑国家行为的意图："国际法现已确定，当国家在正常行使其管制权力，即以非歧视性的方式、善意地采取旨在增进公众福利的法规时，不承担向外国投资者支付补偿的责任。"

（二）投资者合理预期

投资协定的目的是鼓励投资，同时各国向潜在投资者提供最低限度的安全保障。因此，投资协定是确定投资者预期的首要来源。

投资者的预期不仅限于其业务的最终收益，还包括东道国国家遵守国际协定所给予的最低限度的保护。这些保护包括 FET、FPS、国民待遇、最惠国待遇，就当前语境而言，还有不受征收的保护。

在确定是否存在间接征收时，多个 BIT 将投资者的合理预期作为考量因素之一。投资者必须基于合理和具体的事实，才能产生合理的预期。判断投资者是否存在合理预期要考虑其与政府的谈判过程，以及作为各方签订书面合同基础的各项条件。正如 Schreuer 教授在论及 FET 时所指出的，"投资者的合理预期是基于一个清晰可感知的法律框架，以及东道国明确或暗示的任何承诺和陈述产生的。"

一些仲裁庭明确指出，条约不应被用来保护投资者免受不良商业决策的影响。在 *Methanex v. USA* 案中，专家小组强调，投资者进入了一个以监测"化合物的使用和影响并通常出于环境和/或健康原因禁止或限制某些化合物的使用"而臭名昭著的市场。Methanex 公司自己也通过雇佣说客来参与了这些过程。因此，投资者不可能合理地期待政府不干预其使用某些化学品。

然而，*Methanex v. USA* 案仲裁庭保留了这样一种假设，即东道国会提供"具体承诺"来吸引投资。如果投资者依赖政府的明确保证，他的期待就是合理的，这似乎确实合乎逻辑。但需指出的是，仅凭合理预期并不能证明国家应当进行补偿，它只是仲裁庭在确定是否发生间接征收时考虑的因素之一。然而，在不存在征收的情况下，当违反合理预期的程度相当于违反对投资者的 FET 时，可以基于合理预期证明补偿的合理性。

（三）国家治安权说

由于部分学者和仲裁员曾论及单纯效果说对国家监管能力的严重影响，仲裁实践似乎已经疏远了这一理论，转而采用国家治安权学说。国家治安权说最初在美国发展起来，对 NAFTA 仲裁庭产生了很大影响。根据这一理论，当国家为了公共利益而行动时，为促进此类目标或利益而采取的措施不一定构成征收，因此不需要补偿。

起初，公共利益标准仅仅作为确立间接征收需要考虑的因素之一。*Azurix v. Argentina* 案仲裁庭援引并批判了 *S. D. Myers v. Canada* 案的裁决，该裁决认为"双边条约缔约方对在公认的国家警察权力范围内善意执法所造成的经济损害不承担责任"。*Azurix v. Argentina* 案仲裁员指出，公共目的是征收合法的条件之一，但这并不排除国家承担及时、充分和有效补偿的责任。因此，它不能成为是否存在间接征收的唯一区分标准，只能在包括措施的效果及投资者的预期在内的其他因素中予以考虑。

*Methanex v. USA* 案首个正式依据这一学说作出判决。仲裁庭指出，"根据一般国际法，为公共目的、根据正当程序制定并对外国投资者或投资产生特别影响的非歧视性法规不得被视为具有征收性，也不得给予补偿，除非进行管制的政府已向拟议中的外国投资者作出具体承诺，政府将避免实施该等法规。"

正如上述摘自 *Methanex v. USA* 案裁决和其他仲裁实践的节选所示，仲裁庭认为国家治安权说是习惯国际法的一部分. 因此，即使有关 BIT 没有提及这一规则，也应当依据其做出判断。然而，应当注意到协定中明确规定国家治安权例外的条款。例如，2012 U. S. Model BIT 规定："外国人财产的无偿征收或对外国人财产的使用或收益权的剥夺，若由税法的执行、货币价值的一般变化、国家主管机关为维护公共秩序、健康或道德所采取的行动、合法行使交战国的权利或其他与国家法律正常运作相关的事项导致，不应被视为不当。"

### （四）实质性剥夺

如上所述，单纯效果论不再是认定间接征收的独立方法。尽管对投资者的影响在认定可补偿性征收方面具有重要作用，但如果将国家措施对投资价值产生负面影响的任何情况都包含在内，则间接征收的定义将过于宽泛。因此，许多仲裁庭采用了"实质性剥夺测试"来限制无法律依据的索赔。

*Pope & Talbot v. Canada* 案首次应用了实质性剥夺测试，仲裁庭认为必须存在剥夺投资者对其投资日常运营的控制权的情况即"检验的标准是这种干涉所产生的限制是否足以支撑该财产已从所有者处被'剥夺'的结论"。*PSEG v. Turkey* 案的仲裁员进一步阐述："必须以某种形式剥夺投资者对投资的控制、对公司日常运营管理的控制、干预管理、阻碍股息分配、干预高管和经理的任命，或剥夺公司全部或部分财产或控制权。"

许多其他仲裁庭都采用实质性剥夺标准，其适用的条件大致相同。总的来说，只有在监管措施几乎剥夺投资的全部价值或剥夺投资者的控制权时，才等同于征收，仅仅导致利润的减少则不能认定为征收。例如，在 *CMS v. Argentina* 案中，投资者的收入减少了近75%，但仲裁庭认为这不足以构成实质性剥夺。在 *Vivendi v. Argentina* 案中，仲裁庭认为政府措施必须"完全或近乎完全剥夺投资的价值"。

（五）比例原则

尽管国家治安权说的运用无处不在，但有观点指出，应该采用一种更加细致的认定方法。出于保护公共利益的辩护理由受到批评，因为这种辩护理由给予了国家全权委托，只要国家能够找到某种措施所保护的公共利益，就可以随意地拿走投资者的财产。有学者建议，在确定是否存在可补偿性征收时，仲裁庭应采取一种更为平衡的方法。不仅应审查措施的目的及其对投资者的影响，而且应审查投资者的合理预期和国家措施的合比例性。

间接征收中的比例性标准即要求政府管制措施以合法的公共利益为目标，以与这些目标相称的方式行使。评估一国措施比例性的观点并不新鲜，因为国家措施必然会对一方当事人产生不利影响。面对侵犯人权（包括财产权）的情况，ECHR 进行了比例性评估。传统上认为比例原则具有三个要素：①该措施是否有利于实现其表面上的目标？②是否有必要采取该措施（是否可以采取损害较小的措施来达到同样的目标）？③考虑到竞争利益，该措施是否合理（严格的比例检验）？

运用比例分析确定是否存在征收最著名的案例是 *Tecmed v. Mexico* 案的裁决。仲裁庭首先强调国家有责任对自己的公共政策进行定义，接着仲裁庭对国家措施进行审查，指出"对外国投资者征收的数额或比重与任何征收措施试图实现的目标之间必须存在合理的比例关系"。在本案中，仲裁庭援引了欧洲人权法院的几项判决，并采纳了其对比例性的定义。仲裁庭认为，墨西哥拒绝续签许可证主要是基于该国的政治动荡，而不是环境保护。可以看出仲裁庭对这一措施比例性的审查主要考量了该国政治环境的适当性、必要性和合理性。对此，仲裁庭的结论是，公众对政府的压力不构成必要或紧急的情况，因此墨西哥的行为合法。尽管有些学者称赞这一判决不局限于审查国家用以辩护其行为的表面目的，而进一步评估其背后的真正目的，然而，一些学者认为比例原则不应适用于本案中墨西哥所实施的措施。

### 四、征收的合法性

如前所述，只要征收符合习惯国际法或投资协定所规定的条件，国家就有权进行征收。当有关措施不满足这些条件时，征收即为非法，且国家需要承担赔偿责任。

投资协定中通常会对合法征收的条件进行规定。一般来说，大多数 BIT 都涉及以下要求：公共目的或利益、正当程序、非歧视性和补偿。

#### （一）公共目的或利益

公共目的或利益已经在间接征收部分进行了初步定义，并在运用国家治安权说认定间接征收时予以审查，仲裁庭在审查合法性时一般不会对其进行二次考虑。但是，在检验是否存在直接征收时仍需考虑其中是否存在公共目的或利益。

仲裁庭认为，国家需证明其措施背后有实际的公共目的。根据 *ADC Affiliate Limited v. Hungary* 案，"如果仅仅提及'公共利益'就能神奇地证明这种利益的存在，从而满足这一要求，那么这一要求将变得毫无意义，因为仲裁庭无法想象这一要求不被满足的情况"。

#### （二）正当程序

大多数投资协定规定，在征收时必须遵循法律的正当程序。它指的是在实施征收时应遵循的最低限度的程序公平。

*Venezuela Holdings v. Venezuela* 案中分析了正当程序的条件。本案中，委内瑞拉规定将其领土内的石油生产活动保留给国家运营，私营公司只能通过国有资本占多数的混合所有制企业参与这些业务。索赔人经营的奥里诺科石油带却是这种法律制度下的例外。然而，2007 年，委内瑞拉决定将奥里诺科石油带也收归国家所有。该国颁布了一项法律，要求私营企业必须在一定日期前改变经营结构，变更为混合所有制企业，之后国家将其持股收归国有。特别是，该法律规定了一个为期 4 个月的谈判期，在此期间，公司可以改变其结构以契合石油生产的相关法律规定。索赔人声称其财产受到强制征收，而

国家并没有遵循"任何既定的法律程序"。而仲裁庭认为，谈判条款满足正当程序要求，其他石油公司已成功进行了企业混改，因此，为期4个月的国有化措施是合法的。

### （三）非歧视性

征收措施不能对特定投资者进行歧视则相对直接，这一条件要求某一措施需以同样的方式适用于案涉投资者和其他投资者。歧视性征收是指在没有合理依据的情况下，采取针对某个人或某一群人的措施。

*LIAMCO v. Libya* 案的仲裁庭认为，政府措施的政治动机本身并不"足以证明这是一种纯粹的歧视性措施"。鉴于 LIAMCO 不是第一家被国有化的公司，它既不是其中唯一的石油公司，也不是唯一的美国公司，因此仲裁庭认为利比亚的行动不具有歧视性。

### （四）补偿

根据缔约双方在投资协定下达成的共识，缔约国应向另一缔约国的国民提供最低限度的实质性保护。其中最常见的保护之一是外国公民有权公平地获得征收补偿。换句话说，只要按照有关条约的规定给予适当的补偿，国家可以实施征收。

根据 CAFTA-DR，征收必须伴随着对投资者"即时、充分和有效的补偿"，这也被称为赫尔公式（Hull formula），这一标准广泛用于保护条款中。CAFTA-DR 还规定了充分、有效和即时补偿的四项最低要求。在此标准下，补偿应：

①立即支付；②相当于被征收投资在征收（"征收日期"）发生之前的公平市场价值（FMV）；③不反映因较早知悉拟议征收而产生的任何价值变化；④完全可实现并自由转让。

## 五、案例研究

### （一）案情概况

本案申请人 Pope & Talbot Inc. 是一家在美国特拉华州注册成立的公司，它拥有一家在加拿大英属哥伦比亚省注册成立的投资公司，该公司在不列颠哥伦比亚省的南部内陆地区经营着3家软木木材厂，这些木材厂生产的软木木材大部分会出口到美国。被申请人是加拿大政府。

1996 年 5 月 29 日，美国和加拿大签订了《软木协定》（"SLA"），该协定对在不列颠哥伦比亚省首次生产的软木木材的自由出口进行了限制。根据《软木协定》，自 1996 年 4 月 1 日起，凡是生产省份为不列颠哥伦比亚省、阿尔伯塔省、马尼托巴省和魁北克省的软木木材出口到美国都需要办理出口许可证。1996 年 6 月 21 日，加拿大颁布了《软木产品出口许可费条例》，其中规定了出口商为出口软木产品签发许可的行政费用收取标准。具体而言，1447 亿板英尺是门槛基准，低于门槛基准的出口规模不收费；出口规模为 1447 亿～1535 亿板英尺的，每千板英尺收取 50 美元的低费率基准；高于 1535 亿板英尺的，每千板英尺收取 100 美元的高费率基准。此外，加拿大还颁布了出口第 94 号公告，对许可证分配作出了规定：门槛基准和低费率基准的许可分配给包括新投资者在内的原材料生产商和加工商。分配取决于目前出口数量，新投资者适用特殊规定，以后每年 4 月 1 日将根据通货膨胀情况对以上分配机制进行调整。

Pope & Talbot Inc. 认为加拿大为执行与美国签订的《软木协定》所采取的措施限制了其作为投资者向美国出口木材业务的能力，对其投资构成了征收，违反了 NAFTA 第 11 章 A 节规定的某些义务。

（二）争议焦点

本案的争议焦点为加拿大实施的出口管制措施是否构成《北美自贸协定》第 1110 条项下的"征收"？具体而言：①是否可以将"征收"扩大解释为包括影响财产权的措施？②国家采取的措施是否导致对投资者权利的"实质性剥夺"？

（三）仲裁庭意见及裁决

Pope & Talbot Inc 主张，加拿大执行《软木协定》剥夺了投资者向其传统市场出口产品的正常能力，申请人认为 1996 年 4 月 1 日是"征收的初始日期"，并表示"加拿大每次减少投资的免付费配额分配"，都会"发生进一步征收"，这些行为违反了 NAFTA 第 1110 条。根据 NAFTA 和一般国际法，"蚕食性征收"（creeping expropriation）也是通过限制私有财产权进行征收的方式之一，其特点是国家措施是通过分阶段逐步取得投资者的财产权。

Pope & Talbot Inc. 把 NAFTA 第 1110 条解读为 "一个超越国际习惯法的特别条款"。第 1110 条出现的 "相当于征收的措施" 的表述不仅包含直接征收和蚕食性征收措施,而且还包含 "具有实质性干扰北美自由贸易区投资者投资效果的普遍适用的非歧视性措施"。针对投资者的论点,加拿大政府认为,申请人声称被征收的财产并不是 NAFTA 第 1110 条要求的 "另一缔约方投资者的投资",因为 "将其产品转让给美国市场的能力" 并不是 "一项财产权"。因此,申请人的投资并没有被剥夺,因为自《软木协定》签订以来申请人一直在向美国出口软木木材,并且这项投资也在持续进行。

加拿大政府还辩称,虽然 NAFTA 中没有 "征收" 一词的定义,但根据国际法,一项国家措施要构成 "间接征收",其对投资者的权利必须是实质性的干涉,并且须以特别方式阻碍投资者实际享有投资财产的所有权。加拿大还反驳了申请人将 "相当于征收的措施" 一词的保护范围扩大解释到国际法规定的征收的习惯范围之外的主张。加拿大政府认为,文本中 "tantamount" 一词只是意味着 "等同",在 NAFTA 的法语和西班牙语文本中被译为 "等同" 和 "equivalent"。因此,该词并不比 "蚕食性征收" 的概念更加广,"蚕食性征收" 是条约起草中没有使用的术语。加拿大还主张其执行《软木协定》是行使监管权的行为,国家实施非歧视性监管措施而导致投资者遭受任何损失的,国家不承担赔偿责任。因此加拿大认为,根据国际法,只有当国家采取的措施是歧视性的时才可能承担责任。

仲裁庭认为,东道国的监管措施要构成 "间接征收",其对投资者的权利的干涉必须是实质性,并且须以特别方式阻碍投资者实际享有投资财产的所有权。因此本案中,仲裁庭首先需要查明国家采取的措施对投资者的权利是否构成 "实质性剥夺",从而判断该措施是否构成 "间接征收"。根据双方当事人提交的材料和证据,仲裁庭得出结论,美国市场的投资准入是一项财产性权利,应该受到 NAFTA 第 1110 条的保护,但仲裁庭不认为这些监管措施构成了对申请人投资公司商业活动的实质性干预。

仲裁庭还认为,投资者目前对其投资仍享有实际控制权,并正常开展日常业务,加拿大 "没有监管投资公司雇员的工作,没有拿走公司销售的任何收益(税收除外),没有干涉公司管理层或股东的活动,没有阻止公司向其股东支付股息，没有干涉董事或管理层的任命，没有采取其他任何行动使投资者失去对其投资公司的完全所有权和控制权"。虽然加拿大的干涉导致投资人的利润减少，但它目前依然继续向美国出口大量的软木木材并且获得高额利润。

仲裁庭依据《美国对外关系法》（第三次重述）"当一个国家对外国财产实施征税、管制或其他充公行为或阻止、不合理地妨碍或不适当地延误外国人享有其利益时……该国应承担征收责任"，管制是否导致征收取决于"（管制）对财产利益的妨碍程度""剥夺投资者对企业有效管理的程度"以及是否使得"该企业不可能盈利"。据此，仲裁庭认为加拿大政府对于申请人财产利益的妨碍程度尚不足以构成习惯国际法上的征收。本案中加拿大政府的出口配额限制虽然造成了申请人的利益减损，但申请人的海外销售并没有被完全禁止，投资者仍能获利，因此，干扰本身不是征收，如果要构成征收，还需要证明财产所有权的基本权能受到了严重程度的剥夺。

仲裁庭没有接受申请人对 NAFTA 第 1110 条的解释，仲裁庭认为"tantamount"无疑就是"等同"的含义。从逻辑上讲，"等同"不可能包含其他更多的事物，申请人对于其他判例的引用并不支持相反的结论。

基于上述理由，仲裁庭驳回了申请人根据 NAFTA 第 1110 条提出的请求，认为加拿大采取的措施不构成征收。

（四）案例评析

本案的仲裁思路为，一项国家措施要构成"间接征收"，其对投资者的权利必须是实质性的干涉，并且须以特别方式阻碍投资者实际享有的投资财产所有权。因此，仲裁庭需要查明国家措施对投资者的权利进行了"实质性剥夺"（substantial expropriation），才能得出该措施构成"间接征收"的结论。基于上述理由，仲裁庭认定加拿大政府所采取的措施不具有征收性。仲裁庭作出的裁决表明，其在对国家措施是否构成"间接征收"进行认定时，着重考量该措施对外国投资者权利的干涉程度，而不问该措施的性质。

本案是纯粹效果原则应用于国际仲裁实践征收判定的经典案例，其裁决为后续许多仲裁庭援引。在 *Enron v. Argentine* 一案中，仲裁庭就采用了本案确立的标准，即实质性剥夺的判断标准是剥夺投资者对投资的控制权、管理公司的日常经营、逮捕和拘留公司官员或雇员、监督官员的工作、干预公司行政管理、妨碍股息分配、干涉官员和经理的任命、全部或部分剥夺公司的财产或控制权。仲裁庭认为这些情形都没有在案件中发生，因此被申请人采取的措施不构成直接或间接征收，没有违反美阿 BIT 第 4 条第 1 款的规定。

纯粹效果原则的优势是显而易见的，通过双方提交的证据，仲裁庭可以比较清晰地判断是否存在间接征收。而政府采取该行为的主观意图则难以证明，因为政府可以声称其所有举措都出于公共目的。相反地，外国投资者往往也难以举证证明政府行为不以公共利益为目的。所以，实践中外国投资者倾向于主张纯粹效果原则，而东道国则倾向于根据国家治安权原则进行抗辩。

但纯粹效果原则的弊端也是显而易见的，它关注的仅仅是政府行为对投资者产生的影响，并将政府行为是否对投资者的财产权产生任何实质的限制性影响作为认定是否存在征收的唯一、排他标准，却不关注政府行为的动机与具体内容。纯粹效果原则显然更利于资本输出方，尤其是发达国家的投资者，但是对于作为资本输入国的广大发展中国家，这种扩大间接征收外延的认定标准，将可能限制其基于合法的保护社会公共利益的目的对本国经济和社会事务进行正常管理的权力。

## 六、对我国的启示

自 1982 年《中国-瑞典 BIT》签订以来，中国已经签订了 145 份 BIT 以及 27 份含有投资保护条款的其他国际协定。2006 年《中国-印度 BIT》的议定书部分使用了"间接征收"这一概念，并规定除了直接征收和国有化外，征收措施还包括"一缔约方采取的使投资者在没有正式转移所有权或完全没收的情况下，可能实质上丧失生产能力、无法产生回报的一项或一系列措施"，即间接征收。这是我国在签订的 BIT 中首次明确了"间接征收"这一概念，并试图对间接征收的内涵作出界定，虽然该条规定并不完善，但成为 BIT 引入"间接征收"概念的良好开端。在这之后，我国的一些 BIT，如《中国-德国 BIT》规定"缔约一方投资者在缔约另一方境内的投资不得被直接或者间接地征收、国有化或者对其采取具有征收、固有化效果的其他任何措施"。《中国-墨西哥 BIT》明确了"征收是直接或者间接通过相当于征收或国有化的措施"进行的。

除此之外，越来越多的 BIT 中使用了"相当于""具有的效果"等表述，例如《中国-捷克 BIT》《中国-丹麦 BIT》《中国-印度尼西亚 BIT》和《中国-冰岛 BIT》等。中国在较新的 BIT 和自由贸易协定中对此有了进一步的明确，例如《中国-芬兰 BIT》和《中国-荷兰 BIT》在处理征收问题上的做法其实更接近于美国，即尽可能在 BIT 条款中对于间接征收的适用予以明确。此外，《中国-新西兰 FTA》对于"间接征收"的界定最为详尽复杂，根据其定义，缔约任何一方对缔约另一方的国民或公司的投资不得采取"征收、国有化或与征收或国有化具有相同效果的其他措施"，除非是基于法律允许的目的、在非歧视的基础上、根据其他法律并给予补偿，补偿应能有效地实现、并不得无故迟延等。

从防范间接征收尤其是司法征收的角度而言，我国目前的投资条约立法主要存在以下几方面的问题：

第一，我国目前有效的 BIT 中一部分缔结年份较早，存在条文过时或保护程度不足等问题，条约规定严重滞后于国际仲裁实践的发展。这不仅无法为投资者提供全面的保护，也容易招致更多的法律争议。

第二，我国现存 BIT 的规定差异较大，没有形成统一的规则体系。我国现行 BIT 中只有少数对征收作了界定，一般都用模糊的语言表述，并且对于责任主体的规定也并不明晰，这种模糊定义对作为资本输入大国的我国来说极为不利。一些 BIT 中虽然明确了征收认定时应当考虑的要素，但是并没有对其作进一步解释和限制，并且条约间的规定也存在差异。虽然征收认定需要仲裁庭根据个案裁量，但是，对于司法征收这种仲裁实践争议较大、裁判结果相互矛盾的征收形式，模糊的认定标准会进一步有损仲裁结果的一致性和可预见性，也会增加我国应对司法征收的复杂性和不确定性。

第三，许多早期签署的 BIT 规定提交国际仲裁的争端仅限于"与征收补偿有关的争议"，实践中仲裁庭更偏向于对其作限缩解释，认为该条并不包括与"征收"有关的争议。在著名的"北京首钢案"中，仲裁庭就采取了限缩性解释，认为可仲裁事项仅限于征收补偿款的确定，但这事实上并不利于对投资者的保护。

如前所述，我国目前的 BIT 中仍有缺陷亟须改善。为了尽可能统一一国

BIT 条款之间一致性，很多国家都制定了 BIT 范本，作为缔约谈判以及条约拟定的基础。我国目前已有丰富的缔约实践经验，完全可以在此基础上制定符合我国目前缔约宗旨和主张并体现当前投资仲裁实践的 BIT 范本，指导今后的条约缔结和条约更新。

**思考题**

1. 为什么 FET 条款在仲裁实践中被援引的最多？
2. FET 条款存在的问题与完善。
3. FPS 条款适用范围。
4. 最惠国待遇条款的演进。
5. 征收在实践中的多变性与认定。

# 第六章

# 证据、举证责任和文件出示

国际投资仲裁作为对抗性争议解决方式，仲裁庭需居中进行裁判，当事双方为了使其主张获得支持，必须承担举证责任，出示相关证据材料。大多数仲裁规则对证据问题所涉较少，从而为仲裁庭对证据规则的确定和适用提供了自由裁量的空间。然而，仲裁员在法律背景和法律文化方面的差异可能会影响仲裁庭的决定，并造成英美法系和大陆法系在证据处理方面的紧张局面。《IBA 证据规则》在国际仲裁中被广泛适用，该规则于 2020 年进行了修订。该规则借鉴了英美法系和大陆法系的传统证据规则，在一定程度上调和了两大法系在证据规则方面的差异甚至冲突，为投资者与东道国之间的仲裁提供了指引。

## 第一节　概述

证据在所有案件的裁判中起着至关重要的作用，因为对事实的认定在很大程度上决定了争议解决的结果，投资仲裁也不例外。投资仲裁中证据规则的特殊性来源于仲裁规则在试图弥合不同法系国家传统做法之间的差距时，仲裁员与律师却经常无法抛弃他们各自法律文化的"包袱"以及他们各自习惯的证据期限。[1]大陆法系传统强调实体权利保护，而英美法系仍受"救济

---

〔1〕 See Guillermo Aguilar Alvarez, "To What Extent Do Arbitrators in International Cases Disregard the Bag and Baggage of National Systems?", 8 ICCA Seoul Conference 1996, p. 139.

先于权利"原则的影响，强调确立和保护权利的程序规范，尽管这一原则现已基本被抛弃。[1]由于国际仲裁涵盖了不同法系当事人之间的争议，在此过程中英美法系与大陆法系证据规则之间很有可能产生分歧。这种分歧可能涉及证据的可采信性、证明标准、证人资格以及专家证据的呈现方式等方面。然而，在许多方面，仲裁中证据规则已采用两种法系传统做法的混合模式来处理。

即便如此，国际仲裁目前在取证方面的做法仍存在许多问题。例如：对传闻证据的立场是什么？在直接询问阶段是否允许使用引导性问题？当事人享有哪些可以拒绝作证的特权？当争端一方是主权国家时，如何完善文件材料的保密性？其中许多问题只能由仲裁庭逐案回答。因此，国际仲裁常常因取证过程中仲裁员过于广泛的自由裁量权而受到批评。尽管如此，证据规则体系的内在缺陷使得其不可避免地依赖于仲裁员的决定。[2]

# 第二节　主要证据规则

## 一、英美法系

英美法系奉行当事人主义，当事人在收集证据以及决定如何为证明己方观点而出示证据等方面拥有完全的自主权。大多数事实调查或信息披露是由律师在审前和庭外协助进行的，在此过程中产生的许多文件可能不会提交法庭。英美法系的法官没有主动调查的职能，他们的职责是审查当事人出示的证据，并根据提交的证据决定案件处理结果。在英美法系下，法官是司法的管理者和监督者，他们监督司法程序的进行，以确保法律适用的正确和公平。

此外，英美法系证据规则也与陪审团制度有关。由于陪审团成员大多是

---

〔1〕　See René David, *L'arbitrage dans le commerce international*, Economica, 1982, p. 149.

〔2〕　Karl Pornbacher and Alexander Dolgorukow, "Reconciling Due Process and Efficiency in International Arbitration-The Arbitrator's Task of Achieving the One Without Sacrificing the Other", 3 *The Annals of the Faculty of Law in Belgrade-Belgrade L. Rev.* 2013, pp. 50-51.

不具备法律知识的普通民众，为了防止其因个人情感倾向而错误地采纳不利于查明事实或由一方当事人所伪造的证据从而阻碍案件审理，普通法设置了详细而完善的证据规则，利用关联性、非法证据排除、传闻证据排除等规则保障司法公正。

## 二、大陆法系

大陆法系采取职权主义，法官在诉讼程序的进行中起主导作用。大陆法系的证据规则着重调整法官通过询问证人并审查所有相关证据，从而形成"心证"的过程。证人被认为是法庭的证人，法官通过对证人的询问获得大量证据。此外，法官对证据的调查范围不限于当事人的举证，为了更好地调查事实真相，法官可能会就未由任何一方当事人提出的法律问题进行讨论，或主动任命一个或多个专家证人辅助查明案件事实。相较于更注重审查证据能力的英美法系证据规则而言，大陆法系证据规侧重审查证据的程序规定，建立了如言辞审查、直接审查等证据规则。

## 三、两大法系的区别与融合

鉴于两大法系在诉讼制度与证据规则方面存在各自的特点，二者对证据形式的要求也有所差别。英美法系国家实行当事人对抗制，即由双方当事人各自提出证据证明自己的主张，其中包括对证人进行交叉询问得到有利于自己的证词。大陆法系诉讼过程中由法官进行询问，双方当事人对抗性不足，并且大陆法系国家更加重视书面证据，从而削弱了口头证据与证人证言的作用。

（一）口头证据与书面证据

在英美法系下，当事人及其证人的口头证词最为重要也最具证明力，口头证据通常被认为优于书面证据。由于证人证言的可信度尚未可知，因此普通法出于审判公正考量设置了交叉询问规则。在诉讼过程中，法庭通过双方当事人对出庭证人的交叉询问获取真相。同时，这种规则也给了被告反驳证词和对峙原告的机会。

大陆法系则更加重视书面证据，理由在于：其一，文件不会说谎；其二，由于事件已经发生了一段时间或事件发生过于突然或受到在事件发生过程中的心理状态等因素的影响，证人对事件的回忆与叙述并不总是准确的。

（二）证人制度

在英美法系中，任何人都可以成为证人，包括当事人自己。然而，在大陆法系中，证人必须是一个公正的第三方。任何人不得在己方案件中担任证人。这种观点认为，当事人看待纠纷的角度以及与案件处理结果的相关性常常会蒙蔽他们的视线，使其作出有利于自己的证词。这种证人资格的排除同样适用于可能作出非中立证词的第三方，如当事人的雇员、商业伙伴和其他与当事人联系密切的人。

不同法律体系之间的另一个区别是对证人准备（witness coach）的态度。美国普通法中广泛适用证人准备制度，而在其他英美法系国家如英国法中，证人准备受到严格限制。大多数大陆法系国家则禁止证人准备。

（三）传闻证据

如前所述，英美法系非常重视口头证据。在英美法系中，口头证据必须是直接的。这意味着，如果证人证明的是一个可以看到的事实，那么他必须实际目睹事件的发生。直接证据规则排除了传闻证据。在传闻证据中，对方当事人的认知仅限于证人所提供的信息，因此无法辨别或审查证人所说是否属实。然而，在大陆法系，基于书面证据的首要性特点，法官可以通过个人判断来决定其他证据的可采信性。因此，在大陆法系中没有排除传闻证据的规则，证人证词与口头陈述的价值都由法庭来决定。

有观点认为，英美法系和大陆法系的区别被夸大了，实际上这两种占主导地位的法系更多的是相似之处。尽管如此，两种法系之间的差别仍然可能会引发许多问题，当事各方需要就此达成一致意见，以确定证据和事实调查的限度和边界。在投资仲裁中，仲裁员除了可以选择使用《IBA证据规则》来处理证据问题外，还可以使用当事各方商定的其他机构规则或临时规则，许多程序规则赋予仲裁庭决定"证据的可采信性、关联性、重要性及证明力"的自由裁量权。[1]然而，仲裁员的国籍、法律背景和裁判经验可能会影响其进行仲裁程序的方式、使用的程序规则以及在证据和文件出示方面的立场。

---

〔1〕《IBA证据规则》第9条第1款；《ICSID仲裁规则》第36条第1款；《UNCITRAL仲裁规则》第27条第4款；《SCC仲裁规则》第31条第1款。

当事人在选择仲裁员时应考虑到这一点。

# 第三节　国际投资仲裁中主要证据规则

## 一、基本原则

### （一）当事人意思自治

当事人意思自治是国际仲裁中的一项基本原则，国际仲裁当事人有权决定仲裁程序所使用的证据规则，包括当事方协商一致确定的仲裁程序准据法中的证据规则和仲裁法中的证据规则。[1]然而，各国仲裁立法较少涉及证据方面的规定，而大多仲裁机构规则仅提供原则性规定，更加具体的证据规则只能由当事人约定或由仲裁庭根据自由裁量权决定。

### （二）诚实守信义务

在不同的法律文化背景下，效率、程序正当以及程序公平之间的平衡可能会有所不同。但是，在投资仲裁中，诚信原则是一切程序规则的指引。

许多法律制度中都规定了当事人的诚信义务。"诚信"这个词语不仅出现在一些机构规则的条文中，[2]而且也经常出现在仲裁庭的论理中。《IBA证据规则》在序言中阐明，规则旨在为"当事人和仲裁员提供高效、经济和公平地处理国际仲裁取证问题的有用资源"。《IBA证据规则》前言部分第3条要求当事各方在取证过程中遵循诚实守信的原则。此外，如果发现当事人在取证过程中没有善意行事，则应就其未提供的证据作出不利推定或在决定仲裁费用分担时对该情形予以考虑。[3]

## 二、主要证据规则

1.《IBA证据规则》

多数机构规则和临时规则并不要求每一个仲裁案件都以同样的方式进行，

---

〔1〕　在大多数情况下，当事人未能协商一致确定仲裁程序的准据法。
〔2〕　《IBA证据规则》前言；《ICSID仲裁规则》第38条。
〔3〕　《IBA证据规则》第9条第7、8款。

各方当事人可以灵活地设计最适合于每一个仲裁案件的证据程序。[1]由于国际仲裁的当事人自治程度高且程序规则灵活，国际律师协会引入《IBA 证据规则》，意图在国际仲裁程序中建立某种一致性。[2]《IBA 证据规则》的序言明确规定，当事人可以在仲裁开始时或此后任何时间全部或部分采用《IBA证据规则》。规则还指出，本规则可以配合其他商定标准一起使用，其作用是填补空白，而不是取代机构规则、临时规则或其他规则。

《IBA 证据规则》反映了大陆法系和英美法系之间的妥协。例如，《IBA证据规则》第 3 条第 3 款有关文件出示请求的规定允许当事人请求出示与案件具有关联性以及对案件结果具有重要性的文件（适用大陆法系规则），但同时通过只允许限定类别的文件出示请求来防止这一请求的泛滥（偏向于英美法系立场）。[3]当事人可以通过意思自治适用《IBA 证据规则》。然而，仲裁庭更倾向于将《IBA 证据规则》作为不具约束力的准则，而且如果一方当事人质疑仲裁庭对规则条文的解释，仲裁裁决可能会因违反双方商定的程序规则而面临被撤销的风险。[4]但总的来说，仲裁庭在审理投资仲裁案件时广泛地适用了《IBA 证据规则》。

2. 其他机构证据规则

虽然《IBA 证据规则》已成为国际仲裁中普遍接受的证据程序规定，但当事方没有必须适用的义务。当事方在其仲裁协议中有可能只约定了一套机构规则或临时规则，而并未同意采用《IBA 证据规则》或同意由仲裁员将其作为规则的指引。在这种情况下，证据程序只适用选定的机构规则或临时规则，这些程序规范可能因规则而异。机构规则包括《ICSID 仲裁规则》《UN-CITRAL 仲裁规则》《ICC 仲裁规则》《SCC 仲裁规则》。总体而言，每套规则均赋予仲裁庭在取证过程中广泛的权利。

---

〔1〕 IBA, *Commentary on the revised text of the 2020 IBA Rules on the Taking of Evidence in International Arbitration*, 2021.

〔2〕 IBA, *Commentary on the revised text of the 2020 IBA Rules on the Taking of Evidence in International Arbitration*, 2021.

〔3〕 See IBA Rules, art. 3（3）; see also Commentary on the revised text of the 2020 IBA Rules.

〔4〕 Commentary on the revised text of the 2020 IBA Rules.

（1）《ICSID 仲裁规则》有关取证的规定。《ICSID 仲裁规则》赋予仲裁庭对证据可采信性和证明力的决定权。同时，在仲裁程序的任何阶段，仲裁庭享有在其认为必要时要求当事人提供额外的文件或其他证据的权利。[1]《ICSID 仲裁规则》第 40 条第 1 款明确"如果仲裁庭认为有勘察的必要，仲裁庭可以主动或应当事方的要求，指令勘察有关争议现场，并可酌情进行调查"，并要求对这一勘察所涉及的范围、客体、程序和时限等内容进行限制，从而赋予了仲裁庭更多调查取证的主动权。仲裁条款其他规则还涉及举证责任、文件出示的一般要求、事实证人与专家证人的陈述与宣誓等一般事项，除此之外，《ICSID 仲裁规则》没有进一步提供更为具体的规则。

（2）《UNCITRAL 仲裁规则》有关取证的规定。《UNCITRAL 仲裁规则》对于仲裁庭权利与当事人举证责任的规定与《ICSID 仲裁规则》大致相同。仲裁庭可以决定证据的可采信性、关联性、重要性及证明力并随时要求当事人提出证据。[2]此外，《UNCITRAL 仲裁规则》还对证据形式、证人出庭的程序与方式、专家资质审查与专家报告制作、未履行举证责任的认定等方面进行了原则性的规定，为临时仲裁中的当事人提供指导。

（3）《ICC 仲裁规则》与《SCC 仲裁规则》有关取证的规定。《ICC 仲裁规则》规定，仲裁庭可以在任何时候传唤当事人提交补充证据。[3]此外，出于成本与效率的考量，规则要求仲裁庭通过识别可以仅依据书面文件认定的事实、限制文件提出的合理期限与必要范围等方式对证据程序进行有效的控制。[4]《SCC 仲裁规则》将证人细分为事实证人、当事人任命的专家证人以及仲裁庭任命的专家证人，但在仲裁庭自由裁量权与证据出示方面的规定与《ICSID 仲裁规则》并无太大差别。[5]

总的来说，机构规则中有关证据的规定赋予仲裁庭在认定证据、查明事实过程中很大的主动性与灵活性，至于当事人提交或仲裁庭要求的证据具有

---

〔1〕《ICSID 仲裁规则》第 36 条。

〔2〕《UNCITRAL 仲裁规则》第 27 条。

〔3〕《ICC 仲裁规则》第 25 条第 4 款。

〔4〕《ICC 仲裁规则》附件 4。

〔5〕《SCC 仲裁规则》第 33~34 条。

怎样的证明力等问题将视具体案件而定。

# 第四节　举证责任和证明标准

*Idem est non esse et non probari.* 这条罗马法的拉丁格言直译为不存在和不被证明是相同的。证据程序是当事方试图使仲裁庭相信其所陈述的事实具有真实性的过程，缺乏证据表明该主张可能是不真实的。因此在仲裁过程中，必然会出现举证责任分配与证明标准的问题。

## 一、举证责任分配

国际法中有关举证责任的分配源于罗马法中原告承担举证责任（*actori incumbit onus probation*）的原则，即提出事实主张的一方有责任证明其真实性。举证责任主要涉及由谁来提供证据的问题，承担举证责任的一方通常是提出主张、抗辩或反诉的当事方。这一概念最初的意涵在于原告需证明其提出的诉讼请求，而被告必须证明其抗辩或反诉。如果原告不履行其举证责任，该诉讼请求就不成立。

在投资仲裁中，虽然仲裁机构的规则很少对举证责任进行明确规定，但《UNCITRAL 仲裁规则》第 27 条第 1 款和《伊朗-美国索赔法庭程序规则》第 24 条规定，"每一方都有责任证明其主张或抗辩所依据的事实"。《IBA 证据规则》第 3 条第 1 款中也隐晦地提及举证责任分配，即当事人应当提供他们可获得并依赖的所有文件材料，这表明当事人有责任提供证据以证明自己的主张。其他机构规则并没有对举证责任进行明确规定。

《ICSID 仲裁规则》没有明确规定举证责任，然而仲裁庭通常援引申请人承担举证责任的原则。[1] 仲裁庭在 *Windstream Energy v. Canada* 一案中指出，各

---

[1]　See *Libananco Holdings Co. Limited v. Republic of Turkey*, ICSID Case No. ARB/06/8, 2 September 2011; see also *Asian Agricultural Products Ltd.（AAPL）v. Republic of Sri Lanka*, ICSID Case No. ARB/87/3, 27 June 1990; Iran-United States Claims Tribunal Rule of Procedure, art. 24（1）.

方当事人均有义务以适当的法律依据和证据来支持各自的立场。[1]在 *Rompetrol v. Romania* 一案中，仲裁庭重申了这一原则："就举证责任而言，应当遵循广泛接受的国际原则，即诉讼一方有责任证明其主张或抗辩所依据的事实。"[2]

此外，"谁主张，谁举证"的原则已被适用于仲裁程序的各个阶段，包括管辖权确定、实体审理和损害赔偿阶段。在投资仲裁的管辖权确定阶段，许多仲裁庭适用了所谓的希金斯测试，要求申请人首先证明其所指称的事实属于条约调整的范围内。[3]换言之，一方必须证明其在双边条约项下进行了投资，随后仲裁庭将假定该主张为真，并判断这些指称的事实（如得到证实）是否会导致违反有关条约的规定。[4]

一旦申请人对自己的主张进行了充分举证，举证责任就会转移至另一方，由被申请人提出自己的证据进行抗辩。[5]例如，如果仲裁庭认为申请人所提交的证据达到某一程度时，可以认定其已充分履行举证责任，并将责任转移给被申请人。[6]当事人不履行举证责任则可能导致仲裁庭拒绝承认某些证据，作出不利于未履行举证责任一方的推定，进而驳回某项主张甚至整个案件。[7]

涉及举证责任，不可避免地会出现一些问题：如果某些证据的提供对一方来说过于繁重，仲裁庭应该怎样处理？仲裁员如何确定举证责任已经得到

---

〔1〕 *Windstream Energy LLC v. The Government of Canada*，PCA Case No. 2013-22, 27 September 2016.

〔2〕 *Rompetrol Group NV v. Romania*，ICSID Case No. ARB/06/3, 6 May 2013, para. 179.

〔3〕 *Oil Platforms*（*Islamic Republic of Iran v. United States of America*），Preliminary Objection, Judgment, Separate Opinion of Judge Higgins ICJ Reports, 1996, pp. 803-847.

〔4〕 *Oil Platforms*, p. 856; See *Phoenix Action, Ltd. v. Czech Republic*, ICSID Case No. ARB/06/5, 15 April 2009. But see *PSEG Global Inc and Konya Ilgin Elektrik Uretim ve Ticaret Limited Sirketi v. Republic of Turkey*, ICSID Case No. ARB/02/5, 4 June 2004.（应当注意到凤凰行动中的初步证据检验只在适当的时候针对具体案件实施，当事人对事实有强烈分歧时则不适用）。

〔5〕 See *Marvin Roy Feldman Karpa v. United Mexican States*, ICSID Case No. ARB (AF) /99/1, 13 June 2003; see also *Pac Rim Cayman LLC v. Republic of El Salvador*, ICSID Case No. ARB/09/12, 14 October 2016.

〔6〕 一些学者持相反观点，认为举证责任永远不会转移。See *Reza Said Malek v. The Government of the Islamic Republic of Iran*, IUSCT Case No. 193, 11 August 1992; But see *United Parcel Service of America v. Canada*, UNCITRAL/NAFTA, Award on the Merits, 24 May 2007, para. 84.

〔7〕 See Ali Z. Marossi, "Shifting the Burden of Proof in the Practice of the Iran-United State Claims Tribunal", 28 *J. Intl. Arb.* 2011, p. 431; see also Simon Greenberg and Felix Lautenschlager, "Adverse Inferences in International Arbitral Practice", 22 *ICC Intl. Ct. Arb. Bull.* 2011, pp. 45-47.

履行？对于第一个问题，《IBA 证据规则》允许基于"不合理的举证负担"而排除证据。[1]但这并不意味着一方可以因为需要提供"大量"的证据而逃避出示文件的义务，而是说出示证据的困难必须"大到足以阻止申请方获得他想要的文件"，并结合这一证据与本案的潜在相关性和对证明案件事实的用途进行权衡。[2]至于后一个问题，仲裁庭有权自行裁量举证责任得到充分履行的标准。

## 二、证明标准

证明标准涉及举证所要求的证明程度，即当事人为了确立和满足其主张或抗辩而需要提供的证据数量。英美法系和大陆法系在证明标准上存在差异。例如，美国将证明标准分为几个类别，包括"优势证据""清晰而有力标准"和"排除合理怀疑"。大陆法系中没有成熟的证明标准而仅仅依赖法官的"及时定罪"。[3]

与大陆法系相似，现行仲裁规则中并没有规定仲裁庭应适用的证明标准。因此，仲裁庭在事实调查过程中享有广泛的自由裁量权，并根据其自由裁量权处理证据事项。譬如，《IBA 证据规则》第 9 条第 1 款赋予仲裁庭广泛的权利来决定证据的可采信性、关联性、重要性及证明力。总而言之，机构规则和临时规则并没有对仲裁庭适用何种证明标准进行限制，仲裁庭掌握着决定一方何时才算完全履行举证责任的主动权。

虽然仲裁庭有广泛的权利，但这种权利的行使范围并不是毫无限制的。仲裁庭会采用某些标准来决定所需要的证明程度。在国际仲裁实践中，一些学者认为，仲裁庭的目标是寻找证据"优于"其他人的一方，适用"优势证据"或"盖然性平衡"标准与实践中一般的证明标准相匹配。[4]除了需要更高的证明标准（例如，欺诈或腐败指控）或违反合同的案件，优势证据和盖然性平衡在

---

〔1〕 《IBA 证据规则》第 9 条第 2 款第 3 项。

〔2〕 Nathan D. O'Malley, "Rules of Evidence in International Arbitration: An Annotated Guide", 294 *Informa Law from Routledge* 2012 (Citing *INA Corporation v. The Government of the Islamic Republic of Iran*, IU-SCT Case No. 161, 13 August 1985; *Noble Ventures Inc. v. Romania*, ICSID Case No. ARB/01/11, 12 October 2005).

〔3〕 大陆法系法官的"及时定罪"标准类似普通法中的"排除合理怀疑"标准，二者都表明法官对于某一立场排除怀疑的心理状态。

〔4〕 See Jeff Waincymer, *Procedure and Evidence in International Arbitration*, *Part II: The Process of an Arbitration*, *Chapter 10: Approaches to Evidence and Fact Finding*, Kluwer Law International, 2012, p. 765.

一般案件中是最为常用的证明标准。这一证明标准的含义是仲裁庭会认为提供的证据更具说服力的一方当事人的主张更有可能是真实的，从而予以认定。[1]换言之，仲裁庭将评估双方提供的所有证据，并判断哪一方的证据更有可能是真实的。仲裁庭适用盖然性平衡的一些情形包括：违约指控、损害赔偿请求、合同条款的解释以及"基于违反国际条约规定的投资者待遇的请求"。[2]

对于腐败、欺诈、贿赂或其他可能涉及刑法严重犯罪的指控，仲裁庭往往采用更高的证明标准。仲裁庭认为，鉴于上述指控的严重性，有必要提高标准并要求当事人提供充分的证据，以阻止对其不满的任何一方轻易地提出腐败或欺诈指控并在案件中胜诉。然而，并不存在统一的"更高的证明标准"，仲裁庭此时采用的标准包括"显著优势证据""排除合理怀疑"[3]"清晰而有力的证据"[4]"进一步和直接证据"等。[5]

在不存在直接证据或者直接证据难以取得的情况下，仲裁庭允许提供间接证据予以证明。一些仲裁庭采用了 *Corfu Channel* 一案的推理，即在当事人无法直接证明一项指控时，公认的做法是允许提供间接证据。[6]

# 第五节　投资仲裁中可采信的证据形式

国际仲裁程序中的证据主要分为两类：口头证据和书面证据，具体而言

---

〔1〕　Nathan D. O'Malley, "Rules of Evidence in International Arbitration: An Annotated Guide", *Informa Law from Routledge* 2012, p. 208 (Citing *Ioannis Kardassopoulos v. The Republic of Georgia*, ICSID Case No. ARB/05/18 and ARB/07/15, 3 March, 2010.

〔2〕　Nathan D. O'Malley, "Rules of Evidence in International Arbitration: An Annotated Guide", *Informa Law from Routledge* 2012, p. 208.

〔3〕　*Hilmarton Ltd. v. Omnium de Traitement et de Valorisation S. A.*, ICC Case No. 5622, 19 August 1988.

〔4〕　*Westinghouse and Burns & Roe (USA) v. National Power Company and the Republic of Philippines*, ICC Case No. 6401, 19 December 1991.

〔5〕　See Peter Muchlinski et. al, *The Oxford Handbook of International Investment Law*, Oxford University Press, 2008, p. 604; see also *Libananco Holdings Co. Limited v. Republic of Turkey*, ICSID Case No. ARB/06/8, 2 September 2011.

〔6〕　*Corfu Channel (United Kingdom of Great Britain and Northern Ireland v. Albania)*, 1949 ICJ 4, 9 April 1949.

包括证人证词（事实和专家证人）和公示文件。至于当事人应当采取何种方法提交证据以及该证据的证明力和可采信性，则由仲裁庭决定。投资仲裁规则中虽然没有对证据排除进行严格规定，但在涉及保密文件、特权证据、非法获取证据等证据的可采信性时，仲裁庭依然要考虑予以排除。

## 一、书面证据

"关于任何事实问题所能提出的最好的证据，几乎总是包含在事件发生时形成的文件中。"[1]《IBA 证据规则》将"文件材料"广义地定义为"以纸面、电子、音频、视频或任何其他方式记录或保存的书面材料、通讯、图片、图画、程序或数据"。[2]英美法系与大陆法系在证据程序上的分歧主要表现在对举证形式和举证程序的规制上。前者倾向于将口头证词作为举证的主要方式，后者则更依赖与事实同时产生的书面证据。[3]在举证程序方面，英美法系与大陆法系之间最本质的区别之一在于文书开示的范围。在美国，广泛的文书开示和强制披露是必需的，而大陆法系国家则认为这种大范围的"钓鱼式调查"令人憎恶。

## 二、文件开示

有学者认为，为提高效率，当事人无需向仲裁庭提供所有与争议结果相关的文件，而仅需要提供履行其举证责任所必需的文件材料。在双方当事人就文件开示请求发生争议时，仲裁员应当确定请求方是否确实需要通过提交此类文件来履行举证责任。如果出示该文件不是必要的，则应该拒绝该请求。而在评估请求是否必要时，仲裁员必须谨慎查明证明责任是否确实应由请求方承担。[4]然而，并非所有仲裁员都接受这种方法。一些仲裁员认为，一方

---

〔1〕 Alan Redfern and Martin Hunter et. al. , *Law and Practice of International Commercial Arbitration*, Thomson Professional Publication, 2004, p. 298.

〔2〕《IBA 证据规则》定义。

〔3〕 Pierre Tercier and Tetiana Bersheda, "Document Production in Arbitration: A Civil Law Viewpoint, in The Search for 'Truth' in Arbitration: Is Finding the Truth what Dispute Resolution is About?", 35 *ASA Special Series* 2011, p. 77.

〔4〕 Yves Derains, "Towards Greater Efficiency in Document Production Before Arbitral Tribunals, A Continental Viewpoint", Bulletin of the ICC International Court of Arbitration, Special Supplement, Document Production in International Arbitration, 83 *ICC* 2006.

当事人有权查阅另一方当事人掌握的文件，以证明该另一方没有完全履行证明义务。

在国际仲裁中，当事人要求出示的文件必须是具体的、相关的现存文件，或是被认为在另一方控制下的特定类别的文件。最常见的获取书面证据的方法之一是"雷德芬表格"。雷德芬表格由著名的英国仲裁从业者艾伦·雷德芬（Alan Redfern）提出。它本质上是一个四栏电子表格，列出了处理文件出示的步骤。第一栏为请求方的请求，其中应提供足够详细的资料，以明确所要求出示的文件信息或该文件的类别。第二栏要求请求出示文件的当事方简要论述这些文件与案件的相关性以及对其主张的重要性。第三栏则允许被请求方提出反对意见或者详细说明它将在多大程度上同意这个请求。最后一栏是仲裁庭对该请求的裁决。[1]雷德芬表格比较清楚地将证据开示涉及的有关问题作了详细梳理，为仲裁庭在决定证据出示时提供了指引，因此在实践中也经常被运用。

（一）IBA 文件出示规则

《IBA 证据规则》第 3 条要求当事各方在仲裁庭规定的期限内，向仲裁庭提交其所依赖的所有文件。此外，各方可向仲裁庭或另一方提出文件"出示请求"。该"出示请求"，即雷德芬表格前两栏所要求的内容，其中必须包含五个组成部分，提出请求的一方当事人需要说明①对请求出示的文件的描述，以便识别；②若该文件属于特定类别的文件，则应证明其确实存在并进行详细的说明；③一份表明该文件相关性与重要性的声明；④一份声明，说明文件不在请求方的控制之下，或说明为什么请求方提交此类文件会造成不合理的负担；⑤一份声明，说明请求方为什么认为文件在另一方控制之下。如无异议，收到"出示请求"的当事人必须在仲裁庭规定的时间内提交请求中描述的文件。该当事人可以拒绝出示文件，但必须根据《IBA 证据规则》第 9 条第 2 款和第 3 条第 3 款的规定，以书面形式向仲裁庭正式提出，即雷德芬表格的第三栏中所要求的内容。如果双方当事人未就文件出示达成一致意见，

---

〔1〕　Nigel Blackaby et. al. , *Redfern and Hunter on International Arbitration: Student Version*, Oxford University Press, 2009, p. 396.

仲裁庭可以请当事人进行协商。如果双方协商不成，将由仲裁庭决定是否要求出示文件。仲裁庭也可以在对异议作出裁决前要求查阅文件，或者在特定情况下，指定公正的第三方将文件内容告知仲裁庭。[1]

（二）《IBA 证据规则》第 9 条证据的可采信性和评估

《IBA 证据规则》第 9 条明确了仲裁庭处理证据问题的权利，即仲裁员通过自由裁量权确定证据的"可采信性、关联性、重要性及证明力"。《IBA 证据规则评注》指出，第 9 条目的在于协助仲裁庭决定"它应该接受哪些证据，以及应该如何对这些证据进行评价"。[2]根据《IBA 证据规则》第 9 条第 2 款，仲裁庭可以根据自由裁量权决定对口头证据或书面证据的接受程度。

《IBA 证据规则》第 9 条第 2 款第 1 项规定，仲裁庭可以拒绝接受与案件缺乏充分关联或缺乏足够影响案件结果重要性的证据或文件的出示请求；第 2 项论及国际仲裁中的特权问题，这将在下文作进一步讨论。如果要求出示被请求的证据会造成不合理负担时，当事人可以援引该条款第 3 项请求证据排除，造成这种不合理负担的原因既可能是要求的证据数量过多，也可能是搜集和出示文件的过程存在困难。根据仲裁庭的自由裁量权，本条款可作广义解释；第 4 项说明文件材料的丢失或毁损也可以作为排除举证义务的原因之一；第 5、6 项涉及特定证据的保密问题，第 5 项涉及"商业或技术保密"的证据，而第 6 项则更进一步，认可"特殊的政治或机构敏感性"（包括被政府或国际公共机构归类为机密的证据）的理由"具有说服力"。最后一项是兜底条款，如果仲裁庭认为证据的采纳有损于"程序的经济性、适当性和公平性的考虑，以及平等对待"的原则，且当事人的论理具有说服力，则该证据可以被排除。

（三）《IBA 证据规则》对特权的规定

《IBA 证据规则》第 9 条第 2 款第 2 项中所涉及的法律特权问题值得注意。该条规定仲裁庭可以根据其决定适用的"法律或道德准则"，拒绝接受"造成法律障碍或形成法律特权"的口头或书面证据。需要注意的是美国诉讼

---

[1] 《IBA 证据规则》第 9 条第 1 款。

[2] Commentary on the revised text of the 2020 IBA Rules on the Taking of Evidence in International Arbitration, 25.

中使用特权的方式与国际仲裁不同，后者的规则较前者更为宽松。由于国际仲裁中涉及不同法律制度对同一法律概念的认知以及不同法系国家对当事人的保护可能存在差异的问题，因此对于特权的定义和范围可能会出现分歧。英美法系对特权的解释非常宽泛，并且区别于保密的概念。大陆法系中没有特权的概念，但有保密或职业保密的义务。根据美国法律，当事人与内部律师的通信受到律师—客户特权的保护，而在一些大陆法系国家，这种通信不受保护。此外，在大陆法系国家，如法国，即使当事人已经同意信息开示，律师也可以决定不公开信息，[1]而在美国普通法中，当事人在特定情况下有充分的权利放弃律师—客户特权。这两种不同的观点，以及取证过程中的许多其他做法，可能造成仲裁程序的混乱。《IBA 证据规则》第 9 条第 2 款第 2 项的评注指出，在国际仲裁中承认特权很重要，对文件的保护可以建立在"律师—客户特权，职业保密或无损特权"的基础上。国际仲裁中最常见的特权包括律师—客户特权、和解特权或无损特权以及职业保密。《IBA 证据规则》第 9 条第 4 款对上述特权做了概括规定。根据《IBA 证据规则评注》，第 9 条第 4 款第 1 项试图将普通法的律师—客户特权原则与大陆法的职业保密义务相融合。[2]

　　律师—客户特权是国际仲裁中最常用的证据排除规定，这项特权涉及律师和他们的当事人之间的通信保密性。机构规则和临时规则对律师—客户特权几乎没有作出任何规定，而将该特权的适用和范围交由当事人约定或由仲裁庭决定。例如 *Gallo v. Canada* 案中，仲裁庭较为具体地界定了该特权的适用条件，包括律师必须以律师身份为当事人（而不是以其他身份）提供服务、客户和律师之间必须存在信赖关系、该信息或文件必须是在寻求或提供法律意见的过程中产生的、该信息在提供时具有保密性并将在有争议的情况下予以保密。[3]出于防止特权滥用的考量，上述措辞对特权进行

---

〔1〕　Tom Ginsburg and Richard Mosk，"Evidentiary Privileges in International Arbitration"，50 *Intl. & Comp. L. Q.* 2013，p. 346.

〔2〕　Commentary on the revised text of the 2020 IBA Rules on the Taking of Evidence in International Arbitration，25.

〔3〕　*Vito G. Gallo v. Government of Canada*，PCA Case No. 2008-03，15 September 2011，para. 47.

了狭义的解释。

在投资仲裁中，投资者大多时候无法接触到东道国视为机密的政府内部文件，[1]并且由于争端的一方始终是主权国家，因此投资仲裁中的文件出示程序需要经过具体而有针对性的设计。投资争端常常涉及国家在其领土上的主权行为，文件出示可能涉及非常敏感的问题且不可避免地会引发争议。[2]为此，各国常常在其投资协定中列入一项条款，避免出示任何特权、机密、私人或保密的信息、通信等。例如，2012 U. S. Model BIT 中规定，仲裁庭应遵守某些程序，以防止"受保护信息"被披露。[3]

（四）关于证据出示的其他机构和临时规则

机构规则和临时规则对文件和口头证据在投资仲裁中的作用作出了一些规定。《ICSID 仲裁规则》赋予仲裁庭广泛的权利，仲裁庭可以在仲裁程序的任何阶段要求文件出示和证人出庭，并要求当事各方在举证方面与仲裁庭合作。[4]《ICC 仲裁规则》明确规定，仲裁庭可以仅根据当事人提交的文件对案件作出裁决，并有权决定是否听取证人证言或传唤任何一方提交补充证据。[5]与上述规定相似，《UNCITRAL 仲裁规则》规定仲裁庭认为必要时，可要求当事各方在仲裁过程中的任何阶段出示证据。[6]

（五）未能披露

国际仲裁不要求强制披露，但如果当事人未按仲裁庭要求披露证据，可能会造成严重后果。《IBA 证据规则》规定，在当事人未能出示文件也未能对此作出合理解释的情况下，仲裁庭可以推断此文件资料与该方当事人的利益

---

〔1〕 See Nathan D. O'Malley, "Rules of Evidence in International Arbitration: An Annotated Guide", *Informa Law from Routledge* 2012, p. 47.

〔2〕 Mayer Brown, *Discovery in Investor-State Disputes: A Different Matter Altogether*, 2011, https://www.lexology.com/library/detail.aspx? g = 43ebbfac-dca8 – 4f7f-b3d6 – 93bc31f992d2（accessed 4 March 2024）; *Giovanna A Beccara and Others v. The Argentine Republic*, ICSID Case No. ARB/07/5, 27 January 2010.

〔3〕 2012 U. S. Model BIT（将"受保护信息"定义为"商业机密信息或根据一方特权或以其他方式受保护的信息"）。

〔4〕《ICSID 仲裁规则》第 36 条。

〔5〕《ICC 仲裁规则》第 25 条。

〔6〕《UNCITRAL 仲裁规则》第 27 条第 3 款。

相悖。[1]《UNCITRAL 仲裁规则》规定，如果一方未能披露所要求的证据，仲裁庭有权根据已提交的证据作出裁决。[2]因此，仲裁庭有权在一方当事人缺乏合理理由的情况下，对该方当事人不遵守披露要求的行为作出不利推定。不利推定并非惩罚行为，而是一种认定已提交证据优于未提交证据的方法。[3]

在此必须注意到英美法系和大陆法系在这方面存在的传统差异。除特权文件外，美国普通法律师需提交所有与案件相关的信息，无论这对他们的案件是否有利。但大陆法系的律师既不提交、也不希望提交不利于其案件的文件或信息。在此情况下，仲裁庭必须谨慎适用不利推定的规则。同时，由于不同法系在起草和保存文件方面的做法各不相同，仲裁员在就当事人的行为作出推断之前，必须考虑到当事人的特定文化环境。在英美法系国家，公司会为证据开示程序做准备，并尽力保存各种正式或非正式文件，同时在文件起草时也非常谨慎。根据英美法系诉讼传统，商人们时常在诉讼过程中被传唤为证人，为此他们详细记录并谨慎保存每次会议和电话沟通的内容。在大陆法系国家则不一定如此，因为在大陆法系国家没有证据开示制度，当事人在诉讼程序中被传唤作证的风险非常小。基于上述原因，当一方当事人拒绝执行文件出示命令时，仲裁庭应根据具体情况谨慎作出不利推定。[4]

（六）非法获取的证据和非当事人出示证据

国际仲裁在非法证据排除问题上没有任何具有约束力的规则，仲裁庭将依据其自由裁量权决定证据在案件中的相关性与重要性。根据案件情况和仲裁员立场的不同，仲裁庭也可能会采纳非法获取的证据。这一点在 *Caratube v. Kazakhstan* 一案的判决中得到了非常明显的体现。[5]在本案中，仲裁庭承认

---

〔1〕《IBA 证据规则》第 9 条第 6、7 款。

〔2〕《UNCITRAL 仲裁规则》第 30 条第 3 款。

〔3〕 See Jeff Waincymer, *Procedure and Evidence in International Arbitration*, *Part II*: *The Process of an Arbitration*, *Chapter* 10: *Approaches to Evidence and Fact Finding*, Kluwer Law International, 2012, pp. 774-775.

〔4〕 Yves Derains, "Towards Greater Efficiency in Document Production Before Arbitral Tribunals, A Continental Viewpoint", Bulletin of the ICC International Court of Arbitration, Special Supplement, Document Production in International Arbitration, 83*ICC* 2006.

〔5〕 See *Caratube International Oil Company LLP and Devincci Salah Hourani v. Republic of Kazakhstan*, ICSID Case No. ARB/13/13, 27 September 2017; see also *Corfu Channel* (*United Kingdom of Great Britain and Northern Ireland v. Albania*), 1949 ICJ 4, 9 April 1949.

了某些非法获取的非特权证据，这些证据由入侵哈萨克斯坦政府计算机系统的黑客取得，并发布在一个公共网站上。此类案件表明，《IBA 证据规则》可能不足以处理因引入非法获取的证据而产生的潜在问题。在此情况下，仲裁员不仅可以决定非法获取的证据的可采信性，还可以决定在处理争议时这些证据具有多大的证明力，给仲裁的一致性和可预见性带来影响。尽管如此，仲裁庭大多数情况下很可能拒绝接受不正当获得或导致程序不公平的证据，以避免违反善意行事的原则。

与非法获取的证据不同，国际仲裁规则对从非当事人处获取的证据提供了一定的指引。例如，《IBA 证据规则》第 3 条第 9 款规定，争端一方可以要求仲裁庭"采取或申请仲裁庭许可其自行采取，任何法律允许的方式获得该文件材料"。此外，根据《ICSID 仲裁规则》，在仲裁庭与争议双方协商一致后，非当事方可向仲裁庭提出书面请求。[1]仲裁庭在决定是否准许这一请求时，将考虑到以下几个因素：①所提交的材料是否不同于当事各方所提供的材料，是否有助于决定某个事实或法律问题；②所提交的材料是否将处理争端范围内的问题；③非当事方对争议的处理是否享有重大利益。*Methanex v. USA* 案的仲裁庭是第一个根据《UNCITRAL 仲裁规则》第 15 条允许第三方陈述的仲裁庭，该仲裁庭认为第三方提交的文件并未改变当事方的权利，并援引伊朗-美国索赔法庭的做法作为支撑。[2]

## 三、证人证词

在国际投资仲裁中，仲裁庭在进行事实调查时经常传唤证人，无论他们是事实证人还是专家证人。如前所述，大陆法系国家在证据调查过程中更倾向于采用书面证据而不是证人证言。在英美法系国家中，证人证言是一种更为常见的证据类别，诉讼中常见的方式包括对证人进行直接询问、交叉询问以及在其宣誓后进行询问从而得到证词。

---

〔1〕《ICSID 仲裁规则》第 67 条。

〔2〕 *Methanex Corporation v. United States of America*, Decision of the Tribunal on Petitions from Third Persons to intervene as 'Amici Curiae', 15 January 2001.

在国际投资仲裁中，口头证据通常以证人书面陈述的形式呈现和提交。一般来说，任何人都可以提交证人书面陈述，包括当事人及其雇员、法定代表或政府官员。[1]与英美法系传统的做法相似，当事人在听证期间可以对证人进行交叉询问，证人预先提交的书面证词将被公示，对方当事人可以就这些证词对证人进行提问。[2]

（一）事实证人

正如书面证据的可采信性一样，未经双方当事人事先约定或选定的机构规则中未有规定时，仲裁庭在决定证人作证的方式上具有广泛的自由裁量权。仲裁庭可以决定采纳哪些证人的证词、采纳证词的条件以及证人出庭的顺序。

《IBA证据规则》第4条概述了事实证人应遵守的程序，第4条第1至4款规定证人的确定、证人资格、证人准备以及证人陈述的提交期限；根据《IBA证据规则》，证人陈述书是"事实证人出具的书面证言"；第4条第5款则明确规定了每份证人陈述中必须包含的内容。

（二）专家证人

对于国际仲裁中的各方当事人来说，依靠专家证人为自己的案件进行辩护是有效甚至必要的，特别是在涉及科学或技术问题、损害赔偿数额或复杂法律问题时。《IBA证据规则》第5条和第6条将专家证人分为当事人指定专家和仲裁庭指定专家。对于受过普通法训练的律师来说，当事人指定专家出现在当事人的主张或抗辩中司空见惯，而仲裁庭指定专家则相对陌生。这一制度在某种程度上更接近于大陆法系的诉讼程序，即由法官充当事实发现者的角色。国际仲裁采用了一种普通法与大陆法的混合制度，即同时认定当事人指定的专家和仲裁庭指定的专家。但是，仲裁庭指定专家在实践中有特殊作用，一些机构规则也对此进行了规定。[3]

---

〔1〕 参见《IBA证据规则》第4条第2款；Julian D. M. Lew QC et. al, *Comparative International Commercial Arbitration*, Kluwer Law International, 2003, p. 571.

〔2〕 Lawrence W. Newman and Ben H. Sheppard, Jr., *Take the Witness: Cross Examination in International Arbitration*, JurisNet, LLC, 2010.

〔3〕 《UNCITRAL仲裁规则》第29条；《SCC仲裁规则》第34条。

1. 当事人指定专家

《IBA 证据规则》第 5 条概述了由争端一方指定专家的规则。其第 5 条第 1 款规定当事人可以依赖一位专家就特定问题作证。当事人应当指明专家证人的身份及其证言的主旨，且专家证人应当提交专家报告。此外，当事人应当将其意欲依赖的专家通知另一方。其第 5 条第 2 款规定了专家报告必须包含的内容，其中一个重要的要求是应当包含"其专业意见和结论，并说明其得出结论所使用的方法、证据和信息。"同时，专家证人应当对其意见负责。其他要求还包括披露专家与当事人、其法律顾问或仲裁庭成员之间的关系，以及专家应对其独立性作出声明，以表明其在评估具体问题时持中立态度。

英国皇家御准仲裁员协会制定的《国际仲裁中使用当事人指定专家的准则》对《IBA 证据规则》进行了一定扩展，并为处理当事人指定专家的问题提供了进一步指导。

2. 仲裁庭指定专家

对于受普通法训练的律师来说，仲裁庭在国际仲裁中指定专家这一做法相对陌生。但是，尽管仲裁庭有权指定专家，这一过程还需参考当事各方的意愿。例如，《IBA 证据规则》第 6 条第 1 款明确规定，仲裁庭在任命专家前应与当事各方进行协商。此外，其第 6 条第 2 款允许当事各方以缺乏资格或独立性等理由反对任何仲裁庭指定的专家，这种理由可能出于该专家证人与当事各方、法律顾问或仲裁庭成员在个人或经济方面关系的考量，但仲裁庭对异议的接受或否认享有最终决定权。当事双方有权接收由仲裁庭指定专家获得的任何资料，并审查专家审查过的任何文件以及专家与仲裁庭之间的任何通信；第 6 条第 4 款规定了专家报告中必须包含的内容。这些要求几乎与第 5 条第 2 款中当事人指定专家的相关要求相同。但有一个例外，即专家在接受任命之前必须进行独立声明。在专家对案件审理的作用方面，《IBA 证据规则》明确规定，对案件结果作出决定的是仲裁庭，而非仲裁庭指定的专家。[1]

---

[1] 《IBA 证据规则》第 6 条第 7 款。

# 第六节 结论

尽管两大法系间存在法律文化上的差异，但当前国际仲裁的证据程序标准化趋势有利于两大法系的协调和融合发展。但与此同时，各国面临着提高证据程序透明度的压力，纷纷被要求披露它们传统上试图保护的信息。此外，投资仲裁乃至整个国际仲裁体系将不得不面对所谓的"正当程序偏执"，即仲裁庭由于担心裁决因一方没有机会充分陈述其主张而受到质疑，因此在某些情况下不愿采取果断行动。[1]仲裁庭的担忧将进一步使仲裁程序变得冗长，增加仲裁费用，使本已遭受批评的国际投资仲裁雪上加霜。因此，在仲裁规则问题上，应当赋予仲裁庭适当的自由裁量权，避免仲裁程序的司法化倾向，从而保证相对灵活和简洁的取证程序，保持仲裁相对诉讼而言高效便捷、费用合理的传统优势。

**思考题**

1. 国际投资仲裁实践中的证据规则有哪些？
2. 仲裁庭对证据认定的实践。
3. 国际投资仲裁中的文件披露问题。
4. 国际投资仲裁实践中证明标准问题。
5. 国际投资仲裁实践中举证责任的分配问题。

---

〔1〕 White & Case and School of International Arbitration at Queen Mary University of London, *International Arbitration Survey: Improvements and Innovations in International Arbitration*, White & Case LLP, 2015.

# 第七章
# 仲裁裁决和执行问题

投资裁决是终局裁决，对当事方具有约束力，只有在有限的情况下才能对仲裁裁决提出质疑，比如各方可申请仲裁庭补正裁决书中较小的错误或对裁决进行解释。当以上申请不足以纠正可能威胁仲裁合法性的严重错误时，当事人可基于特定理由提起撤裁程序。ICSID 裁决的撤销受《华盛顿公约》下自成一体的撤裁机制管辖；非 ICSID 裁决，包括 ICSID 附加便利仲裁、ICC、SCC 等机构作出的裁决以及根据《UNCITRAL 仲裁规则》作出的临时裁决等，可在仲裁地所在国法院提起撤裁程序。撤裁与上诉程序不同，因为撤裁主要涉及裁决的合法性而非事实问题，也不会对裁决进行修改。

仲裁裁决的承认与执行是指败诉方不自愿履行仲裁裁决的内容时，胜诉方可以在国内法院寻求对裁决的承认和执行，以便在事实上获得裁决的胜诉。大多数投资条约并未明确规定仲裁裁决的承认与执行问题。《华盛顿公约》对 ICSID 裁决的承认与执行做了规定，缔约国有义务根据公约要求承认裁决的效力并一秉善意地执行裁决。而对于非 ICSID 裁决，则需要另行考虑。鉴于《纽约公约》庞大的缔约方群体，在实践中，大多数司法管辖区都会根据《纽约公约》承认与执行裁决。

需要注意的是，在执行针对国家或国家实体的裁决时，不论是 ICSID 裁决还是非 ICSID 裁决，都可能涉及国家及其财产的执行豁免问题。

# 第一节　概述

一般情况下，裁决是终局的且对当事方具有约束力。《华盛顿公约》第53条第1款规定，裁决对双方具有约束力，不得进行任何上诉或采取除本公约规定外的任何其他补救办法。同样，《ICC仲裁规则》第35条第6款规定，裁决应具有约束力，而且当事人可以"在法律许可的范围内放弃任何形式的追索权，但以该放弃被有效作出为条件"。

鉴于裁决的约束效力，在起草文书时应当力求精准，在阐述相关事实与法律时需尽量明确，便于当事方把握其中推理逻辑、理解该裁定救济的合理性。[1]裁决可能不会让败诉方满意，但败诉方仍可决定是否遵守裁决。当败诉方基于充分理由对裁决提出质疑时，可以申请弥补裁决中存在的缺陷或申请撤销裁决。除了以上内容外，本章还将讨论弥补裁决缺陷的程序和撤裁程序。

当败诉方不愿自觉执行裁决时，胜诉方可以向国内法院寻求帮助来实现裁决的承认和执行。由于仲裁庭无权执行裁决，因此国内法院的协助至关重要。本章将重点研究ICSID仲裁裁决和非ICSID仲裁裁决的承认和执行程序，及执行裁决过程中可能遇到的障碍，如国家豁免。

# 第二节　裁决形式、补充或更正、解释和修订

## 一、ICSID仲裁裁决

根据《华盛顿公约》第48条的规定，ICSID仲裁裁决必须符合某些强制性要求，当事方不得对其进行修改。裁决必须以多数意见作出，但可将单独意见或不同意见作为附件。裁决必须以书面形式作出，并由投票表决的仲裁

---

[1]　John R. Crook, "Award and Discontinuance of the Proceeding", in Chiara Giorgetti ed., *Litigating Investment Disputes, A Practitioner's Guide*, Brill Nijhoff, 2014, p.444.

庭成员签字。裁决还必须详尽无遗，涉及当事人提出的每一个法律问题或请求，但这一要求并不意味着裁决必须讨论当事人诉状中的每一个论点。此外，裁决还必须说明理由，这一规定符合当代国际争端解决方式，ICSID 仲裁中从未出现过完全缺乏理由的裁决。如 Klöckner v. Cameroon[1]特设撤裁委员会所解释，仲裁庭需要提出具有实质内容的裁决理由以充实推理过程。

裁决书被视为在核证无误的副本送交双方当事人之日作出。[2]根据《华盛顿公约》第 49 条第 2 款，一方当事人可在裁决书送交各方当事人 45 天内，请求同一仲裁庭补正裁决书中遗漏的问题，并纠正"抄写、计算或类似的错误"，但须通知另一方当事人。未经一方当事人请求，仲裁庭不得自行补充或纠正裁决。其第 49 条第 2 款适用于裁决和特设撤裁委员会的决定，规定如下：法庭可应某一当事方在作出裁决之日后 45 天内提出的请求，在通知另一当事方后，就其在裁决中遗漏的任何问题作出裁决，并应纠正裁决中的任何文书、计算或类似错误。

《华盛顿公约》第 49 条第 2 款对补充请求的表述为"可以"，对更正请求的表述为"应当"，这表明仲裁庭有义务更正笔误、计算错误等类似错误，但没有义务补正裁决书。对裁决书进行补正是一种有限的补救措施，目的是针对非出于故意的遗漏，而不是根据第 52 条有理由撤销裁决书的"根本"遗漏。[3]

如果当事各方对现有裁决的含义或范围存在争议，任何一方均可随时根据《华盛顿公约》第 50 条向 ICSID 秘书长提出申请，要求对裁决进行解释。如果同一仲裁庭无法审理这一争议，则应组成一个新的 ICSID 仲裁庭，对当事人的解释争议作出决定。[4]

根据《华盛顿公约》第 51 条，对裁决有决定性影响的新事实可以作为向 ICSID 秘书长申请修改裁决的理由。《华盛顿公约》第 51 条第 1 款规定，新发现

---

[1] *Klöckner Industrie-Anlagen GmbH and others v. United Republic of Cameroon and Société Camerounaise des Engrais*, ICSID Case No. ARB/81/2, Ad Hoc Committee's Decision on Annulment, 3 May 1985, para. 119, in Emmanuel Gaillard ed., *La Jurisprudence du CIRDI*, 2nd ed., Global Arbitration Review, 2018, pp. 284-285.

[2] ICSID Convention, art. 49 (1).

[3] Christoph H. Schreuer et al., *The ICSID Convention：A Commentary*, Cambridge University Press, 2014, pp. 860-864.

[4] 但第 50 条并不适用于撤裁委员会作出的决定。

的事实必须是"仲裁庭和申请人都不了解该事实并非由于疏忽所致"。修改申请必须在发现新事实后 90 天内提出，时效为裁决作出后 3 年内。如果同一仲裁庭无法审理，则将组成一个新的 ICSID 仲裁庭对该申请作出裁决。

## 二、非 ICSID 仲裁裁决

非 ICSID 仲裁裁决也有相应的要求，例如《ICC 仲裁规则》规定，裁决须由多数仲裁员意见作出，裁决须陈述理由并签字。在 ICC 仲裁院根据《ICC 仲裁规则》第 34 条批准之前，裁决不具有法律效力。ICC 仲裁院为促进裁决法律效力最大化而进行的审查可能包括指出裁决"形式"上的缺陷并提请仲裁庭注意"实质"问题。"形式"与"实质"之间的区别至关重要，因为仲裁员可以自由处理仲裁院对裁决"实质"提出的意见。[1]因此，对"实质"问题进行裁决是仲裁员的责任所在。

ICC 的裁决草案"在签署之前"应提交仲裁庭审查。审查程序是规则的基石，当事人不得减损。[2]第 32 条第 3 款规定了仲裁庭签署的法律效力[3]：裁决应被视为在仲裁地和裁决书中载明的日期作出。为消除裁决效力的不确定性，第 32 条第 3 款要求提供裁决作出的时间和地点，首先，是因为裁决往往是在不同的时间和地点作出的。[4]其次，根据许多国家的法律，在裁决中提及仲裁地是保障裁决效力的必要条件之一。

裁决作出后，ICC 秘书处将根据《ICC 仲裁规则》第 35 条第 1 款和第 35 条第 6 款通知受裁决"约束"的各方。在作出裁决后，仲裁员被"解除职务或视为履行完职"。[5]但这受制于有限的例外情况，如仲裁庭有权在裁决后作

---

〔1〕　Yves Derains and Eric A. Schwartz, *A Guide to the ICC Rules of Arbitration*, Kluwer Law International, 2005, p. 313.

〔2〕　Jason Fry, Simon Greenberg and Francesca Mazza, *The Secretariat's Guide to ICC Arbitration*, ICC, 2012, p. 328.

〔3〕　W. Laurence Craig, William W. Park and Jan Paulsson, *International Chamber of Commerce Arbitration*, Oceania Publications Inc., 1998, p. 397.

〔4〕　Jason Fry, Simon Greenberg and Francesca Mazza, *The Secretariat's Guide to ICC Arbitration*, ICC, 2012, p. 321.

〔5〕　W. Laurence Craig, William W. Park and Jan Paulsson, *International Chamber of Commerce Arbitration*, Oceania Publications Inc., 1998, p. 406.

出更正或提供解释。根据第 36 条第 1 款，仲裁庭可在裁决书作出之日起 30 天内主动更正"书写、计算、打印错误，或任何类似性质的错误"。根据第 36 条第 2 款，仲裁庭还可在收到裁决书后 30 天内，应一方当事人向秘书处提出的申请，就裁决书的更正或解释作出决定。如果申请获准，仲裁庭的决定将以裁决书附件的形式作出。

《UNCITRAL 仲裁规则》第 33 条和第 34 条以及《SCC 仲裁规则》第 42 条也规定了多数决的规则以及裁决书须说明理由、裁决日期、指明仲裁地并签名的要求。此外，《UNCITRAL 仲裁规则》第 34 条第 2 款和《SCC 仲裁规则》第 46 条规定，裁决对各方当事人具有"终局性和约束力"。

《UNCITRAL 仲裁规则》和《SCC 仲裁规则》还规定，一方当事人可在收到裁决书后 30 日内提出更正和解释请求。[1]《UNCITRAL 仲裁规则》和《SCC 仲裁规则》分别规定，仲裁庭可在裁决书送达后 30 日内和裁决书作出之日起 30 日内自行更正裁决书。[2]《UNCITRAL 仲裁规则》第 39 条和《SCC 仲裁规则》第 48 条规定，一方当事人可在收到裁决书后 30 天内，就仲裁中提出而仲裁员未作出决定的事项请求作出补充裁决。

# 第三节　仲裁裁决的撤销程序

投资仲裁和其他国际商事仲裁一样，一般没有上诉程序。如前述，在 IC-SID 仲裁和非 ICSID 仲裁中，当事人可以申请仲裁庭纠正轻微缺陷或解释裁决。但这些申请不足以纠正危及仲裁合法性的严重错误，此时需诉诸仲裁裁决的撤销程序。根据《华盛顿公约》第 26 条的专属救济规则，撤裁程序是 ICSID 充分自治体制中的一部分。根据《华盛顿公约》第 52 条，中心成立特设委员会，逐案对撤裁申请作出裁决。

撤裁与上诉不同，撤裁涉及的是裁决的合法性而非事实问题的对错，除

---

〔1〕 2023 SCC Arbitration Rules, Art. 47 (1); UNCITRAL Arbitration Rules, Art. 37 (1) and Art. 38 (1).

〔2〕 2023 SCC Arbitration Rules, Art. 47 (2); UNCITRAL Arbitration Rules, Art. 38 (2).

非该裁决与国际公共政策不符。此外，撤裁产生的后果是致使原裁决无效，而非对裁决的内容进行修改。

与 ICSID 仲裁裁决不同，非 ICSID 仲裁裁决，包括 ICSID 附加便利仲裁、UNCITRAL 和 SCC 作出的裁决，可在仲裁地所在国法院提起撤裁程序。

## 一、根据《华盛顿公约》第 52 条撤销 ICSID 仲裁裁决

自 1972 年登记第 1 个仲裁案件起，ICSID 项下共处理过 933 个案件，其中有 420 项裁决涉及撤销争议，仅有 21 项裁决被全部或部分撤销，其余撤销申请均被驳回或中止。[1]由此可见裁决的撤销率约为 5%，登记案件的撤销率约为 2.25%。《华盛顿公约》第 52 条第 1 款规定了特设委员会有限的撤销权：任何一方均可基于下列一项或多项理由向秘书长提出书面申请，要求撤销裁决：①仲裁庭组成不适当；②仲裁庭明显越权；③仲裁庭的成员有受贿行为；④严重偏离基本程序规则；⑤裁决未陈述其所依据的理由。

《华盛顿公约》第 52 条第 1 款 a 项关于仲裁庭组成不当的撤销理由也是为了恢复当事人对《华盛顿公约》第 14 条第 1 款规定的仲裁员独立性和公正性的信心。在 *Suez v. Argentina* 案中，特设委员会认为：委员会同意答辩人的观点，即当事各方对裁决其案件的仲裁员的独立性和公正性的信任，对于确保仲裁程序和争议解决机制本身的公正性至关重要。因此，原则上，第 14 条第 1 款所述品质的缺失可作为根据第 52 条第 1 款 a 项宣布仲裁无效的理由。这一结论与特设委员会在 *EDF v. Argentina* 一案中得出的结论相一致。这不仅符合阿根廷的利益，也符合《华盛顿公约》起草者的意图。[2]

与上述第 52 条第 1 款 a 项相比，关于第 52 条第 1 款 b 项所述的明显越权是一个更常出现的理由。当事方依据第 52 条第 1 款 b 项认为仲裁庭：①缺乏

---

〔1〕 ICSID 2023 Annual Report, 7 September 2023, pp. 24, 34, available at https://icsid. worldbank. org/sites/default/files/publications/ICSID_ AR2023_ ENGLISH_ web_ spread. pdf, accessed 18 March 2024.

〔2〕 *Suez*, *Sociedad General de Aguas de Barcelona S. A. and Vivendi Universal S. A v. Argentine Republic*, ICSID Case No. ARB/03/19, Decision on Annulment, 5 May 2017, para. 77 (the annulment application was denied). See also *EDF International S. A.*, *SAUR International S. A. and León Participaciones Argentinas S. A. v. Argentine Republic*, ICSID Case No. ARB/03/23, Decision on Annulment, 5 February 2016, paras. 126-127 (The annulment application was also dismissed in this case.).

或超越管辖权；②未行使管辖权；③未适用适当的法律。例如，在 *Occidental v. Ecuador* 中，特设委员会认为，仲裁庭就一项被征收的投资对投资者给予补偿的裁决超出了其管辖权范围，因为该投资中 40%的部分是由一个不受《美国-厄瓜多尔 BIT》保护的中国投资者所有和控制的。[1]此外，在 *Venezuela Holdings v. Venezuela* 案中，特设委员会部分撤销了裁决，理由是明显越权而没有适用适当的法律。特设委员会认为，仲裁庭适用习惯国际法判断对 Cerro Negro 项目征收补偿是错误的，本案应当适用 BIT 关于征收的相关补偿标准。[2]

当事人较少依据第 52 条第 1 款 c 项规定的仲裁庭成员腐败来质疑 ICSID 裁决。例如，在 *Aguas del Aconquija and Vivendi* 案中，阿根廷在特设委员会作出裁决之前撤回了根据第 52 条第 1 款 c 项提出的异议。[3]

关于第 52 条第 1 款 d 项，特设委员会在 *TECO v. Guatemala* 一案中指出，"只有当偏离程序规则的情况十分严重，且未被遵守的程序规则是基本性规定时，才可能导致裁决被撤销"。[4]据此，特设委员会认为，因为双方及仲裁庭并未提及不当得利，仲裁庭以不当得利为由驳回 TECO 公司关于历史损失利息的要求是错误的。仲裁庭在不当得利问题上侵犯了当事人的"陈述权"。[5]

在根据第 52 条第 1 款 e 项寻求撤裁时，当事方可提出下述主张：①缺乏理由；②理由不充分和不适当；③理由相互矛盾；④仲裁庭未能处理争议。[6]鉴于特设委员会无权审理实体问题，*Tidewater v. Venezuela* 案的委员会认为：说明理由是仲裁庭的核心职责之一。裁决不是自由裁量的命令，而是权衡证

---

〔1〕 *Occidental Petroleum Corporation and Occidental Exploration and Production Company v. Republic of Ecuador*, ICSID Case No. ARB/06/11, Decision on Annulment, 2 November 2015, para. 257.

〔2〕 *Venezuela Holdings B. V. and others* (*formerly Mobil Corporation and others*) *v. Bolivarian Republic of Venezuela*, ICSID Case No. ARB/07/27, Decision on Annulment, 9 March 2017, para. 188（a）.

〔3〕 *Compañía de Aguas del Aconquija S. A. and Vivendi Universal S. A. v. Argentine Republic*, ICSID Case No. ARB/97/3, Decision on Annulment, 10 August 2010, para. 201.

〔4〕 *TECO Guatemala Holdings, LLC v. Republic of Guatemala*, ICSID Case No. ARB/10/23, Decision on Annulment, 5 April 2016, para. 81.

〔5〕 *TECO Guatemala Holdings, LLC v. Republic of Guatemala*, ICSID Case No. ARB/10/23, Decision on Annulment, 5 April 2016, paras. 189-191.

〔6〕 Christoph H. Schreuer et al. , *The ICSID Convention：A Commentary*, Cambridge University Press, 2014, p. 908.

据、适用和解释法律并将由此确立的事实归入仲裁庭所解释的法律这一过程的结果。裁判过程的合法性取决于其清晰度和透明度。陈述理由可以让各方了解仲裁庭作出裁决的过程。[1]根据这一标准，*Tidewater v. Venezuela* 案委员会以第 52 条第 1 款 e 项为由撤销了计算征收补偿数额的部分裁决。特设委员会认为，仲裁庭在计算补偿时的推理自相矛盾，甚至推翻了仲裁庭先前对同一赔偿的推理。[2]另外，在 *TECO v. Guatemala* 案中，特设委员会因为仲裁庭在处理价值损失索赔的证据时未能充分陈述理由而撤销了部分裁决。[3]

根据第 52 条第 1 款向秘书长提出撤裁申请时，行政理事会主席将根据第 52 条第 3 款"从仲裁员小组中任命一个三人特设委员会"。被任命的特设委员会成员不得为争端当事国或投资者国籍国的国民，也不得由这些国家指定为仲裁庭成员。特设委员会委员不得在同一争端中担任仲裁员或调解员。

撤裁申请必须在裁决书送交各方当事人后 120 天内提出。若撤裁申请指控仲裁员腐败行为，则根据第 52 条第 2 款从发现腐败行为时起算 120 天的时限。

## 二、撤销非 ICSID 仲裁裁决

与 ICSID 仲裁裁决一样，非 ICSID 仲裁裁决，包括 UNCITRAL 特别裁决，以及根据机构规则（如《ICSID 附加便利》《ICC 仲裁规则》和《SCC 仲裁规则》）作出的裁决，也不得就案件实体问题提出上诉；但可以根据仲裁地的法律撤销裁决，此等法律根据司法辖区的不同而有所不同。尽管存在一些差异，但大多数国家都通过了与《UNCITRAL 仲裁示范法》中规定的撤裁理由类似的法律，旨在为立法者通过国内仲裁立法提供一个建议模式。迄今为止，已有 80 个国家通过了以《UNCITRAL 仲裁示范法》为基础的立法，其中包括关于撤裁的第 34 条第 2 款，该条规定：只有在下列情况下，第 6 条规定的法院方可撤销仲裁裁决：①提出申请的一方提供以下证据：（ⅰ）第

---

〔1〕　*Tidewater Investment SRL and Tidewater Caribe，C. A. v. Bolivarian Republic of Venezuela*，ICSID Case No. ARB/10/5，Decision on Annulment，27 December 2016，para. 163.

〔2〕　*Tidewater Investment SRL and Tidewater Caribe，C. A. v. Bolivarian Republic of Venezuela*，ICSID Case No. ARB/10/5，Decision on Annulment，27 December 2016，para. 196.

〔3〕　*TECO Guatemala Holdings，LLC v. Republic of Guatemala*，ICSID Case No. ARB/10/23，Decision on Annulment，5 April 2016，para. 123.

7 条所述仲裁协议的一方当事人处于某种无行为能力状态；或根据当事人所适
用的法律，上述协议无效，或如无相关说明，根据本国法律，上述协议无效；
（ii）提出申请的当事人未收到关于指定仲裁员或仲裁程序的适当通知，或因
其他原因无法到庭陈述；（iii）裁决涉及的争议不属于当事人提交仲裁的范围
内，或者裁决涉及对超出提交仲裁范围的事项的决定，但如果对提交仲裁事
项的决定可以与未提交仲裁事项的决定区分开来，则只能撤销裁决中对未提
交仲裁事项决定的部分；（iv）仲裁庭的组成或仲裁程序不符合当事各方的协
议，除非该协议与本法中当事各方不得减损的规定相抵触，或如无此种协议，
则不符合本法；②法院认为：（i）根据本国法律，争议事项不能通过仲裁解
决；（ii）裁决与本国的公共政策相抵触。

上文第 34 条第 2 款 a 项规定了一方当事人可以提出的撤裁理由，第 34 条
第 2 款 b 项规定了仲裁地国家法院可主动审查的事由。根据《UNCITRAL 仲
裁示范法》第 34 条第 3 款，当事人应在收到裁决书或收到关于更正、解释请
求或补充裁决书的决定之日起 3 个月内提出撤销申请。

## 第四节　裁决的承认和执行

若投资裁决作出后未得到自愿遵守，相关方可寻求对该裁决的承认，以
便在特定法域内获得既判力，并在国内法院强制执行，扣押债务人的资产。
承认的目的是使裁决在一个国家的法律体系中具有法律效力，相应的，强制
执行就是"法院强制某人履行裁决条款的行为"。[1]执行在给予金钱救济的裁
决中意为"通过扣押和变卖被执行人的财产来执行金钱裁决"。[2]

通常情况下，当事人在收到仲裁庭的最终裁决后即可寻求裁决的承认和
执行。不过，有些投资协定可能会要求当事人在经过一定时限后才能寻求裁
决的承认和执行。例如，2012 U. S. Model BIT 第 34 条第 6 款 a 项规定，从仲

---

[1] Bryan A. Garner, *Black's Law Dictionary*, Thomson Reuters, 2016, p. 295.
[2] Bryan A. Garner, *Black's Law Dictionary*, Thomson Reuters, 2016, p. 314.

裁庭作出裁决到可寻求 ICSID 裁决承认与执行程序日期之间的时限为 120 天。第 34 条第 6 款 b 项规定了针对非 ICSID 裁决的 90 天时限。120 天和 90 天的时限分别对应根据《华盛顿公约》和《UNCITRAL 仲裁示范法》提起撤裁程序的期限。上述时限适用于并未提出补正或撤销请求的情况。而在提出修改或撤销裁决申请的情况下，可分别根据第 34 条第 6 款 a 项和第 34 条第 6 款 b 项在：①在对 ICSID 裁决作出修改或撤销的决定之后；②在对非 ICSID 裁决作出修改或撤销裁决的决定提出上诉被拒之后寻求承认和执行。

然而，大多数投资协定对承认和执行问题保持沉默。《华盛顿公约》对裁决的承认与执行作出了特殊规定，体现出自洽性特征。而非 ICSID 裁决的承认与执行主要依据《纽约公约》进行，目前该公约的缔约国已达 172 个，因此，可以说投资仲裁裁决的承认与执行问题在国际条约层面是有据可循的。

## 一、ICSID 仲裁裁决

根据《华盛顿公约》第 53 条第 1 款，裁决对各方均有约束力。第 53 条第 2 款规定，裁决包括根据第 50、51 或 52 条解释、修改或撤销该裁决的任何决定，只有终局裁决才能得到承认和执行。裁决的初步决定，如确认管辖权、建议采取临时措施的决定以及程序性命令，不属于裁决。[1]但如果这些初步决定被纳入裁决，它们也应得到承认和执行。

当事方根据《华盛顿公约》第 50 条第 2 款提出解释裁决的请求时，仲裁庭可中止裁决的执行。根据《华盛顿公约》第 51 条第 4 款，仲裁庭在受理修改裁决的请求时可主动中止执行，或当一方当事人请求中止执行时，仲裁庭应准予中止，直至其对修改裁决作出裁定。根据《华盛顿公约》第 52 条第 5 款，撤裁程序对执行的影响与修改程序类似。特设委员会可主动中止执行，或应一方当事人的请求中止执行。

《华盛顿公约》第 54 条第 1 款规定，成员国有义务无条件地承认裁决为各国法院的终局判决："每一缔约国应承认根据本公约作出的裁决具有约束

---

〔1〕　Christoph H. Schreuer et al., *The ICSID Convention: A Commentary*, Cambridge University Press, 2014, p. 1114.

力，并在其领土内履行该裁决年加的财政义务。"该条规定的承认义务延伸至整个裁决，即整个裁决在寻求承认的国家都具有既判力。但同一条款规定的执行义务只适用于金钱给付义务，不包含裁决中恢复原状或具体履行等其他义务。

虽然承认义务是无条件的，但《华盛顿公约》第 54 条规定的执行义务受第 54 条第 3 款规定的法院地国法律的制约。英国高等法院在 *Micula v. Romania* 案中的裁决[1]和欧盟委员会的裁决说明了《华盛顿公约》第 54 条规定的承认和执行义务之间的区别。*Micula v. Romania* 案[2]中的索赔人依靠税收优惠政策，于 2000 年开始在罗马尼亚Şeti-Nucet-Drăgăneşti 地区大量投资食品加工业务。2004 年，罗马尼亚通过立法，根据欧盟国家援助条例废除了大部分税收激励措施，原告因此在 2005 年根据《瑞典-罗马尼亚 BIT》提起了 ICSID 仲裁。同年，原告根据《华盛顿公约》第 54 条第 2 款向英国指定机构高等法院登记了该 ICSID 裁决。罗马尼亚在欧盟委员会的支持下申请法院拒绝登记或执行该裁决，因为其在撤销诉讼程序中已向欧盟法院提出了国内法院能否给予规避欧盟国家援助法的裁决以既判力的问题。[3]英国高等法院认为，欧盟委员会的决定只是禁止罗马尼亚支付裁决，因此，简单的裁决登记或承认不会造成国内机构与欧盟机构决定之间的冲突。不过，高等法院同意暂缓执行程序，以防止出现与《欧盟运行条约》第 351 条不一致的冲突裁决。因此，法院驳回了罗马尼亚提出的撤销登记令的申请，并在原告寻求欧盟法院撤销欧盟委员会决定的诉讼终结之前，暂缓执行程序。

## 二、非 ICSID 仲裁裁决

在大多数法域，非 ICSID 仲裁裁决受《纽约公约》管辖。根据公约第 1 条第 1 款，《纽约公约》适用于承认和执行在寻求承认及执行地所在国以外的

---

〔1〕 *Micula et al. v. Romania and European Commission*, High Court of Justice, Queen's Bench Division, Commercial Court, Case No: CL-2014-000251, Judgement［2017］EWHC 31（Comm）.

〔2〕 *Ioan Micula*, *Viorel Micula*, *S. C. European Food S. A*, *S. C. Starmill S. R. L. and S. C. Multipack S. R. L. v. Romania*, ICSID Case No. ARB/05/20, Award, 11 December 2013.

〔3〕 Commission Decision（EU）2015/1470 of 30 Mar. 2015 on State aid SA. 38517（2014/C）（ex 2014/NN）implemented by Romania—Arbitral award Micula v. Romania of 11 December 2013, OJ L 232, 4 Sep. 2015, p. 69.

国家领土内作出的裁决。《纽约公约》还适用于在寻求承认及执行地所在国不被视为国内裁决的裁决。

《纽约公约》的一些缔约国[1]根据第 1 条第 3 款发表声明，将《纽约公约》的适用范围限定为"仅适用于根据发表声明国家的国内法被视为商业性的法律关系所产生的分歧，无论这种法律关系是否属于合同关系"。

此外，《纽约公约》第 3 条禁止缔约国对承认或执行外国仲裁裁决施加比国内裁决更苛刻的条件，这意味着缔约国不得歧视外国裁决。《纽约公约》第 4 条要求申请承认和执行的一方提供裁决原件或经认证的副本以及仲裁协议原件或经认证的副本，包括必要时经宣誓认证的译文。

《纽约公约》第 5 条规定了被请求法院可以拒绝承认与执行仲裁裁决的事由：

第一，应裁决所针对一方当事人的请求，只有在该当事人向请求承认和执行地的主管当局提供证据证明存在下列情形之一时，才可拒绝承认和执行裁决：

①根据对其适用的法律，《纽约公约》第 2 条所述协议的当事方不具备某种行为能力，或根据当事各方协议确定的准据法，或在未确定准据法的情况下，根据裁决地所在国的法律，上述协议无效；②裁决所针对的当事人未收到关于指定仲裁员或仲裁程序的适当通知，或因其他原因无法到庭陈述；③裁决所处理的争议不是提交仲裁的条款所设想的，也不在其范围内，或者裁决载有对提交仲裁以外事项作出的决定。但如果对提交仲裁事项作出的决定与对未提交仲裁事项的决定可以区分，则裁决中载有关于提交仲裁事项的部分可以得到承认和执行；④仲裁庭的组成或仲裁程序不符合当事各方的协议，或在没有此种协议的情况下，不符合仲裁地所在国的法律；⑤裁决尚未对当事方产生约束力，或已被裁决地所在国或裁决所依据法律所属国的主管当局撤销或中止。

第二，如果寻求承认和执行仲裁裁决的国家主管当局发现以下情况，也可以拒绝承认和执行仲裁裁决：

---

〔1〕 See Status of the New York Convention on the Recognition and Enforcement of Foreign Arbitral Awards，available at http://www.uncitral.org/uncitral_texts/arbitration/NYConvention_status.html，accessed 15 March 2024.

①根据该国法律，争议事项不能通过仲裁解决；②承认或执行裁决将违背该国的公共政策。

一方当事人可以缺乏法律行为能力或争议"主观"上的不可仲裁性作为申请拒绝承认或执行的理由，行为能力指自然人或法人根据第5条第1款a项缔结仲裁协议并成为协议一方当事人的能力。一般来说，当事人能力受属人法管辖。因此，自然人的能力取决于其国籍国或住所地国的法律，而法人的能力取决于其所在地国或其注册地国的法律。在以投资协定为基础的仲裁中，投资人根据第5条第1款a项以自身缺乏能力为由拒绝承认和执行判决是自相矛盾的做法，因为投资仲裁的启动通常需要双方当事人的同意。

此外，第5条第1款a项还涉及主权国家根据本国宪法和立法的规定对自身仲裁能力的限制，包括国内法规定只有在立法和规章授权的情况下方才具有参与仲裁的能力。然而，国家和国家实体因其所谓的根据本国法律无仲裁能力而反对承认和执行的做法并不多见。《瑞士联邦国际私法》第177条第2款第2项规定，国家或国家实体不能以其属人法为由质疑其参与仲裁的法律能力。《欧洲国际商事仲裁公约》第3条第1款提供了另一种解决办法，肯定了"公法法人"参与仲裁的法律行为能力。根据《欧洲国际商事仲裁公约》第2条第1款，"据其适用的法律视为公法法人的，有权缔结有效的仲裁协议"。

*Rusoro v. Venezuela* 案[1]当事人起诉的失败则引出了《纽约公约》第5条第1款c项关于超越管辖权的拒绝理由。这项 ICSID 附加便利仲裁涉及 Rusoro 公司在委内瑞拉境内金矿开采投资受到政府措施影响的争议事项。仲裁庭裁定委内瑞拉应给予 Rusoro 公司征收补偿、采取限制黄金出口措施所导致的损害赔偿以及仲裁费用。为了在美国执行该裁决，Rusoro 公司向美国哥伦比亚特区地方法院提出了确认裁决的请求。委内瑞拉认为仲裁庭适用征收前的估值进行计算超越了其管辖权的范围，然而哥伦比亚特区法院适用纳入《联邦仲裁法》中的《纽约公约》相关条文，驳回了这一观点。特区法院拒

---

　　[1]　*Rusoro Mining Ltd. v. Bolivarian Republic of Venezuela*，ICSID Case No. ARB（AF）/12/5，Award，22 August 2016.

绝审查裁决的是非曲直，并尊重仲裁庭根据双方的仲裁协议就管辖权作出的裁决。[1]同样，华盛顿特区法院也驳回了委内瑞拉根据《纽约公约》第 6 条提出的暂停华盛顿特区诉讼程序并等待巴黎法院的撤诉程序终结的请求。[2]

　　除了《纽约公约》第 5 条第 1 款所列由拒绝执行的当事方提出的理由外，根据《纽约公约》第 5 条第 2 款规定，承认和执行地法院可主动提出根据当地法律规定，该争议"客观"上具有不可仲裁性或违反公共政策。在 *Crystallex v. Venezuela* 案中，Crystallex 在华盛顿特区进行了 ICSID 附加便利仲裁，[3]并寻求在美国确认裁决。因为裁决是根据《加委 BIT》作出的，华盛顿特区法院适用了《纽约公约》作出决定。[4]委内瑞拉根据《纽约公约》第 5 条第 1 款 c 项声称仲裁庭超越管辖权且明显无视法律，还向华盛顿特区法院提出了第 5 条第 2 款 b 项规定的公共政策理由。法院驳回了上述所有理由。在公共政策方面，法院认为应当对第 5 条第 2 款 b 项进行"狭义解释"，即当裁决"违反法院地国最基本的道德和正义观念"时才适用。[5]

　　《纽约公约》第 7 条第 1 款规定了更优权利条款。在此条款规定下，法国法院大多适用关于承认和执行的法国法律，并认为其优先于《纽约公约》适用。[6]例如，在 *Hilmarton v. OTV* 案和 *Putrabali v. Rena* 案中，法国法院适用法国法律作为判断仲裁地法院是否能够撤销裁决的更优规则。[7]上述案件的撤

---

　　[1]　*Rusoro Mining Ltd. v. Bolivarian Republic of Venezuela*, US District Court for the District of Columbia, Civil Case No. 16-cv-02020（RJL）, Decision, 1 March 2018, paras. 19-27.

　　[2]　*Rusoro Mining Ltd. v. Bolivarian Republic of Venezuela*, US District Court for the District of Columbia, Civil Case No. 16-cv-02020（RJL）, Decision, 1 March 2018, paras. 28-35.

　　[3]　*Crystallex International Corporation v. Bolivarian Republic of Venezuela*, ICSID Case No. ARB（AF）/11/2, Award, 4 April 2016.

　　[4]　*Crystallex International Corporation v. Bolivarian Republic of Venezuela*, US District Court for the District of Columbia, Civil Action No. 16-0661（RC）, Decision, 25 March 2017, pp. 8-9.

　　[5]　*Crystallex International Corporation v. Bolivarian Republic of Venezuela*, US District Court for the District of Columbia, Civil Action No. 16-0661（RC）, Decision, 25 March 2017, p. 28.

　　[6]　Jérome Ortscheidt and Christophe Seraglini, *Droit de l'arbitrage interne et international*, L. G. D. J., 2013, p. 902.

　　[7]　*Société Hilmarton v. Société OTV*, Cour d'appel de Paris, 1re Ch. Suppl., Judgment, 19 December 1991, 1993（2）Revue de l'arbitrage 300; *Société PT Putrabali Adyamulla v. Société Rena Holding et Société Rena Holding et Société Mnogutia Est Epices*, Cour de cassation, Cass. civ. 1re, First Judgment, 29 Junuary 2007, with comments by Emmanuel Gaillard, 2007（3）Revue de l'arbitrage 512.

裁理由在法国法律中不能成立，即便其在《纽约公约》第 5 条第 1 款 e 项中有明文规定，法院仍依据本国法律对此撤裁不予认可。

# 第五节　国家主权豁免

由于国际投资仲裁的一方当事人是国家，因此不可避免地会涉及国家及其财产的豁免问题，主要包括管辖豁免和执行豁免。具体而言，在涉及仲裁程序的有关事项上，国家是否享有管辖豁免，以及投资者胜诉后是否有权执行国家的财产。在该问题上，ICSID 仲裁裁决与非 ICSID 仲裁裁决的主要区别在于前者由于《华盛顿公约》的存在而不会出现管辖豁免的问题，而后者则既可能涉及执行豁免，又可能涉及管辖权豁免的问题。

## 一、管辖豁免

### （一）ICSID 仲裁裁决

根据《华盛顿公约》第 25 条第 1 款，成员国同意 ICSID 的管辖，并根据第 54 条第 1 款承担无条件承认 ICSID 裁决的义务。然而，根据第 55 条，执行豁免受执行地国法律的制约："第五十四条的规定不得解释为背离任何缔约国现行的关于该国或任何外国执行豁免的法律。"其第 55 条进而对第 54 条第 3 款关于执行受执行地国法律管辖的规定作以说明，即该国法律包括国家豁免法。但应说明，第 55 条仅适用于执行豁免而不适用于管辖豁免。因此，ICSID 的裁决一旦得到承认，其既判力便不受国家豁免法影响。[1]

### （二）非 ICSID 仲裁裁决

由于非 ICSID 仲裁裁决缺乏国际条约的统一调整，因此国家是否享有管辖豁免，需要分情况讨论。一般说来，国家为了吸引对外投资，会主动放弃管辖豁免，使投资者对其享有的权利救济途径处于安心状态。此外，很多国

---

〔1〕　Christoph H. Schreuer et al. , *The ICSID Convention*：*A Commentary*, Cambridge University Press, 2014，p. 1153.

家通过国内立法对涉及仲裁程序的管辖豁免作出了明确的规定。

比如 FSIA 第 1604 条规定，"外国国家在美国联邦和各州法院享有管辖豁免"，但第 1605~1607 条规定了除外情形。FSIA 第 1605 条第 a 款第 6 项规定，外国在某些与仲裁有关的程序中不得享有管辖豁免。该例外包括国内法院确认根据"外国与私人缔结的或为私人利益缔结的"仲裁协议所作出的裁决的程序。该条款要求提交仲裁的争议事项产生于合同或非合同的法律关系并根据美国法律具有可仲裁性：①仲裁在美国进行或打算在美国进行；②该协议或裁决的承认与执行受到或可能受到一项对美国生效的条约或其他国际协议的管辖；③除仲裁协议的规定外，该争议可以根据本款或第 1607 条向美国法院提起；④本款第 1 段适用于此争议。我国《外国国家豁免法》第 12 条也有类似规定："外国国家与包括中华人民共和国在内的其他国家的组织或者个人之间的商业活动产生的争议，根据书面协议被提交仲裁的，或者外国国家通过国际投资条约等书面形式同意将其与包括中华人民共和国在内的其他国家的组织或者个人产生的投资争端提交仲裁的，对于需要法院审查的下列事项，该外国国家在中华人民共和国的法院不享有管辖豁免：（一）仲裁协议的效力；（二）仲裁裁决的承认和执行；（三）仲裁裁决的撤销；（四）法律规定的其他由中华人民共和国的法院对仲裁进行审查的事项。"

此外，1972 年《欧洲国家豁免公约》第 12 条规定，国家管辖豁免不适用于某些与仲裁相关的程序，包括撤销程序，其规定如下：①若一缔约国书面同意将民事或商事项下已经产生或可能产生的争端提交仲裁，则该国不得就与下列事项有关的任何诉讼，要求另一缔约国在其领土上或根据其法律已经或将要进行仲裁的法院给予管辖豁免：（a）仲裁协议的有效性或解释；（b）仲裁程序；（c）撤销裁决，除非仲裁协议另有规定。②第 1 款不适用于国家间的仲裁协议。该条款不包括承认和执行程序的相关规定。

## 二、执行豁免

如前述，不论 ICSID 仲裁裁决还是非 ICSID 仲裁裁决，都可能涉及国家的执行豁免。《华盛顿公约》第 54 条规定"每一缔约国应承认依照本公约作出的裁决具有约束力，并在其领土内履行该裁决所加的财政义务，正如该裁决

是该国法院的最后判决一样"，第 55 条接着规定："第 54 条的规定不得解释
为背离任何缔约国现行的关于该国或任何外国执行豁免的法律。"由此可见，
是否给与外国及其财产豁免，取决于被请求执行该裁决所在国的法律。事实
上在投资仲裁领域主张国家执行豁免的成功率相对较高。

尽管国家基于主权可以主张执行豁免，但是为了吸引投资也可以选择放
弃执行豁免。比如，《ICSID 示范条款》第 15 条对弃权条款作了如下说明：东
道国特此放弃根据本协定组成的仲裁庭作出的任何裁决在执行上对自身及财
产享有的任何主权豁免权。[1] 此外，一些条约和国内法对国家放弃执行豁免
也做了规定。《欧洲国家豁免公约》第 23 条也规定了弃权条款，这种放弃必
须是①明示的；②书面的；③针对特定案件的。国际法委员会《国家及其财
产管辖豁免条款草案》第 18 条第 1 款 a 项也规定，国家可通过"明示同意
查封、扣押和执行等强制措施"而放弃主权豁免。国家同意的方式可以是：
①国际条约；②仲裁协议或书面合同；③在争端发生后向法院发表声明或书
面通知。

FSIA 第 1609 条规定了外国对查封、扣押和执行的豁免权，豁免的例外包
括主动放弃。FSIA 第 1610 条第 a 款第 1 项规定，"用于在美国从事商业活动"
的外国财产，在该外国放弃豁免权的情况下，不得免于判决的执行或扣押。
这种放弃可以是明示的，也可以是默示的，"除非该放弃是基于弃权条款，否
则外国可能撤回该放弃"。无论如何，根据第该条放弃执行豁免权必须满足
外国财产"用于商业活动"的要求。在国际条约和国内立法中，通常将用
于商业目的的财产作为执行豁免的例外，在 FSIA 中，则将其作为有效放弃
的明确要求。

我国《外国国家豁免法》第 14 条对外国国家财产不享有执行豁免的情形
做了规定："有下列情形之一的，外国国家的财产在中华人民共和国的法院不
享有司法强制措施豁免：（一）外国国家以国际条约、书面协议或者向中华人
民共和国的法院提交书面文件等方式明示放弃司法强制措施豁免；（二）外国

---

〔1〕 ICSID Model Clauses, available at https://icsid.worldbank.org/en/Pages/resources/ICSID-Model-Clauses.aspx, accessed 15 March 2024.

国家已经拨出或者专门指定财产用于司法强制措施执行；（三）为执行中华人民共和国的法院的生效判决、裁定，对外国国家位于中华人民共和国领域内、用于商业活动且与诉讼有联系的财产采取司法强制措施。"

从上述规定可以看出，国家放弃执行豁免一般需要明示作出，也可以撤回放弃。但是国家明确用于商业目的的财产一般不适用强制执行豁免。

### 三、用于商业目的的财产

除弃权外，国际条约和某些国内法还规定了用于商业目的财产执行豁免例外的情形。例如，国际法委员会《国家及其财产管辖豁免条款草案》第18条第1款c项规定，执行豁免的例外要求财产①"正在使用或打算使用"，而非用于政府的非商业目的；②在法院地国境内；③与诉讼的标的有关，或与诉讼所针对的国家实体有关。

FSIA第1610条第a款第2项也规定了与"用于或曾经用于仲裁请求所依据的商业活动"的财产有关的例外情况。

英国1978年《国家豁免法》第13条第4款同样规定了"当时正在用于或打算用于商业目的"的财产的例外情况。然而，第14条第4款规定，"根据第13条第4款，一国中央银行或其他货币当局的财产不应被视为用于或意图用于商业目的"。举例来说，在 *AIG v. Kazakhstan* 案中，[1] 英国高等法院对商业银行资产和主权银行资产进行了区分。AIG集团成立了一家合资企业，在哈萨克斯坦阿拉木图开发一个住宅小区。因为案涉有关土地需要用于国家植物园建设，哈萨克斯坦单方面取消了该项目，并通过了一项决议，命令合资企业将项目财产转让给阿拉木图市，却并未对合资企业进行补偿。在ICSID的仲裁中胜诉后，申请人在英国寻求判决的承认和执行。在获得在高等法院登记裁决的许可后，申请人寻求通过第三方债务和针对伦敦私人银行持有的哈萨克斯坦国家银行（NBK）资产的抵押令来执行裁决。这些资产由荷兰银行集团根据与哈萨克斯坦国家基金（自然资源基金）签订的全球托管协议持

---

〔1〕　*AIG Capital Partners and other v. Kazakhstan*, ABN AMRO et al. （National Bank of Kazakhstan Intervening）, High Court of Justice, Queens'Bench Division, Commercial Court, Case No: 2004/536, Judgment〔2005〕EWHC 2239（Comm）.

有，哈萨克斯坦国家银行是资产受益人。[1]高等法院认为，NBK 在伦敦银行的资产为 NBK 所有，而非哈萨克斯坦本身所有。哈萨克斯坦最终是否在这些资产中拥有受益权与此无关。英国法院继续援引《国家豁免法》第 14 条第 4款，指出根据《国家豁免法》第 14 条第 4 款，一国中央银行或其他货币当局的财产享有"在英国法院执行程序中的完全豁免权"。[2]因此，高等法院拒绝批准第三方债务和抵押令。

我国《外国国家豁免法》第 15 条对用于商业活动的财产通过排除列举的方式做了规定："下列外国国家的财产不视为本法第十四条第三项规定的用于商业活动的财产：（一）外交代表机构、领事机构、特别使团、驻国际组织代表团或者派往国际会议的代表团用于、意图用于公务的财产，包括银行账户款项；（二）属于军事性质的财产，或者用于、意图用于军事的财产；（三）外国和区域经济一体化组织的中央银行或者履行中央银行职能的金融管理机构的财产，包括现金、票据、银行存款、有价证券、外汇储备、黄金储备以及该中央银行或者该履行中央银行职能的金融管理机构的不动产和其他财产；（四）构成该国文化遗产或者档案的一部分，且非供出售或者意图出售的财产；（五）用于展览的具有科学、文化、历史价值的物品，且非供出售或者意图出售的财产；（六）中华人民共和国的法院认为不视为用于商业活动的其他财产。"

# 第六节　结论

尽管仲裁裁决是终局的，对当事人具有约束力，但作出裁决只是满足当事人仲裁请求的第一步。裁决作出后，还需得到承认和执行。

---

〔1〕 *AIG Capital Partners and other v. Kazakhstan*, ABN AMRO et al. (National Bank of Kazakhstan Intervening), High Court of Justice, Queens'Bench Division, Commercial Court, Case No：2004/536, Judgment〔2005〕EWHC 2239（Comm），paras. 8-18.

〔2〕 *AIG Capital Partners and other v. Kazakhstan*, ABN AMRO et al. (National Bank of Kazakhstan Intervening), High Court of Justice, Queens'Bench Division, Commercial Court, Case No：2004/536, Judgment〔2005〕EWHC 2239（Comm），para. 57.

投资仲裁裁决作出后，当事人可能对裁决提出质疑，情况严重时可能提出撤销裁决的申请。ICSID 仲裁裁决有专门的特设撤裁委员会，该委员会严格根据《华盛顿公约》规定的事由进行审查，作出是否撤销裁决的决定。而非ICSID 仲裁裁决，撤销申请需向仲裁地所在国法院提出，并根据仲裁地所在国法律审查。由于各国对仲裁的司法态度不一致，有些司法区域对仲裁持友好支持的态度，一般不轻易撤销裁决；而有些司法区域则不同，可能对仲裁并不十分支持，那么裁决就可能处于较大的风险之中。总体来看，各国对裁决的撤销还是持较为谨慎的态度，不会轻易撤销裁决。

大多数投资协定对承认和执行问题保持沉默。对于 ICSID 仲裁裁决，《华盛顿公约》虽然规定裁决的执行以执行地的法律为依据，但缔约国对裁决的承认义务是无条件的，这在一定程度上能加快裁决执行程序。对于非 CISID 仲裁裁决，被请求国对裁决效力的承认并非自动的、无条件的，需要进行审查。在大多数司法管辖区，非 ICSID 仲裁裁决的承认和执行依照 1958 年《纽约公约》的规定进行。

在执行针对国家或国家实体的裁决时，可能产生管辖豁免和执行豁免的问题（尽管就 ICSID 裁决而言，不存在管辖豁免的问题）。一国主张国家免于执行投资仲裁裁决的成功率很高。不过，国家在某些情况下也可以通过明确方式放弃执行豁免。

**思考题**

1. ICISD 附加便利裁决是否受《华盛顿公约》关于承认和执行的规定约束？

2. 根据《华盛顿公约》作出的维持管辖权的裁决能否被强制执行？

3. ICSID 的撤裁程序能否适用于 UNCITRAL 裁决？

4. 与 1958 年《纽约公约》的执行条款相比，ICSID 裁决在执行方面有何优势？

5. 管辖豁免与执行豁免有何区别？

6. 用于商业用途的财产与用于主权活动的财产之间有何区别？